よく効く薬と防除法がすぐわかる！
植物の病気と害虫
防ぎ方・なおし方

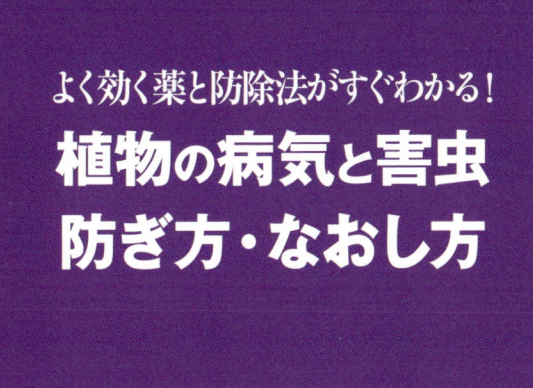

草間　祐輔
Yusuke Kusama

主婦の友社

Contents

はじめに／この本の使い方…6

1章 病害虫が発生する原因…7

庭の環境と発生の三要素…8
発生を抑える工夫…10
生理障害と肥料…12
薬を使う前の防除…14
薬を使う防除…18

2章 植物の症状別 かかりやすい病害虫…21

見つけよう 病気と害虫のシグナル…22

野菜によく見られる症状…24
- 葉に穴があいた…24 ●葉の中に穴があいた…27 ●葉が白くなる…28
- 葉が網の目状になる…29 ●葉がかすれる…30 ●葉に斑点ができる…31
- 葉が縮れる…32 ●葉が奇形になる・葉が巻く…33
- 葉が糸などでつづられる…34 ●全体がしおれる…34
- 植えたばかりの苗が倒れる…35 ●地ぎわ部分が腐る…35
- 葉や茎、花に虫がつく…36 ●果実に虫がつく…37

花木と庭木によく見られる症状…38
- 枝、幹に白いものがつく…38 ●幹や枝に何かがつく…39
- ヤニや木くずが出る…41 ●葉に穴があく…42 ●葉が焼けたように枯れる…42
- 葉が白くなる…43 ●葉がつづられる…44 ●葉がかすれる…44
- 葉に斑点ができる…45 ●葉にいぼ状のものがつく…46

バラがかかりやすい病害虫…48
クレマチスがかかりやすい病害虫…52
クリスマスローズの病気…53

果樹によく見られる症状…54
- 葉が縮れる…54 ●黄橙色の斑点がつく…55
- 枝や葉に何かがつく…56

植物の病気と害虫　防ぎ方・なおし方

草花によく見られる症状…57
- 茎が腐敗して枯れる…57　●しおれて首を垂れる…58
- 葉に穴があいた…58　●葉が白くなる…60　●葉がかすれる…60
- 葉に線ができる…61　●葉が縮れる…61　●葉や花にすじや斑点ができる…62
- 葉に斑点ができる…63　●小さいものがたくさんつく…63

パンジーがかかりやすい病害虫…64

観葉植物によく見られる症状…66
- 葉がかすれる…66　●葉や幹が黒くなる…67
- 白いものがつく…68　●斑紋ができる…69

洋ランがかかりやすい病害虫…70

3章 どんな病気や害虫がいるか…71

病気を知ろう…72

- 青枯病／ウイルス病・モザイク病…72　●うどんこ病…73　●疫病／褐斑病…74
- 球根腐敗病／黒星病…75　●黒点病／ごま色斑点病…76
- 根頭がんしゅ病／さび病…77　●縮葉病／白絹病…78
- 白さび病／つる割病…79　●すす病…80　●炭そ病…81
- 苗立枯病／軟腐病…82　●根こぶ病／半身萎凋病…83
- 灰色かび病…84　●斑点細菌病／斑点性の病気…85
- べと病…86　●もち病／その他の病気…87

害虫を知ろう…88

- アオバハゴロモ／アオムシ（モンシロチョウ）…88　●アゲハチョウ類／アザミウマ…89
- アブラムシ類…90　●アワフキムシ／イラガ…91　●オオタバコガ／オンブバッタ…92
- カイガラムシ類…93　●カミキリムシ類…94　●グンバイムシ類…95
- カメムシ類／コガネムシ類…96　●コナジラミ類／シャクトリムシ類…97
- スカシバガ類／ネコブセンチュウ類…98　●ゾウムシ類／ダンゴムシ…99
- ドクガ類…100　●ニジュウヤホシテントウ（テントウムシダマシ）／ナメクジ類…101
- ネキリムシ／ハダニ類…102　●ハバチ類…103　●ハムシ類…104
- ハマキムシ類／ハモグリガ類…105　●ハモグリバエ／ホコリダニ類…106
- ミノガ類／メイガ類…107　●モンクロシャチホコ／その他の害虫…108
- ヨトウムシ類…109

Contents

4章 薬品の種類とじょうずな使い方 … 111

天然成分と化学合成成分…112
殺虫剤と殺菌剤…113
主な薬品の種類と特徴…114
薬品の効果・作用による分類…115
薬品のとかし方、混ぜ方…116
薬品の散布の仕方…117

農薬のいろいろ…118

殺虫殺菌剤
- ベニカX乳剤／サンヨール…118
- アーリーセーフ／モレスタン水和剤…119
- ベニカXファインスプレー／ベニカXスプレー…120
- ベニカマイルドスプレー／ベニカグリーンVスプレー…121

殺虫剤
- マラソン乳剤／スミチオン乳剤…122
- アディオン乳剤／アクテリック乳剤…123
- ダントツ水溶剤／モスピラン液剤…124
- オルトラン液剤／オルトラン水和剤…125
- 粘着くん液剤／ゼンターリ顆粒水和剤…126
- バロックフロアブル／ダニ太郎…127
- デナポン5％ベイト／ナメトックス…128
- オルトラン粒剤／オルトランDX粒剤…129
- ベニカDスプレー／パイベニカスプレー…130
- 園芸用キンチョールE／ボルン…131
- キング95マシン…132

殺菌剤
- ベンレート水和剤…132
- ダコニール1000／サプロール乳剤…133
- エムダイファー水和剤／ビスダイセン水和剤…134
- カリグリーン／オーソサイド水和剤80…135
- サンボルドー／ゲッター水和剤…136
- マネージ乳剤／リドミル粒剤2…137

肥料
- 花工場原液…138

その他の主な農薬一覧…139

植物の病気と害虫　防ぎ方・なおし方

5章 よく効く薬と病害虫のデータ …143

植物別 薬剤対照表…144
病害虫別 薬剤対照表…147
主な殺菌剤の種類と特徴…150
主な殺虫剤の種類と特徴…151
主な薬品の種類名と商品名、主な対象病害虫…152
農薬のお役立ちWebサイト…153
園芸用薬品メーカーリスト…153
病害虫の年間カレンダー…154

薬品⇔病気・害虫⇔植物一覧便利表 …161

column

防除日誌をつけよう…20
困った！　ペットや鳥のいたずら…20
うどんこ病の病原菌を食べる虫…47
気になるコバエの撃退法…47
手強い！　モグラの仕業…110
不快害虫の駆除…110
有益なバクテリアや天敵…138
除草剤〜土には悪影響はないの？〜…153

植物の病気名索引…156
植物の害虫名索引…156
薬品名索引…157
植物名索引…159

はじめに

　本書に登場する病気や害虫の多くは、自宅のコンテナや市民農園での野菜づくりの折、休日などにカメラを持参し、10年来撮影してきたものです。「愛好家の目線で、身近な病害虫の被害症状をわかりやすく撮りたい、それが多くの人の、病気や害虫の早期発見につながれば……」という願いが込められています。

　実家は4代続く、「銀座の柳」を関東大震災復興記念として植えた、明治38年創業の種苗会社。父は私が中学生のときにガーデンセンターを設立し、いまは亡き母が絵袋（種子を包装する袋）にタネを詰める手伝いをするなど、物心つくころから植物は生活のすぐ近くにありました。いまでも記憶に残っているのは、薬品棚の前で接客する父の姿です。植物の病気や害虫の原因がわからず困っているお客さまに、父はさまざまな質問を投げかけ害虫や病気を推測し、説明しながら商品を紹介していました。すすめられた薬品を喜んで購入する方の様子を見て、知識と経験が信頼につながることを肌で感じ、その気持ちが現在にまでつながっています。

　大学で園芸学を専攻したあと、海外の園芸事情を学ぶために米国のガーデンセンターに勤務し、異国でサービスの基本を一から学びましたが、このころから植物の写真撮影を開始。できるだけ被害を受けている植物の状態がわかるように、花の一部を入れたり撮影のアングルを工夫しています。「そう、うちの花についている虫はこれ！」と気づいていただける一助になれば、撮影冥利に尽きます。

2010年3月　草間祐輔

この本の使い方

＊豊富なカラー写真で植物の病害虫を知り、それを防ぐための方法となおすために何をすればいいのか、またどんな園芸薬品を使えばよいのかを、わかりやすく紹介しています。
＊近年の安全性、環境への配慮の意識の高まりと農薬を使わない栽培への関心にこたえるため、園芸薬品を使わずに防除する方法や、天然成分を使用した薬品の情報を充実させました。
＊被害が著しい場合や、早期のトラブル解決に対応する目的で、農薬取締法に準じ、一般に購入しやすく、使いやすくて効果のある園芸薬品をすぐにさがせます。

＊「植物の症状から」（2章）、「病気や害虫の種類から」（3章）、「使いやすい園芸薬品から」（4章）と、3通りの方法で、トラブルの解決策をさがすことができます。
＊付録の一覧表に加え、5章のリストや索引を利用すれば、「植物→病気・害虫→園芸薬品」の合理的な検索が行えます。
＊なお、本書に掲載された商品や登録のデータなどは2010年3月1日現在のものとし、植物の栽培環境については、関東の平野部を標準としています。

1章 病害虫が発生する原因

ガーデニングを楽しむすべての人にとって、病害虫は悩みのタネです。突然発生すると思われがちですが、発生するには原因があるのです。病害虫の発生メカニズムを知り、的確な管理で「病害虫をマネージメント」していく姿勢が大切です。

Factor1:庭の環境と発生の三要素
Factor2:発生を抑える工夫
Factor3:生理障害と肥料
Factor4:薬を使う前の防除
Factor5:薬を使う防除

Factor・1　庭の環境と発生の三要素

なぜ、病気や害虫が発生するの?

庭や畑、ベランダなどは自然のバランスがくずれている

　自然の植物が自生している野山は、安定した生態系の調和の中にあります。病原菌が植物と調和を保ち、それほど病気は発生しません。害虫も食物連鎖によって天敵との調和がとれているうちは、大発生して植物に甚大な被害を与えることはないのです。

　しかし、私たちが自然に手を加えている庭の花壇、畑や果樹園、家庭菜園などで植物を栽培する場合は、植える植物が単一になったり、種類が偏ったりするため、生態系のバランスが不安定になります。庭は、はじめから、生態系がくずれているのです。

　また、同じ場所で同じ科の野菜を続けてつくる（連作する）と、ある特定の病原菌や土壌に生息する害虫の密度が高まったり、土中の栄養バランスがくずれたりして生育に悪影響が出るということがあります（連作障害）。

　庭や菜園、ガーデニングの場などは自然な環境ではなく、もともと病気、害虫が発生しやすい状態であることを認識して、防除にとり組むことが重要でしょう。

病害虫の発生を左右する主な3つの要素

　病気は「病原菌の存在」「環境条件」「植物の状態」の3つの要素が相互に深くかかわって発生します。害虫の発生も基本的には同様で、繁殖に好適な条件では害虫の数がふえ、被害が広がることになります。

「病原菌や害虫の存在」

　被害の原因となる病原菌や害虫が植物の近くに存在しなければ、病気も害虫も発生しません。

　病気は、ある密度以上の感染可能な数の病原菌がその植物に存在しないと発生しません。害虫も飛来や移動、また人や動物などによって運ばれて、寄生が可能な植物にたどりついてはじめて、生存し繁殖できます。

植物の病気とは？

　植物がカビ（糸状菌）、細菌、ウイルスなどの病原菌に感染したり、養分の過不足による栄養障害や高温障害などが原因で、生育が異常になることをさします。病原菌による病気は、目に見える症状が出てから気づくことになりますが、実際には症状が出る前から侵されていて、すでに病気は進行しています。病気は症状が出る前や感染する前から予防することが大切です。

うつる病気とうつらない病気

　病原菌が原因で発生する伝染性の病気と、暑さ、寒さなどの気象条件や大気汚染、栄養障害などが原因で

灰色かび病
伝染性の病気。カビ（糸状菌）が原因。発病して小さな斑点がついたペチュニアの花弁。

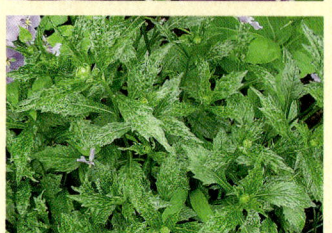

モザイク病
伝染性の病気。ウイルスが原因。発病して全体的に白っぽく見える。（ミヤコワスレ）

「環境条件」

病原菌や害虫が繁殖するには、温度、湿度、日照、風通しなどの繁殖に適した環境条件が整うことが必要です。一般的に病原菌は、雨が続いて日当たりが悪く、湿度が高いとふえます。こういった環境は、植物にとっては弱りやすい条件であるため、病気にかかりやすくなります。風通しが悪くて温度の上がりやすい場所は、害虫が好んですみかとします。

「植物の状態」

一般に、栽培環境（日当たりや温度など）や土壌（酸度や水はけなど）が植物に合わない場合や、水やりや施肥などのメンテナンスが不十分だと、植物は軟弱に育ちます。また、病気になりやすく、害虫もつきやすくなります。日陰で空気の流通が悪くなるなど、観葉植物が陥りやすい悪条件で害虫がふえ、病気にかかりやすいのは、このためです。

🍃 日ごろから心がけたい 植物をよく見ること

気がつかない間に病気や害虫の被害が進み、手の施しようがない状態になってしまうことがあります。病気と害虫を防ぐには、被害が進む前に、できるだけ早く病原菌や害虫の繁殖の芽を摘むことが大切です。

植物の生育環境を考え、発生を左右する三要素を確認したうえで、発生原因をとり除いていくことが、病気と害虫の防除につながります。日ごろから植物をよく見ることが重要なのです。

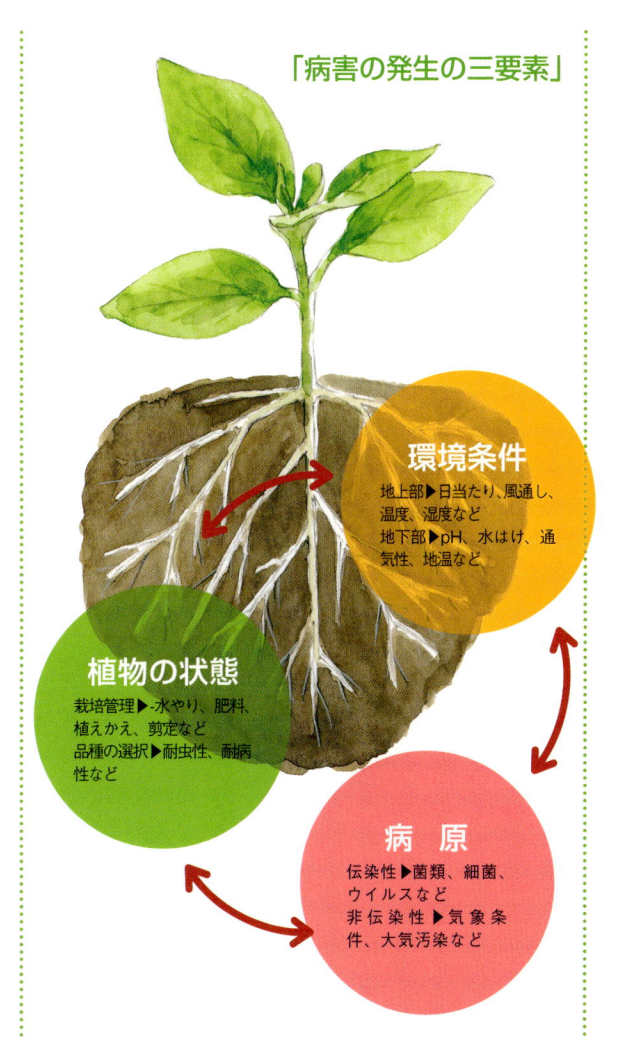

「病害の発生の三要素」

環境条件
地上部▶日当たり、風通し、温度、湿度など
地下部▶pH、水はけ、通気性、地温など

植物の状態
栽培管理▶水やり、肥料、植えかえ、剪定など
品種の選択▶耐虫性、耐病性など

病原
伝染性▶菌類、細菌、ウイルスなど
非伝染性▶気象条件、大気汚染など

起こる非伝染性の病気があります。前者を植物の病気として扱う場合が多いのですが、非伝染性の病気がきっかけで植物が軟弱に育った結果、伝染性の病気が発生することもあります。

吸汁性害虫と食害性害虫

害虫は大きく2つに分類され、吸汁性害虫は、植物について汁液を吸います。アブラムシ、コナジラミ、ハダニのように、見た目は小さくても繁殖力があり、植物を衰弱させます。

食害性害虫は、花、つぼみ、果実、茎、葉、根などを食べます。一般に摂食量が多く、成長するほどその量も増加して被害拡大につながります。

吸汁性害虫-ハダニ
葉の裏側から汁を吸う。白い小さな加害痕で、葉がかすれて見える。（アレカヤシ）

食害性害虫-ナメクジ
パンジーの花弁の上を這って食害する。ヌメヌメと光る粘液も美観をそこなう。

Factor 2　発生を抑える工夫

病害虫にかかっていないか

購入時に品種や苗を選ぶ　病原菌、害虫を持ち込まない

　原因となる病原菌や害虫を持ち込まないことが防除の第一歩です。植物の入手時から病害虫の防除は始まっています。

　健全な植物を選ぶことは、丈夫な植物に育てることにつながります。特に野菜や草花の苗の場合、「苗半作」といって、購入時の苗の状態が植えつけ後の生育に大きく影響します。徒長した苗や軟弱に育った苗は避け、節間が詰まっている丈夫な苗を購入しましょう。

耐病性品種や接ぎ木苗を　合理的に利用しよう

　病気が出にくいように品種改良された「耐病性品種」の利用がおすすめです。ナス、ダイコンなど多くの野菜や果樹で、発生や被害が多いものに対する耐病性品種が広く育成されています。同じ植物でも、これらの品種を選ぶことで、より容易に栽培することができます。

　土壌にいる病原菌によって発病する伝染性の病気の回避には、接ぎ木苗の利用がおすすめです。病気になりにくい台木に接ぎ木した苗は、より健全に生育するため、育てやすくて収穫量も上がります。これらを利用することで、土壌病原菌による被害が抑えられたり、連作が可能になったりします。

間引きや剪定で　風通しをよくする

　うどんこ病のように比較的乾燥した環境で発生する病気もありますが、多くの病気は、梅雨時など湿度が高い時期のほうが、発生しやすくなります。病原菌の多くが、胞子をつくって増殖したり植物に侵入するためには、高い湿度が必要だからです。風通しをよくして湿度を下げれば、病原菌の活動が抑えられるので発病も抑えられます。込み合わないように適度な間隔をあける間引きは、特に野菜の栽培では欠かせません。間引くことで風通しもよくなり、生育が促進されます。樹木は適期に剪定をして、込み合った個所や不要な下枝を切り落とします。

耐病性品種

　品種改良により病気が出にくくなっており、発病を回避できます。トマトではモザイク病や半身萎凋病（はんしんいちょうびょう）などに対する抵抗性品種が、ハクサイやカブで根こぶ病抵抗性品種（CRと表示）、ダイコンなどでは萎黄病抵抗性品種（YRと表示）が育成されています。

耐病性品種のタネ　野菜の場合は特に、耐病性の高い品種のタネをまくと育てやすい。

接ぎ木苗の利用

　つる割病にかかりやすいウリ科の野菜では、カボチャを台木にした接ぎ木苗を利用します。トマトでは青枯病や半身萎凋病にかかりにくい台木用のトマトに接いだ苗、ナスでは青枯病や半身萎凋病になりにくい台木用のナスに接いだ苗があります。それらを利用すれば、連作が可能になったり、土壌病害が抑えられたりします。

ナスの接ぎ木苗　野生種のナスの台木に栽培種のナスを接ぎ木して、土壌伝染性の病気への感染を予防する。

鉢植えは適度に間隔をあけて置き、ときどき置き場所をかえるとよいでしょう。

🍃 梅雨や長雨の雨よけと乾燥対策のコツ

多くの病原菌は降雨によってふえ、周囲に飛散して植物の中に侵入します。ビニールトンネルで雨よけをすれば、雨滴による病原菌の活動が抑えられ発病が少なくなります。

ハダニ類は乾燥を好む習性があります。湿気を嫌うので、ときどき葉裏に霧吹きをしたり、葉水をかけたりすると繁殖を減らせます。一年をとおして乾燥しやすい室内や、雨が当たらない軒下などでは特に注意しましょう。

🍃 栽培する植物によって適した環境に植える

暖地に冷涼な気候を好む植物を植えたり、日当たりのよい場所に日陰が好きな植物を植えたのでは、よく育ちません。その植物の生育に適していない環境では、生育不良になるだけでなく、茎葉が軟弱に育つため、病気にかかりやすくなります。

適地適作を心がけ、日当たり、湿度、水はけ、土の種類、酸度など、育てている植物にふさわしい栽培環境に植えましょう。また、栽培環境に適した植物、品種を選ぶことが、丈夫に育てることにつながります。

「購入する際にチェック」

- 葉の裏や茎に害虫がついていないか
- 葉がしおれていないか
- 葉の色は緑色でつやがあるか
- 地ぎわにカビが生えていないか
- 葉に食害された穴がないか

間引きで大きく育てる

定植する際は密植を避け、株間を十分あけて植えつけます。繁茂しすぎているところは間引き、庭木は込み合った部分を整枝、剪定します。間引きをすることで、ひとつひとつの苗に十分な栄養や光が行き渡り、健康で丈夫な株に生長します。

カブの間引き後 適度な間隔をあけて、細い株や貧弱な株を間引き、育ちやすい環境に。

花がらは早めに除去

花がらをそのまま放置すると、病原菌がふえる原因になります。落ち葉や花がらは、病原菌や害虫のすみかになり、翌年の伝染源になることもあるので、早めにとり除きます。作業に使ったハサミやナイフ、手指を通じて病原菌が別の植物に感染することもあるため、作業をした道具や手で、健全な株にふれないように注意します。

パンジー 発病していない花がらでも、放置すると病原菌がふえやすいので、早めにとり除く。

Factor*3　生理障害と肥料

おや、ほんとうに病気や害虫なの？

植物に異変を起こす「生理障害」とは？

養分の過不足や不適切な栽培環境などによって生理的な機能が乱れ、さまざまな症状があらわれて健全な生育が妨げられている状態を生理障害といいます。

カビなどの病原菌が原因で発生する伝染性の病気とは違い、伝染しません。しかし、生理障害がきっかけで植物が軟弱に育ったために、伝染性の病気が発生することはあります。

適切な施肥も病害虫防除の一環

植物が丈夫に育ち、病気や害虫が発生しにくい環境づくりが防除の基本です。肥料は水やりと並んで大切な日常管理のひとつですが、窒素のように、与え方しだいで病害虫の発生に影響を与えるものもあります。また、カリのように、植物を丈夫に育て、抵抗力をつける働きをする成分もあります。適切な肥料の与え方により、病害虫防除の効果は高まります。

肥料の過不足で起こるさまざまな生育不良

春から初冬まで開花する熱帯原産のマンデビラは、高温下では生長しながら咲き続けるため、常に多くの養分が求められ、特に窒素の補給が不可欠です。窒素不足になると、葉に赤褐色の斑紋があらわれ、葉脈に沿って広がります。

カルシウムが不足で起こるトマトの尻腐症のように、被害部が腐って見えるため、伝染性の病気と間違えやすいものもあります。

生育に必要な養分でも、過剰になると障害が出ます。一般に、窒素を一度に与えすぎると植物が軟弱に育ち、病害に対する抵抗力が落ちて発病しやすくなり、害虫の発生も促されます。キュウリの炭そ病やうどんこ病はこの例です。また、土の中の肥料濃度が高くなると、根が傷み、土壌病害が促されます。

各養分は、単独で作用しているのではなく、互いにかかわりをもちながら役割を果たしています。必要なときに適量を与えることが大切です。

土壌の酸度による栄養障害もある

養分の過不足は、施肥量の不足や与えすぎによるものとは限りません。降雨や水やりによる土壌酸度の変化も影響します。石灰の施しすぎなどで土壌酸度がアルカリ性に傾くと、鉄などの微量要素の吸収が妨げられ、新芽や新葉が黄白色に変色するなど、特徴的な欠乏症状があらわれることがあります。

温度は高すぎても低すぎてもよくない

植物が耐えられる最低温度以下の環境に置かれると、「低温障害」が起きます。熱帯地方原産の観葉植物や洋ランなどは耐寒性が弱く、寒冷地などで室内にとり込むのが遅くなると、葉や茎がしおれて株が衰弱します。「高温障害」では夏の高温期に、キクに葉やけが起きたり、シンビジウムなどでつぼみが落ちたり奇形花ができる症状が起こります。

水分は多すぎると生育の障害になる

長雨などで土が過湿状態になると、土壌中の酸素が欠乏して根の生育が悪くなり、根腐れになります。特にコンテナ栽培などで水やりの頻度が多く、常に用土中の水分が過剰な場合に起きやすく、全体がしおれたりします。過湿に高温が重なると、土が蒸れて根腐れが促進されることもあります。

水はけが悪い土は、腐葉土などを混入して土壌改良をします。畑では畝を高くして水はけを促します。鉢やコンテナでは適度な水やり間隔を保ち、土が乾くまで待ってから水やりをします。

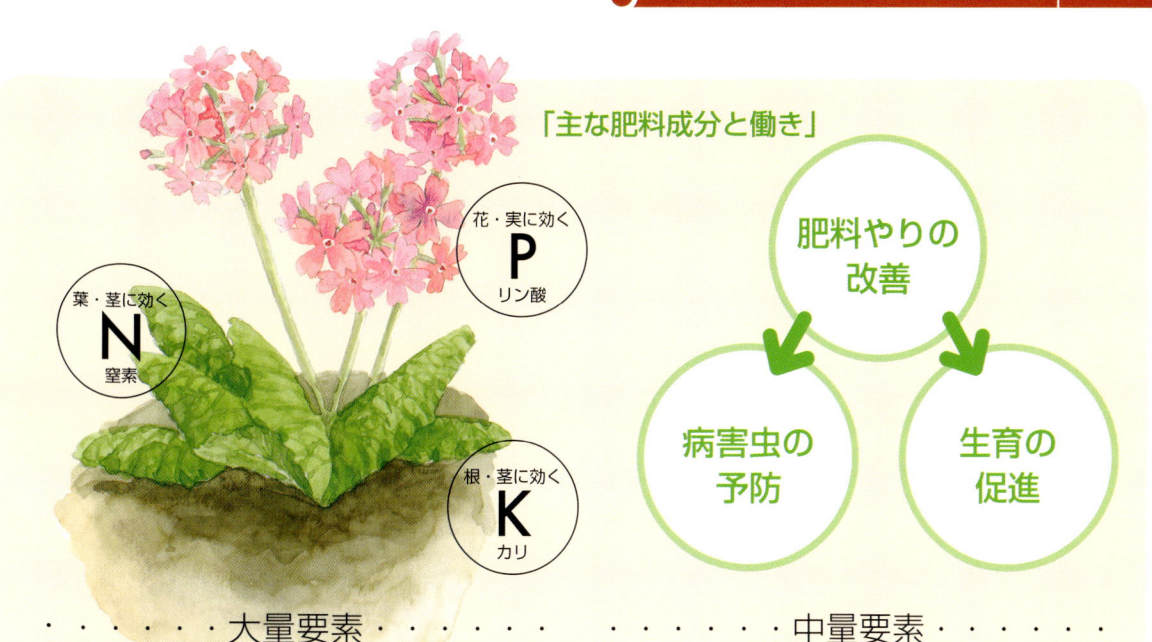

1章＊病害虫が発生する原因 | Factor*3

「主な肥料成分と働き」

花・実に効く **P** リン酸

葉・茎に効く **N** 窒素

根・茎に効く **K** カリ

肥料やりの改善
↓ ↓
病害虫の予防　　生育の促進

・・・・・大量要素・・・・・　　　・・・・・中量要素・・・・・

窒素：N---葉肥
生育に大きく影響する重要な要素で、茎葉の生長を促す。欠乏すると葉の緑色（葉緑素）が抜けて黄色くなるため、光合成ができず生育不良になる。症状は古い葉からあらわれやすい。

＊ポイント　与えすぎると花や実がつきにくくなる。また、軟弱に育ち、病気にかかりやすくなり、害虫の発生を促す。

リン酸：P---実肥
開花、結実、根の生長を促す。欠乏すると古い葉の緑が黒みがかったり、紫色になり、上のほうの葉は暗緑色になる。

＊ポイント　日本の土壌はリン酸を吸収しやすいため、適度な施肥は必要。一般に過剰症状は出にくいが、多すぎると生長が止まる。

カリ：K---根肥
根や茎葉を丈夫にし、生育に必要なタンパク質やデンプンの合成、水分調節など、植物の中の環境の維持調節に重要。欠乏すると葉縁や葉脈の間が黄色に変色し、症状が進むと枯れる場合もある。

＊ポイント　不良環境や病気に対する抵抗力の増進に役立つ。果実では味や外見が悪くなる。

カルシウム：Ca
細胞壁をつくる要素として重要。細胞を強化し、根の生育を助け、果実や子実の充実や成熟を促す。

＊ポイント　生育期の新芽や果実などには特に必要だが、いったん吸収しても、ほかの部位に移動しにくいため、微量でも継続して吸収されることが必要。

マグネシウム：Mg
植物が光合成を行う葉緑素を構成する要素として不可欠で、リンの働きを助ける。

＊ポイント　欠乏すると葉の緑色（葉緑素）が抜けて黄色になり、光合成ができず生育不良に。新芽など生長が盛んな部位に移動しやすいので、古い葉から症状が出る。

鉄：Fe
葉緑素の形成に関係する微量要素。植物体内では移動しにくい。

＊ポイント　欠乏すると新芽など新しい葉が黄白色に変色するなどの症状があらわれ、進行すると新たに出てくる葉が小さくなったり新芽が萎縮したりする。

肥料不足で起こる生育不良

　コンテナ栽培などの限られた用土では、水やりのたびに肥料分が流れ出てしまい、生育に必要な養分が不足しがちです。用土に肥料分が残っていても、低温や水分の不足で養分の吸収が悪いときや、鉢に根が回って株が老化した場合にも肥料不足になります。冬のコンテナ栽培のパンジーでは、下葉が紫がかって淡灰色の斑点を生じ、やがて黄色に変色するなどの症状が出ます。

生理障害　肥料不足で下葉が黄色になったパンジー。

強い光による障害

　植物は光合成をするために、それぞれ適正な受光量があり、強すぎる太陽光線を長期間受けると、葉に日やけの症状（葉やけ）が出ます。日陰や半日陰を好む洋ランや観葉植物を、真夏の高温時の直射日光下で栽培すると起こりやすく、症状が進むと枯れることもあります。

日やけ　強い直射日光を受けて斑紋があらわれたパキラの葉。

13

Factor·4 薬を使う前の防除

身近な工夫で丈夫に育てよう

まず、環境と植物の変化を確認すること

病気や害虫の発生の有無だけでなく、庭全体の様子、室内なら日当たりや換気といった栽培環境が悪化していないか確かめます。病気や害虫の被害発見だけでなく、発生にかかわる環境条件、植物の状態を見ることが重要です。

気象の変化に気をつけ、観察を怠らないでいれば、植物の生育状態に応じた水やりや施肥などもタイムリーに行えるので、充実した栽培管理につながります。

「予防」と「退治」で病害虫をコントロール

「病原菌や害虫の存在」「環境条件」「植物の状態」の3つの要素がかかわって病害虫が発生するため、防除するにはひとつひとつの発生原因をとり除いていけばよいでしょう。私たちが病気になったときと同様に、「予防」によって発生を抑え、発生してしまったら「退治」して被害を最小限にくい止めることが大切です。

少しでも早い段階で見つければ、被害の拡大を防ぐのに役立ちます。育てている植物に発生しやすい病気や害虫、被害が出やすい場所、状況をあらかじめ知っておけば、早期発見につながります。

だれでも手軽にできて防除力がアップする

薬品を使う前に、身近にあるものや自然の素材を工夫して、病害虫が発生しにくくする方法がいろいろあります。栽培管理や環境条件を改善したり、資材で寒さや虫から植物を保護することなどは、昔から実施されてきたことですが、より安全で健やかな生育を考え、近年特に注目されてきています。樹木の幹へのこも巻きなどの伝統的に行われてきたこと、コンパニオンプランツや天敵の利用など、とり入れやすいものから実施してみましょう。

被害部をとり除く

ちょっと勇気がいりますが、害虫の卵を削り落としたり、幼虫、成虫を割り箸などでつまんだり、つぶして殺すことは、確実で有効な防除手段です。葉の中を食害するハモグリバエや葉をつづった中にいるハマキムシなどは、葉の上から指で押しつぶして退治します。

チャドクガ、モンシロドクガなどのケムシ類は直接ふれるとかぶれることがあります。ヨトウムシ類は、多数の卵を1カ所にかたまりで産卵し、幼虫も発生初期は群生しています。これらのものは、発生している葉や茎を枝ごととり除きます。

モチノキについたカメノコロウムシ。ブラシで削り落とす。

コンパニオンプランツ

組み合わせて植えることで、病気や害虫、雑草の発生を抑え、被害軽減に役立つ植物どうしを「コンパニオンプランツ」といいます。栽培の歴史とともに形づくられてきた知恵で、科学的に解明されていないものもあります。

ミントやニンニク、マリーゴールドのように強いにおいをもつハーブや草花で害虫を寄せつけないよ

マリーゴールドをコンパニオンプランツとして利用した畑。

🍃 日当たりと風通しをよくするには

　日当たりがよいと植物は十分に光合成ができ、丈夫に育ち、病気にかかりにくくなります。栽培する場所の日当たりが悪かったり、天候が不安定で日照不足になると、光合成が不十分で軟弱に育つため、病気に対する抵抗力が落ち、発病しやすくなります。

　うどんこ病のように、比較的乾燥条件下で発生する病気もありますが、一般的には、雨が続く湿度の高い時期のほうが、病気が発生しやすくなります。それは、病原菌の多くが、胞子をつくったり、植物に侵入したりするのに高い湿度が必要だからです。風通しをよくして湿度を低下させれば、これらの病原菌の活動が抑えられ、発病も少なくなります。

　野菜では、特につる性のキュウリなどは、誘引を怠って葉によく光が当たらないと生育に影響が出て、十分な収穫ができなくなります。適度な間隔をあけて誘引することで、風通しがよくなり、病気の発生も軽減できます。

つるを誘引し、日当たりや風通しよくする。（キュウリ）

「3つの観点で取り組む防除の工夫」

環境条件の改善
条件▶日当たり、風通し、温度、水はけ、pHなど
作業▶剪定、間引きなど

病原菌・害虫の数を減らす
購入時の確認、庭の清掃、除草、輪作、被害個所の除去、捕殺、遮断、袋かけ、コンパニオンプランツや天敵など

植物を丈夫に育てる
植物や品種の選択、栽培管理の見直し、植物を保護するなど

敷きわらをマルチング材として利用する。

うにしたり、害虫が寄生しやすい植物をおとりにしたり、天敵を集める植物（バンカープランツ）などの組み合わせがあります。キュウリとニンニクでキュウリのつる割病が、トマトとネギでトマトの青枯病が減ったりします。トマトとバジル、キャベツとミントなども相性のよい組み合わせです。

マルチング材の活用

　植物の株元をビニール、わら、樹皮などで覆うことを「マルチング」と呼びます。土の乾燥や雑草を抑えるだけでな

ホウレンソウの栽培に使われる、穴あきのビニールマルチ。

く、降雨や水やり時の泥はねを軽減し、水中を自由に泳げる遊走子（胞子の一種）が泥とともにはね上がって伝染する、疫病などの土壌病害の伝染予防に役立ちます。花き類ではインパチエンス、サルビア、ニチニチソウ、ユリなど、野菜ではトマト、ナス、ピーマン、ジャガイモ、キュウリなどのウリ類の疫病予防に有効です。梅雨期前までには行いましょう。

　ウイルスを媒介するアブラムシやアザミウマは、キラキラ光るものを嫌がる習性があり、土壌表面を銀色のシルバーマルチで覆うと、これらの害虫の飛来を防止し、ウイルス病の予防になります。トマト、キュウリ、ピーマンなどに利用されます。

「輪作」や「混作」で連作障害を軽減する

同じ場所で同じ科の作物を続けて栽培すると、生育に悪影響を及ぼすことを「連作障害」といいます。特定の病原菌やセンチュウ、害虫などの密度が高まり、被害を受けやすくなったり、消費される養分も同じであるため、微量要素が欠乏したりして、土中のバランスがくずれることが原因といわれています。

連作障害は、起こりやすい植物、強く出る植物が決まっているので、それらの栽培には、違う科の作物を順次、栽培する「輪作」を行います。

輪作の計画は、最初に養分要求度の高いトマト、キュウリなどの果菜類やジャガイモなどを、次にニンジン、カブ、ダイコンなどの根菜類、その後マメ類を栽培します。どれくらい間をあけるかは、植物により異なります。

また、2種類以上の作物をいっしょに「混作」することで、害虫の発生を軽減することもできます。スイカやキュウリにマリーゴールドを混作すると、センチュウの被害が抑えられ、その後につくるダイコンの被害も軽減されます。

混作でトマトとレタスを健全に育てる。

土中の病原体は土壌消毒で減らす

身近な材料を利用して、土の中にいる病気や害虫を減らすことができます。鉢植えやコンテナの用土なら、代表的な土壌害虫のネコブセンチュウなどを、太陽熱を利用した土壌消毒により防除できます。太陽熱で袋の中が十分高温になるように、晴天が続く真夏（7月中旬～8月中旬）に行いましょう。

「身の回りにある材料でできる手軽で有効な土壌消毒のやり方」

消毒したい土に稲わらと石灰窒素を混ぜ、ビニール袋に入れる。水を加えて全体をやや湿らせ、袋の口を閉じたら、約1カ月間、直射日光に当てて消毒する。

袋かけや寒冷紗で保護する

外界からの遮断により、物理的に植物を病害虫から保護します。果樹農家で実施されている「袋かけ」は、果実に食入するシンクイムシや、ナシの黒斑病、キウイの果実軟腐病など、多くの害虫や病気の防除に有効です。袋は各種、市販されており、日やけ防止など、きれいな果実に仕上げる利点もあります。

また、寒冷紗で野菜を覆うことにより、害虫の侵入を防止できます。キャベツやハクサイなどのアブラナ科の野菜を食害するアオムシを予防するために、成虫であるモンシロチョウが飛来する前に、あらかじめ寒冷紗を張って産卵を防止します。同時に、ヨトウムシの成虫、ウイルス病を媒介するアブラムシの飛来も防止できます。

身近な素材でも防除できる。封筒を利用した袋かけ。（カリン）

トンネル状に張った寒冷紗でブロッコリーのアブラムシを防除する。

粘着トラップを使った手軽な害虫の防除

　害虫が黄色や青色など特定の色彩に誘引される習性を利用したのが「粘着トラップ」です。黄色と青色で誘引し、物理的にくっつけて防除します。青色はアザミウマを、黄色はコナジラミ、アブラムシ、ハモグリバエを誘引する効果があります。

黄色粘着トラップを仕掛けたトマトの栽培。

庭師の知恵こも巻きの利用

　マツ類の幹の地面から1m程度の高さにむしろなどを巻き、マツケムシなどの越冬場所を求めて下におりてくる幼虫を集める方法です。こも巻きといい、古くから庭師が利用しています。幼虫が越冬に入る前の10月初旬ごろまでに巻きつけ、2月中旬（西日本では上旬）にとりはずし、樹皮の割れめやむしろにもぐり込んだ幼虫を捕殺します。

マツのこも巻き。とりはずすときにクモや天敵などがいた場合は、いっしょに処分しないように注意する。

水はけの向上で丈夫に育てる

　発病の条件は、水はけと密接なかかわりがあります。特に草花や野菜では、水はけが悪いと病気にかかりやすくなります。水やりの水がなかなか抜けない鉢植えや、地表にいつまでも水たまりが残るような土では、疫病や灰色かび病などが発生しやすく、根腐れも起こります。水はけや通気性を改善しましょう。

　畑では地表から深さ20〜30cmぐらいまで耕し、腐葉土、ピートモスなどを混ぜて土壌を改良します。植えつけ時は畝を高くし、株元に水がたまらないようにします。

　コンテナ栽培では、水はけや通気性のよい培養土を使用します。露地と違って土の容量が少ないため、最初は水はけがよくても、根が生長して根詰まりを起こし、通気性、水はけが悪くなることもあります。早めに植えかえを行うのも、水はけをよくする方法のひとつです。

水はけがよいか悪いかは、水やりのときに水が鉢底からすっと抜けるかで確認できる。

庭の除草や清掃を徹底する

　キュウリやトマトを侵すウイルスは、雑草が感染源になっています。アブラムシ、コナジラミ、ホコリダニなどは、種類によっては雑草にも幅広く寄生しているので、除草は病害虫対策のひとつといえます。

　雑草は病害虫のすみかになるだけでなく、発生が多いと肥料を吸収してしまうため、栽培している植物が肥料不足になることもあります。

　抜きとった雑草は、落ち葉や栽培している植物の残渣と同様、病害虫の増殖場所や越冬場所になります。春から秋のシーズン中はもちろん、一年をとおして庭や畑の除草、清掃を心がけましょう。

うどんこ病が発生したヨモギ。ヨモギは身近に生える代表的な雑草。

Factor*5　薬を使う防除

いざ！というときは園芸薬品

人間のための医薬品　植物のための園芸薬品

　私たちは風邪が流行する時期になると、うがいをしたり、十分栄養をとったりして、風邪をひかないように心がけます。しかし、それでも風邪をひいてしまうことがあります。体力が十分なら回復も早いのですが、運悪く症状が進行した場合には、風邪薬を飲んで治します。

　植物について考える場合も同様です。育てる環境を整えたり、適切な肥料を施したり、寒冷紗で害虫が飛来するのを防いでいても、病気にかかってしまうことがあります。丈夫に育っていれば大した被害にならずに治まることもあるでしょうが、害虫やウイルスなどの繁殖が早く、病気が蔓延することがあります。かかってしまった場合は、手遅れになる前に早めに手を打つことが必要です。園芸薬品はそんな場面で大いに役に立つ防除手段です。人間の病気やけがを思い浮かべると、植物の病気や害虫の対策が考えやすくなります。

効率よく　合理的に薬品を使う防除

　薬品の利用はほかの防除手段と比べると、だれでも手軽に、すばやく、的確に、しかも広範囲の病気や害虫を防除できます。また、種類や容量など、薬品のバリエーションが豊富なので、効果だけでなく、いろいろな目的や使用場面に応じた薬品を選択できます。

　人間の病気の症状に合った医薬品を選ぶつもりで、植物の症状に合った園芸薬品を選択し、防除の手段として役立てましょう。

表示どおりに使えば　安全は確保されています

　園芸薬品は危険なものだと誤解されがちですが、市販の園芸薬品は、人間の医薬品と同じくらい厳しい基準をクリアしています。病気や害虫に対する効果はもとより、使用する人間や自然環境（土壌、水質、魚など）、作物（植物にあらわれる薬害や残留量など）に対するさまざまな確認試験が行われ、得られた試験結果を農水省、厚労省、環境省、食品安全委員会が評価して安全性が確認され、国の登録を受けてはじめて製造、販売される仕組みになっています。

　市販の園芸薬品はすべて、この仕組みによって法律で安全性が確保されています。ラベルの使用方法どおりに使えば、防除ができて安全なのです。

植物の病気 / 伝染性の種類

土壌伝染　土中にいる病原体が根から入る

種子伝染　種子(タネ)の表面や内部に病原体がいる

水媒伝染　病原体が水によって運ばれる

空気伝染　風に乗って病原体が運ばれる

虫媒伝染　病原体が虫に入って運ばれる

接触伝染　ハサミなどの用具を介して伝染する

1章＊病害虫が発生する原因 | Factor*5

「園芸薬品の選択ポイント」

＊防除したいのは害虫か、病気か？
＊使用場面は広いか、狭いか？　植物が多いか、少ないか？
＊薬剤散布に慣れているか、初心者か？

● 水で薄めて散布する乳剤、液剤、水和剤は中級〜上級者向き
● そのまま使えるエアゾール剤、スプレー剤、粒剤、ペレット剤は初心者向き
● エアゾール剤、スプレー剤は、そのまま散布できるので手間いらず
● 乳剤、液剤、水和剤は、面積が広い場所や一度に多くの植物を防除できて経済的

- 防除作業に応じた製品タイプ
- 薬品の作用性
- 対象の病害虫

目的、場面、経験に応じて選ぶ製品タイプ（剤型）

メリット	対象面積	タイプ(剤型)	使用方法
経済性が高い（ヘビーユーザー向き）	広い（栽培数が多い）	乳剤　水和剤　液剤	水で薄めてまく（スプレーや噴霧器が必要）
↕	↕	粒剤	そのままばらまく
利便性が高い（初心者や応急処置に便利）	狭い（スポット散布できる）	エアゾール剤　スプレー剤	薄めずそのまま散布

病気か？　害虫か？ 被害原因の確認が大切

　薬品を選ぶ前に大切なポイントは、症状をよく観察して原因をはっきりさせることです。防除したいのが病気なのか、害虫なのかにより、選ぶ薬品を見きわめます。害虫を防除したいなら「殺虫剤」、病気の場合は「殺菌剤」を選びます。

　一般に害虫の発生は目で確認できますが、病気は植物が病原菌に感染しても発病するまでは目に見えません。どちらか判断しにくいときは、殺虫成分と殺菌成分を配合した「殺虫殺菌剤」が便利です。発生した害虫を防除する目的で散布した薬剤が、その時点ではまだ確認できない病気の防除にも役立つからです。

　生育がよくない場合、病気だと思い込んでいても、その原因が日常管理（水やり、肥料やり、日当たりなど）の不備であることも少なくありません。病害虫の発生には生育条件も密接にかかわっているため、薬品を効果的に利用するには、同時に生育環境を見直して改善することも大切です。

病気と害虫が見分けにくい症状

　害虫の中には、ウメシロカイガラムシのように、ウメの枝に白い粉がついて、まるでうどんこ病になったように見えるものがあります。草花や野菜のホコリダニの寄生個所は、新芽やつぼみが萎縮して、病気を疑うような症状になります。

　アブラムシによって媒介されるウイルス病や、カイガラムシの排泄物を栄養源として繁殖するすす病のように、病気の伝染や発生の原因が害虫である場合は、原因となる害虫の防除が必要です。

ホコリダニ　寄生によって奇形となったナスの新葉。

すす病　カイガラムシの排泄物が原因で発病したゲッケイジュの新葉。

column

防除日誌をつけよう

防除日誌は楽しく観察し、気がついたことを自由に書いてもよい。初めから欲張りすぎずに気楽に書いてみよう。

　大きな気象変動がない限り、病気や害虫の活動サイクルは同じなので、毎年ほぼ決まった時期に発生のピークを迎えます。春一番が吹くころにはアブラムシが活動を始めるように、「そういえば、去年も同じころに出てきた」と思い当たりませんか？　発生してからでは、あっという間に爆発的にふえてしまい、「ことしもまた、被害が出てしまった」と手を焼くケースが少なくありません。

　防除日誌をつけておくと、翌年以降の対策に役立つ資料ができます。どの植物にどんな病気や害虫が出たか、最初に見つけた時期や防除内容（作業・薬剤など）と結果を記録しておけば、翌年の早期発見や予防・対策につながります。防除日誌は、病害虫防除の大切な第一歩です。

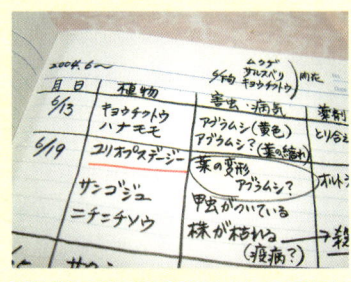

防除日誌の例。花の開花日とあわせて記録すれば、よりわかりやすくなる。

column

困った！　ペットや鳥のいたずら

　イヌやネコは植物を倒し、土を掘り返すなどのいたずらをします。また、糞尿のにおいつけで縄張りを作るため、不快なにおいとともに美観をそこねます。イヌは柵やロープで囲んで立ち入りを防ぎ、ネコにはトゲつきの侵入防止柵やネコよけシートを設置し、砂場や土が乾いた場所を減らします。

　センサーで侵入を感知し、スプリンクラーと音で追い払う商品もあります。動物が嫌うにおいを利用した忌避剤や超音波発生器などもありますが、生活臭に慣れた特異体質のネコもいるため、決め手となる解決策がありません。

　鳥害では、カラスがトマトなどの果菜類、ヒヨドリがブルーベリーなどの果樹類、ドバトが豆類など野菜のタネ、芽生えを好んで食害します。効果的なのは防鳥ネットですが、完全にすき間なく覆うことが重要です。

　ドバト対策に、野菜のタネまき後は乾燥防止も兼ねて不織布をべたがけします。ベランダでは手すりの上にテグス（釣り糸、防鳥糸）を張ると近寄りにくくなります。また、ローズゼラニウムはハトよけ効果が期待できるといわれます。

ペットはかわいいけれど、土を掘り返したり、糞尿で植物を傷める。鳥は果実が色づくと、あっという間に食べ尽くしてしまう。

2章 植物の症状別 かかりやすい病害虫

大切に育てている植物は、いつも健全に生長してもらいたいものですが、植物の種類によって「かかりやすい病気や害虫」があります。また、同じ植物でも、病気や害虫の種類によって「かかりやすい個所」が違います。「よくある」身近な実例で、病気や害虫の原因をつきとめましょう。

見つけよう病気と害虫のシグナル
野菜によく見られる症状
花木と庭木によく見られる症状
バラがかかりやすい病害虫
クレマチスがかかりやすい病害虫
クリスマスローズの病気
果樹によく見られる症状
草花によく見られる症状
パンジーがかかりやすい病害虫
観葉植物によく見られる症状
洋ランがかかりやすい病害虫

植物の症状別かかりやすい病害虫

見つけよう 病気と害虫のシグナル

全患部の構図

全体、幼苗にあらわれる症状
株全体がしおれたり、枯れ上がる。
腐敗して枯れる。
地ぎわ部が腐る。
幼苗が倒れる。

果実にあらわれる症状
すす状カビがつく。
果実やヘタに傷がつく。
かさぶた状の斑点がつく。
白いカビが生える。
黒い斑点がつく。
虫がつく。

茎にあらわれる症状
しおれて首を垂れる。
白くなる。
虫がつく。

花、つぼみ、萼にあらわれる症状
花弁に穴があく、食べられる。
花弁に斑点がつく。
花弁にすじが入る。
つぼみが白くなる。
小さな虫がつく。
つぼみに異変がある。

葉にあらわれる症状
焼けたように枯れる。
縮れる、奇形になる。
巻いたり、糸でつづられる。
いぼ状のものがつく。
蓑（みの）がつく。
角張った斑点がつく。
円形、楕円形の斑点ができる。
穴があく。
葉の中に穴があく。
線が描かれる。
傷がつく。
斑点がつく。
かすれる。
網の目状になる。
白くなる。
不整形の斑紋がつく。
葉裏に小さい虫がいる。
黄橙色の斑点がつく。

枝、幹にあらわれる症状
ヤニや木くずが出る。
貝殻状のものがつく。
泡や白いものがつく。
虫がつく。
かたまりがつく。

2章＊植物の症状別かかりやすい病害虫

植物の様子がおかしいと気づいても、病害なのか虫害なのかを判断しにくいばかりか、害虫さえ見つからないことが多くあります。少しでも早い段階で見つければ、被害の拡大を抑えるのに役立ちます。育てている植物に発生しやすい病気、被害が出やすい場所、状況をあらかじめ知っておけば、早期発見につながります。この章では、目につく病気、害虫の発生のサインから、その原因を診断できるようにしています。発生しやすい植物を知り、早期防除に役立てましょう。

被害症状と病害虫

全体、幼苗にあらわれる症状

株全体がしおれたり、枯れ上がる
青枯病
根腐病
ネコブセンチュウ類

腐敗して枯れる
疫病

地ぎわ部が腐る
軟腐病

幼苗が倒れる
苗立枯病

茎にあらわれる症状

しおれて首を垂れる
カミキリムシ類（キクスイカミキリ）

白くなる
うどんこ病
カイガラムシ類

虫がつく
アブラムシ類
マルカメムシ

枝、幹にあらわれる症状

ヤニや木くずが出る
コスカシバ
カミキリムシ類

貝殻状のものがつく
カイガラムシ類（カメノコロウムシ、イセリアカイガラムシ、サルスベリフクロカイガラムシ、バラシロカイガラムシ）

泡や白いものがつく
アワフキムシ
アオバハゴロモ

虫がつく
オオスカシバ（イモムシ類）
アブラムシ類

かたまりがつく
ミノムシ類（チャミノガ、オオミノガ）
イラガ（繭）
マイマイガ（卵塊）

葉にあらわれる症状

焼けたように枯れる
ハムシ類（ヘリグロテントウノミハムシ）

縮れる、奇形になる
アザミウマ
アブラムシ類
縮葉病
ハモグリガ類（ミカンハモグリガ）
モザイク病
もち病
カキクダアザミウマ

巻いたり、糸でつづられる
メイガ類（ベニフキノメイガ、ツゲノメイガ）
うどんこ病
アブラムシ類（ムギワラギクオマルアブラムシ）

いぼ状のものがつく
カイガラムシ類（カメノコロウムシ）

蓑（みの）がつく
ミノムシ類（チャミノガ、オオミノガ）

角張った斑点がつく
べと病

円形、楕円形の斑点ができる
褐色円斑病
黒星病
炭そ病

穴があく
アオムシ（モンシロチョウ）
ハムシ類（キスジノミハムシ）
ハバチ類（ニホンカブラハバチ）
コガネムシ類
ヨトウムシ類
ミノムシ類（チャミノガ）

葉の中に穴があく
ネギコガ

線が描かれる
モザイク病
ナモグリバエ
ナメクジ類

傷がつく
オンブバッタ
アザミウマ類（ネギアザミウマ）

斑点がつく
黒点病
ハモグリバエ類
ごま色斑点病
白さび病
さび病

かすれる
ハダニ類
ツツジグンバイ

網の目状になる
テントウムシダマシ類

白くなる
カイガラムシ類（サボテンシロカイガラムシ）
うどんこ病

不整形の斑紋がつく
斑点病

葉裏に小さい虫がいる
アブラムシ類
コナジラミ類

黄橙色の斑点がつく
赤星病

花、つぼみ、萼にあらわれる症状

花弁に穴があく、食べられる
コガネムシ類
ナメクジ類

花弁に斑点がつく
灰色かび病
黒点病

花弁にすじが入る
モザイク病

つぼみが白くなる
うどんこ病

小さな虫がつく
アブラムシ類
ダンゴムシ

つぼみに異変がある
ゾウムシ類（クロケシツブチョッキリ）
イモムシ類（ホソオビアシブトクチバ）

果実にあらわれる症状

すす状のカビがつく
すす病（ウメ）

果実やヘタに傷がつく
チャノホコリダニ

かさぶた状の斑点がつく
かいよう病

白いカビが生える
うどんこ病

黒い斑点がつく
炭そ病

虫がつく
オオタバコガ

Vegetables
野菜によく見られる症状

家庭菜園で野菜を栽培する際に、かかりやすい病気や害虫の症状を集めました。トマト、ナス、キュウリなど、身近な野菜の病気や原因となる害虫は何かを知りましょう。

＊薬剤を使用するときは、散布する植物に登録のあるものを使ってください（P.111〜を参照）。

……● 葉に穴があいた ●……

カブ

食害によって穴があいた被害葉。

葉の上で食害する幼虫。
原因は…

アオムシ（モンシロチョウ）
➡P.88

葉に穴があいて、緑色でこまかい毛のある虫がいます。モンシロチョウの幼虫で、アブラナ科野菜の主要害虫です。若齢幼虫は葉裏に寄生します。老齢幼虫を放置すると、葉脈を残して野菜が丸坊主になります。

発生しやすい野菜 カリフラワー、キャベツ、コマツナ、ダイコン、チンゲンサイ、ハクサイ、ブロッコリー、カブなど

薬を使わない防除
成虫の飛来に注意し、葉裏、葉表を確認します。卵や幼虫を見つけたら早めに捕殺します。また株全体を寒冷紗で覆い、成虫の産卵を防ぎます。

薬剤による防除
発生初期に**ゼンターリ顆粒水和剤**（→P.126）を散布。葉裏にいる孵化後の幼虫にも薬剤が十分かかるよう、むらなくていねいに散布します。

コマツナ

被害を受けて、多くの小さな斑点がついた葉。

葉に寄生した成虫。
これが原因です…

キスジノミハムシ
➡P.104　ハムシ類

生育初期の葉に小さな穴が多数あき、拡大して大小不規則な穴になります。アブラナ科の野菜などに寄生する甲虫の仲間で、成虫が葉を食害します。本葉が出始めるころより周囲から飛来します。夏が高温で雨が少ないと多く発生します。

発生しやすい野菜 カブ、ダイコン、チンゲンサイ、ナバナ、コマツナなどアブラナ科の野菜

薬を使わない防除
アブラナ科の野菜の連作を避け、周辺の除草を徹底します。タネまきのあとに畝全体を不織布や寒冷紗で覆って飛来を防ぎます。土との間にすき間ができないように注意します。

薬剤による防除
タネまき前に**スタークル粒剤**（→P.139）を、土に混ぜてからタネをまき、土の中の幼虫を退治します。

2章＊植物の症状別かかりやすい病害虫

キャベツ

ヨトウガ（ヨトウムシ類）
➡P.109

野菜の主要害虫で、葉の表面を残して食害し、葉がカスリ状になります。年2回発生し、成長すると褐色になり、分散して食害します。やがて体長が4cmになり、摂食量も多く、放置すると株が葉脈だけを残して丸坊主になります。成長した幼虫は日中は株元の土にもぐり、夜間に活動します。

薬を使わない防除
葉裏に群生する幼虫や、卵塊を葉ごととり除きます。成長して分散したら、株元の土中や落ち葉の下に隠れていることが多いので、見つけしだい捕殺します。

薬剤による防除
発生初期に**オルトラン粒剤**（→P.129）を株元にまくか、**オルトラン水和剤**（→P.125）を葉裏や株元を含め植物全体に散布します。

発生しやすい野菜　ハクサイ、キャベツ、ダイコン、ブロッコリー、カリフラワー、ホウレンソウ、ネギ、トマト、ナス、キュウリ、エンドウ、ジャガイモ、サツマイモ、イチゴ、レタス、ニンジン、ミツバ、インゲン、ショウガなど

表皮を半透明に残して、カスリ状になった葉。

原因は…

群生して葉裏を食害する若い幼虫。

ほうっておくと…

葉裏に産みつけられた卵塊。

葉脈を残して、激しく食害された株。

葉の上についた虫ふん。被害を受けた株に残っていることが多い。

葉の上の老齢幼虫。摂食量も多く、夜間活動するため見つけにくい。

Vegetables 野菜によく見られる症状

葉に穴があいた

キャベツ

食害されて穴があいた葉。

葉の上の幼虫。

これが原因です…

ほうっておくと…

葉脈を残して激しく食害された株。

葉の上のふん。どこか近くに幼虫がいるサイン。

葉裏に1カ所に1個ずつ産みつけられる、とっくり形の卵。

食害されて穴があいた葉。

アオムシ（モンシロチョウ）→P.88

葉に穴があき、緑色でこまかい毛のある虫がいます。モンシロチョウの幼虫で、アブラナ科の野菜、草花に寄生します。越冬した蛹（さなぎ）が羽化し、成虫が葉裏に卵を産み、幼虫が春に葉を食害します。幼虫は約3cmになり、放置すると葉脈を残して株が丸坊主になります。関東以南では5～6月と9月ごろから被害が多くなります。

薬を使わない防除
モンシロチョウが飛んでいたら、日ごろから葉の裏表をよく確認して、卵や幼虫を見つけしだい、捕殺します。寒冷紗を張れば成虫の産卵を防ぐことができます。幼虫が見つからない場合は、ヨトウムシ類（→P.109）の可能性があります。

薬剤による防除
発生初期に**パイベニカスプレー**（→P.130）や**パイベニカ乳剤**を、葉裏にも十分かかるよう、ていねいに散布します。

発生しやすい野菜 ハクサイ、ダイコン、カブ、コマツナ、ブロッコリー、チンゲンサイ、カリフラワー、ロケット、キャベツなど

2章＊植物の症状別かかりやすい病害虫

ハクサイ

原因は…

葉の上の成熟した幼虫。

食害されて穴があいた葉。

ヨトウガ（ヨトウムシ類）
➡P.109

葉が食害されて穴があいたり、葉の上にふんがあります。年2回発生し、若齢幼虫は葉の表面を残して食害するため、カスリ状になります。成熟幼虫は褐色で、大きいと4cmにもなり、夜行性で昼は土中に隠れています。

薬を使わない防除
カスリ状になった葉裏に群生する幼虫を見つけ、葉ごととり除きます。発見しにくい場合は、株元の土中や葉裏を注意深くさがし、見つけしだい捕殺します。

薬剤による防除
発生初期に**オルトラン粒剤（→P.129）**を株元にまくか、**オルトラン水和剤（→P.125）**を葉裏や株元を含め植物全体に散布。

発生しやすい野菜　ハクサイ、キャベツ、ダイコン、ブロッコリー、ホウレンソウ、ネギ、トマト、ナス、キュウリ、エンドウ、ジャガイモ、イチゴ、レタス、ニンジンなど

……●葉の中に穴があいた●……

ネギ

幼虫の食害によって、穴があいた葉。

原因はこれです

体色は黄緑色で、縦に淡赤褐色の線がついた成熟した幼虫。

葉の表面に作られた網状の繭。中には蛹が入っている。食害部には比較的、幅広いすじが残る。

ネギコガ
➡P.108

葉に白いすじができ、穴があきます。ガの仲間で、幼虫は葉の中にもぐり、表面を残して葉肉を食害するため、白い小さな斑点ができ、全体が白くなって枯れることもあります。高温期に乾燥すると多く発生します。

薬を使わない防除
葉に白いすじを見つけたら、被害を受けた葉を元からとり除きます。葉の表面にあらわれた幼虫や蛹は、見つけしだい速やかに捕殺します。

薬剤による防除
気づいたらすぐに、**スミチオン乳剤（→P.122）**や**アディオン乳剤（→P.123）**を、植物全体にていねいに散布します。

発生しやすい野菜　ネギ、ワケギ、タマネギ、ニンニク、アサツキ、ラッキョウ、ニラなどユリ科の野菜

Vegetables 野菜によく見られる症状

葉が白くなる

ナス

うどんこ病
➡P.73

葉にうどん粉をまぶしたような白いカビが生えます。被害が進むと葉全体が白く覆われ、生育が悪くなります。発生が多いと葉が波を打ったり巻いたりし、茎や果実にもカビがはえて、下の葉が黄色く変色して落ちます。

薬を使わない防除
十分に間隔をとって植えつけ、枝を適切に誘引や剪定し、風通しをよくします。窒素肥料を一度に与えすぎないようにします。被害を受けた葉や落ち葉はすぐにとり除きます。

薬剤による防除
発生初期に、ベニカグリーンVスプレー（→P.121）や食品成分のベニカマイルドスプレー（→P.121）を植物全体に散布します。

発生しやすい野菜 イチゴ、エンドウ、インゲン、オクラ、カボチャ、キュウリ、ニンジン、ナス、ピーマン、メロン、パセリ、トマトなど

初期症状はコレ！
葉の表面に白いカビが点々と発生した様子。発生初期はうっすらと発生し、白さがあまり目立たない。

ほうっておくと…
被害が進み、葉の全体が白くなって巻いた葉。

ヘタまで被害で白くなった実。

キュウリ

うどんこ病
➡P.73

葉にうどん粉をまぶしたような白いカビが発生し、被害が進むと葉全体が白く覆われ、光合成が阻害されます。果実に栄養が行き渡らず、キュウリが曲がる原因にもなります。放置すると株全体が枯れ上がります。

初期症状はコレ！
発生初期には白く丸い粉状の斑点が発生する。

ほうっておくと…
被害が進んで、葉の全面に広がった白いカビ。

発生しやすい野菜 イチゴ、エンドウ、インゲン、オクラ、カボチャ、キュウリ、ニンジン、ナス、ピーマン、メロン、パセリ、トマトなど

薬を使わない防除
十分な間隔をとって植えつけ、風通しをよくします。被害の葉や落ち葉はとり除き、茂りすぎた葉は適宜摘み、窒素肥料を一度に与えすぎないようにします。

薬剤による防除
発生初期に、ベニカグリーンVスプレー（→P.121）やベニカマイルドスプレー（→P.121）を、植物全体にむらなくていねいに散布します。

28

2章＊植物の症状別かかりやすい病害虫

葉が網の目状になる

ジャガイモ

ニジュウヤホシテントウ（テントウムシダマシ類）
➡P.101

葉が葉脈を残して網の目状になり、赤褐色で黒い斑点がある虫がいます。年2〜3回発生するナス科野菜の主要害虫で、成虫や幼虫が葉裏から食害し、被害が進むと株の生育が抑えられ収量にも影響がでます。

網の目状に食べられた葉。

葉の上の成虫。

葉裏に寄生した幼虫。

薬剤による防除
成虫、幼虫の発生初期に**スミチオン乳剤**（→P.122）や**ダントツ水溶剤**（→P.124）を、葉裏にもむらなくていねいに散布します。

薬を使わない防除
成虫や幼虫、卵塊を見つけしだい、捕殺します。収穫後の植物の残渣は早めに処分し、冬場は越冬場所になる落ち葉の除去など、畑の清掃を心がけます。

発生しやすい野菜　インゲン、キュウリ、ジャガイモ、トウガラシ、トマト、ナス、ピーマン、ホオズキなど

ナス

ニジュウヤホシテントウ（テントウムシダマシ類）
➡P.101

葉が葉脈を残して網の目状になり、赤褐色の体に多くの黒い斑点の虫がいます。成虫や体に枝分かれした多数のとげをもつ幼虫が葉裏から食害し、被害が進むと果実も食害を受けます。若齢幼虫は群生しています。

網の目のように食害された葉。

葉の上の成虫。

発生しやすい野菜　インゲン、キュウリ、ジャガイモ、トウガラシ、トマト、ナス、ピーマン、ホオズキなど

薬を使わない防除
成虫や幼虫を見つけしだい捕まえて退治します。収穫後の植物の残渣は早めに処分し、冬場は越冬場所になる落ち葉の除去など、畑の清掃を心がけましょう。

薬剤による防除
成虫、幼虫の発生初期に**スミチオン乳剤**（→P.122）を、葉の裏にもよくかかるよう、ていねいに散布します。

Vegetables 野菜によく見られる症状

葉がかすれる

ナス

被害を受けて、多数の白い小斑点がついた葉。

葉裏に寄生して汁を吸うハダニの成虫。

発生が多くなって下の葉が変色し始めた株。

ハダニ ➡P.102

葉に白い小さな斑点がついて、葉裏に0.5mmくらいの小さな黄緑色や暗赤色の虫がいます。クモの仲間で、カーペットなどでふえるダニとは異なります。秋ナスの収穫期まで発生し、放置すると葉は変色してクモの巣状の網を張ることもあります。周囲から風などで移動します。

薬を使わない防除
株元を敷きわらなどでマルチングし、夏は乾燥しないように水やりします。コンテナ栽培では特に注意しましょう。密植を避けて風通しをよくし、周辺の除草を徹底します。

薬剤による防除
発生初期に**ダニ太郎**（→P.127）や天然のヤシ油成分の**アーリーセーフ**（→P.119）を、葉裏を中心に、ていねいに散布します。

発生しやすい野菜 ナス、インゲン、イチゴ、エダマメ、オクラ、キュウリ、シソ、スイカ、セルリー、トウモロコシ、トマト、ピーマン、ホウレンソウなど

エンドウ マメ

曲がりくねった白い線があらわれた葉。

葉にとまったハモグリバエの成虫。

ハモグリバエ（エカキムシ）
➡P.106

葉面に曲がりくねった白い線があらわれます。エカキムシと呼ばれ、成虫が葉の中に産卵し、幼虫は葉肉を食害して進むため、被害部分は半透明になって生育が阻害されます。多く発生すると葉全体が枯死します。

発生しやすい野菜 カブ、キャベツ、コマツナ、ジャガイモ、シュンギク、ダイコン、ハクサイ、ブロッコリー、レタスなど

薬を使わない防除
日ごろからよく観察し、葉に白い線があらわれたら、できるだけ早く、線の先端部分にいる幼虫を指で押しつぶして退治します。

薬剤による防除
多発すると防除が困難になるので、発生初期に**マラソン乳剤**（→P.122）を、葉を中心に植物全体にむらなく散布します。

葉に斑点ができる

炭そ病 ➡P.81

葉に円形で黄褐色の病斑ができ、のちに葉が古くなると穴があきます。果実には褐色でくぼんだ病斑ができます。被害が大きいと、ほとんどの葉が枯れて収量が大きく減ります。病斑のカビの胞子が雨で飛び散り伝染します。

薬を使わない防除
水はけをよくし、密植を避けて風通しをよくします。被害部分や落ち葉はすぐ処分します。収穫後は枯れ葉や巻きひげをとり除きます。窒素肥料を一度に与えすぎないようにします。

薬剤による防除
発生初期に、**ダコニール1000**（→P.133）や**ベンレート水和剤**（→P.132）を植物全体にむらなく散布します。

発生しやすい野菜 キュウリ、シロウリ、スイカ、トウガン、マクワウリ、メロン、ユウガオなど、ウリ科の野菜

キュウリ

発病して円形の病斑があらわれた葉。

ほうっておくと…

病斑の周縁部は褐色が濃く、中央部は淡い。

被害が進行して、病斑部に穴があいた葉。

白さび病 ➡P.79

葉の表に淡黄色の不透明な斑点が、裏には乳白色でやや隆起した斑点ができます。コマツナの主な病害で、葉裏の斑点が破れ、白色で粉状の胞子が周囲に飛散して伝染します。多発すると全体が斑点で覆われ、黄色くなって枯れます。

薬を使わない防除
日ごろから葉裏をよく確かめ、発病した葉や落ち葉は早めに除去して伝染源をなくし、ほかの株にうつらないようにします。密植を避けて株間を確保し、風通しをよくします。毎年発生する畑ではアブラナ科野菜の連作を避け、アブラナ科以外の野菜と輪作します。

薬剤による防除
被害が進むと効果が劣るので、発生初期に**ランマンフロアブル**（→P.142）を植物全体にむらなく、ていねいに散布します。

コマツナ

葉の裏を見よう…

葉の表に、淡黄色の斑点がついた様子。

葉の裏に、乳白色の斑点がついた様子。

発生しやすい野菜 コマツナ、ハクサイ、カブ、ダイコン、チンゲンサイなどアブラナ科の野菜

Vegetables　野菜によく見られる症状

葉に斑点ができる

ネギ

さび病　→P.77

葉の表面に橙黄色で細長く、やや隆起した楕円形の小さな斑点がつきます。ネギの主要病害で、春から秋に多発し、夏は少し発生が止まります。被害が進むと葉の全体が斑点で覆われ、衰弱して枯死します。

橙黄色の斑点がたくさん発生した被害葉。

発生しやすい野菜　ネギ、タマネギ、ニラ、ニンニク、ラッキョウなど

薬を使わない防除
日ごろから植物をよく見て、発生が目立つ葉を見つけたら早めに除去し、伝染源をなくします。植物の生育が健全でないと発生が促されるため、肥料ぎれさせないよう、適宜、追肥を行って丈夫に育てます。

薬剤による防除
発生が進むと効果が劣るため、発生初期に**サプロール乳剤**（→P.133）、**カリグリーン**（→P.135）を全体にむらなく散布します。

キュウリ

べと病　→P.86

葉に葉脈に囲まれた黄色い斑紋ができます。キュウリの主な病害で、梅雨や秋雨の時期に多発し、被害が進むと下の葉から枯れ上がります。発病した葉裏には灰黒色のカビが生え、胞子が風で周囲に飛散して伝染します。

黄色い角ばった斑紋がついた被害葉。

ほうっておくと…

被害が進むと、葉脈に囲まれた黄色い斑が全体にふえる。

薬を使わない防除
水はけをよくし、泥はね防止にマルチを張ります。密植を避け、日当たりや風通しをよくします。被害葉や植物の残渣は除去し、適切な施肥で丈夫に育てます。

薬剤による防除
発生が進むと効果が劣るので、発生初期に周囲の健全な株も含め、**ダコニール1000**（→P.133）を全体にむらなく散布します。

発生しやすい野菜　キュウリ、カボチャ、シロウリ、スイカ、トウガン、ニガウリ、ヘチマ、メロン、ユウガオなどのウリ類

葉が縮れる

ハクサイ

葉の表面にはたくさんの凹凸ができる。

モザイク病
→P.72　ウイルス病・モザイク病

葉に緑色の濃淡のあるモザイク状の斑が入り、表面が凹凸になって縮れます。アブラムシを介してウイルスがうつって伝染する病気です。進行すると株の生育が抑えられ、結球不良になりやすく、発病すると治療できません。

葉が縮れて生育不良になった株。

発生しやすい野菜　ハクサイ、ダイコン、コマツナ、カブなどアブラナ科の野菜、ホウレンソウ、シュンギクなど

薬を使わない防除
発病した株は、見つけしだい株ごと抜いて廃棄します。株を寒冷紗で覆ったり、光反射マルチでアブラムシの飛来を防止します。除草を徹底します。

薬剤による防除
アブラムシの防除を徹底し、発生時期には**オルトラン粒剤**（→P.129）や**オルトラン水和剤**（→P.125）を散布します。

葉が奇形になる・葉が巻く

ナス

寄生によって奇形となった新葉。

ほうっておくと…

葉縁が巻き込み、葉裏が褐色に光沢を帯びた被害葉。

表面が褐色になり、変形した果実。

チャノホコリダニ
➡P.106　ホコリダニ類

新葉が奇形になり、葉の縁が巻いて、葉裏が褐色に光沢を帯びます。吸汁性害虫で夏の高温期に多発し、新芽は伸びが止まって十分に展開できず、実の表面やヘタの部分が褐色に傷ついて肥大が止まります。成虫は肉眼では確認できません。

薬を使わない防除
周辺の除草を徹底して害虫のすみかをなくします。被害で枯れた株、落ち葉などは早めに処分し、冬場は越冬場所になる雑草を忘れずに除去します。

薬剤による防除
新芽の萎縮、新葉の奇形などの症状があらわれたら、速やかに**オサダン水和剤25（→P.139）**を植物全体に、ていねいに散布します。

発生しやすい野菜　ナス、イチゴ、インゲン、ピーマンなど

トマト

被害を受けて葉が縮れ、表側に巻いた様子。

葉が黄色くなって、生育不良になった株。

発生しやすい野菜　野菜ではトマト、草花ではトルコギキョウに感染します。

トマト黄化葉巻病
➡P.72　ウイルス病・モザイク病

新しい葉が黄色くなり、葉の縁から表側に巻きます。ウイルスによる伝染性の病気で、発病部分より上の節間が短くなり、変色して縮れるわき芽が多数発生し、花が咲いても実がつかなくなります。タバココナジラミの媒介で伝染します。

薬を使わない防除
シルバーマルチを敷いたり、目のこまかい寒冷紗で覆い、原因害虫の侵入を防ぎます。周囲の除草を徹底しましょう。発病したら株ごとビニール袋に入れて廃棄します。

薬剤による防除
植えつけ時に**ベストガード粒剤（→P.140）**を土に混ぜ、タバココナジラミの発生時期には**ベニカマイルドスプレー（→P.121）**や**アーリーセーフ（→P.119）**を、周囲の野菜や草花も含めて、葉裏まで散布します。

Vegetables　野菜によく見られる症状

葉が糸などでつづられる

シソ

ベニフキノメイガ
➡P.107　メイガ類

葉や枝が糸でつづられ被害部分が、周囲と比べて茶褐色に見えます。メイガ科のガの幼虫で、シソ科植物の葉や枝を糸でつづって巣を作り、開くと体側面に帯状で赤緑色の線がある黄緑色で15mmのケムシがいます。

糸でつづられて食害された葉。

葉の上の幼虫。　これが原因です

発生しやすい野菜　シソ、エゴマ、ナス、フキ、ミントなど

薬を使わない防除
日ごろからつづられて食害された葉がないか、よく観察します。見つけしだい、幼虫をつぶしたり、箸でとるなどして捕殺します。

薬剤による防除
適用のある薬剤はありません。〈→登録情報／ウリ科野菜類のウリノメイガには**センターリ顆粒水和剤**(→P.126)の登録があります〉

全体がしおれる

トマト

しおれて、だらっと首を垂れた新芽。

青枯病　➡P.72

元気に生育していた株が急に緑色のまましおれ、数日のうちに枯れます。細菌が原因で、土中でふえた病原菌が根から侵入し、増殖して導管部を侵すため、水が上がらなくなってしおれます。被害が進むと根は褐色に腐り、地ぎわの茎を切ると、茎の中も褐変しています。

薬を使わない防除
水はけをよくし、抵抗性台木の接ぎ木苗を植えます。連作を避け、水のやりすぎ、窒素肥料の与えすぎに注意し、発病株は根を周りの土ごとすべて抜きとります。

薬剤による防除
発病しても治療する薬剤はありません。

発生しやすい野菜　トマト、ナス、キュウリ、ピーマン、トウガラシ、ジャガイモ、カボチャ、ダイコン、カブ、イチゴ、シソ、シュンギクなど

2章＊植物の症状別かかりやすい病害虫

……● 植えたばかりの苗が倒れる ●……

ハクサイ

結球部をむくと、奥に幼虫が生息している。

原因はこれです…

夜行性で、昼間浅い土にもぐっているネキリムシ。

カブラヤガ
➡P.102　ネキリムシ

葉に穴があいている株の葉を外側からむくと、基部に茶褐色のイモムシがいます。カブラヤガの幼虫で、ネキリムシと呼ばれます。晩秋に結球部に入り、夜間に活動して葉を食害します。定植して間もない苗の地ぎわをかじって倒します。

発生しやすい野菜　エンドウ、カブ、キャベツ、キュウリ、トマト、シソ、ナス、ネギ、ハクサイ、ピーマン、レタスなど

薬を使わない防除
定植後に倒れている苗を見つけたら、株元の土を軽く掘って土中の幼虫をさがし出し、捕殺します。畑の中や周辺の除草を徹底します。

薬剤による防除
デナポン5％ベイト（→P.128）を株元にまきます。晩秋に結球部に入ると効果が劣るので、発生初期に数回散布します。

……● 地ぎわ部分が腐る ●……

セルリー

株元がやわらかくなって、あめ色に腐敗し、葉柄が倒れて衰弱した株。

株を持ち上げると容易に株元から抜ける。腐敗部は悪臭がする。

軟腐病　➡P.82

株元があめ色に水がしみたように腐り、やわらかくなって悪臭がします。細菌が原因で、茎が上部までしおれ、被害が進むと葉柄も腐ってべとべとになり、株全体が枯れます。夏から秋の多雨、台風のあとなどに多発します。

腐敗してべとべとになって枯れた茎葉。

発生しやすい野菜　セルリー、トマト、ナス、キュウリ、ピーマン、キャベツ、ハクサイ、ブロッコリー、レタス、カブ、ダイコン、タマネギ、ニラ、ニンジン、パセリ、ジャガイモ、サトイモなど

薬を使わない防除
連作は避け、マメ科やイネ科の野菜と輪作します。水はけをよくし、苗を傷つけないように、ていねいに植えつけ、適切な施肥をします。

薬剤による防除
大雨や台風のあとに、**スターナ水和剤（→P.141）**、**ビスダイセン水和剤（→P.134）**などの殺菌剤を株全体に散布して予防します。

Vegetables 野菜によく見られる症状

葉や茎、花に虫がつく

エダマメ

カメムシ類 ➡P.96

カメムシ類はエダマメの主要害虫で、幼虫や成虫が汁を吸います。新芽や葉を加害し、サヤがつき始めると口針を中の豆に刺して吸汁し、豆が変形、萎縮、腐敗します。アオクサカメムシは多発すると、サヤが落ちて収穫できないこともあります。

エダマメに被害をもたらす、ホソヘリカメムシ。

茎に群生した、光沢があり黄褐色で約5mmのマルカメムシ。吸汁はするが、多発してもあまり実害はない。

発生しやすい野菜 エダマメ、トマト、ナス、ピーマン、オクラ、トウモロコシ、インゲン、エンドウ、ソラマメなど

薬を使わない防除
雑草が多いと発生しやすくなるため、除草や清掃を徹底して害虫のすみかをなくします。日ごろからよく作物を観察し、幼虫や成虫を見つけしだい、捕殺します。

薬剤による防除
開花期の発生初期には**スミチオン乳剤**（→P.122）を、収穫期には**マラソン乳剤**（P.122）を、植物全体にていねいに散布します。

ブロッコリー

ニセダイコンアブラムシ
➡P.90 アブラムシ類

葉裏や新芽に、暗緑色で体の表面が白い粉で薄く覆われている約2mmの小さな虫がつきます。秋に発生が多く、アブラナ科の野菜や雑草に寄生し、植物の汁を吸って生育を阻害し、すす病の原因になったり、モザイク病を媒介したりもします。繁殖が旺盛で、高密度で群生します。

葉裏に寄生している様子。

増殖して葉裏に群生している様子。

ほうっておくと…

発生しやすい野菜 ブロッコリー、カリフラワー、ダイコン、ハクサイ、チンゲンサイ、コマツナ、カブなど、アブラナ科の野菜

薬を使わない防除
見つけしだい、つぶして退治します。キラキラする光を嫌うので、シルバーマルチを敷いて飛来を防ぎます。密植を避けて風通しをよくします。

薬剤による防除
発生初期に**マラソン乳剤**（→P.122）や食品成分を使った**ベニカマイルドスプレー**（→P.121）を散布します。

2章＊植物の症状別かかりやすい病害虫

トマト

オンシツコナジラミ
→P.97 コナジラミ類

植物にふれると、葉の裏から1mmほどの白い小さな虫が舞い上がります。野菜、草花など多くの植物の汁を吸い、寄生部位の下の茎葉や果実についた排泄物に黒色のすす病が発生して生育が妨げられます。あっという間に被害が拡大するので注意。暖冬だと翌春の発生が多くなります。

葉裏に寄生した白色の成虫。

発生しやすい野菜 トマト、インゲン、エダマメ、カボチャ、キュウリ、ナス、ピーマン、キャベツ、ホウレンソウなど

薬を使わない防除
収穫後は植物の残渣を早めに処分し、冬場は越冬場所の雑草（主にキク科雑草）を除去します。キラキラした光を嫌がるので、定植時にシルバーマルチを張ります。

薬剤による防除
発生初期に**モスピラン・トップジンMスプレー**（→P.139）を葉の裏を中心にていねいに散布します。定植時に**ベストガード粒剤**（→P.140）を植え穴にまきます。

……●果実に虫がつく●……

トマト

オオタバコガ →P.92

果実に5mmくらいの丸い穴があきます。ガの仲間の幼虫が果実を食害し、穴から暗褐色のふんが出ます。幼虫の体色は緑色から茶褐色までさまざまで、若いうちは新芽やつぼみを食べますが、やがて果実の中に入ります。成長すると約4cmになり、摂食量もふえ、1匹が複数の果実を次々に食害するため、数が少なくても被害は大きくなります。

食害された果実から出ている、暗褐色のふん。

原因はこれです

果実から出てきた茶褐色の幼虫と、丸い穴があいた果実。

わき芽を食害している幼虫。

発生しやすい野菜 トマト、ナス、ピーマン、キュウリ、トウガラシ、ジャガイモ、カボチャ、オクラ、トウモロコシ、エンドウなど

薬を使わない防除
つぼみや葉の先端のしおれ、葉に丸い食害痕や微小なふんがあったら、幼虫をさがして捕殺します。被害果実は切りとり、中の幼虫を退治します。

薬剤による防除
幼虫が果実の中に入ると効果が劣るので、若い幼虫発生を確認したら、**ゼンターリ顆粒水和剤**（→P.126）を全体に散布します。

37

Trees & Shrubs
花木と庭木によく見られる症状

庭やコンテナで広く親しまれ、さまざまな場所に植えられている花木や庭木。特によく見られる病気や害虫の症状を選び、その原因が何かをご紹介します。

＊薬剤を使用するときは、散布する植物に登録のあるものを使ってください（P.111〜を参照）。

●枝、幹に白いものがつく●

アジサイ

枝についた泡のかたまり。
泡の中の幼虫。
これが原因です

アワフキムシ
➡P.91

枝や葉に泡のかたまりがついて、中に暗褐色の虫がいます。多くの庭木や大型の草本植物に寄生し、幼虫とセミに似た灰黄色で約1cmの成虫が植物の汁を吸います。幼虫の排出液からできる泡が枝につき、著しく美観をそこねます。

発生しやすい花木・庭木　アジサイ、アベリア、エゴノキ、サツキ、シャリンバイ、ツツジ、マサキ、ヤマブキなど

薬を使わない防除
被害は軽微ですが、泡が見苦しい場合は見つけしだい捕殺します。幼虫は動作が鈍く、容易に捕殺できます。

薬剤による防除
発生が多い場合は、樹木類の登録がある殺虫剤を数回散布します。

マサキ

枝に付着した綿状物と幼虫。
枝に寄生した成虫。
葉の裏に寄生した幼虫。体が白いロウ質物で覆われている。
これが原因です

アオバハゴロモ
➡P.88

枝に綿状のロウ質物がつき、さわるとすぐ逃げる約6mmの虫がいます。綿状物に包まれた幼虫や、青白色で扁平の成虫が多くの庭木類に寄生して吸汁します。被害は軽微ですが、幼虫が分泌する綿状物が枝に付着して見苦しくなります。

発生しやすい花木・庭木　マサキ、アオキ、アジサイ、カナメモチ、カンキツ類、コデマリ、サンショウ、シャリンバイ、ツバキ類、バラ、ユキヤナギなど

薬を使わない防除
風通しや日当たりが悪いと発生しやすいため、剪定して栽培環境を整えます。綿状の幼虫を見つけたら捕殺します。枝を揺らすとすぐ逃げるので注意します。

薬剤による防除
発生が多いと生育が阻害されるので、多発したら7月までの幼虫期にベニカDスプレー（→P.130）をていねいに散布します。

2章＊植物の症状別かかりやすい病害虫

サルスベリ

幹に群生して固着している雌成虫。

樹幹を黒く覆ったすす病。落葉後は特に目立って美観をそこねる。

これが原因です

フェルト状の殻の中には雌成虫がいて、多くの卵が産卵されている。ワラジ状の虫は幼虫。

発生しやすい花木・庭木 サルスベリ、アカメガシワなど

サルスベリフクロカイガラムシ
➡P.93 カイガラムシ類

幹や枝に体長3mmくらいの長卵形で白色～紫褐色の貝殻状のものが付着します。吸汁性害虫で、長卵形の雌成虫が寄生し、多発すると樹勢が衰え、排泄物にすす病が発生して幹枝が黒色になります。落葉後の冬季には、特に被害が目立ちます。

薬を使わない防除
成虫は脚が退化して固着したまま動けないので、見つけしだいブラシや竹べらなどで削り落とすか、被害のある枝を剪定してとり除きます。冬は作業の適期です。

薬剤による防除
幼虫発生期以外は薬剤が効きにくいため、6月中旬～下旬と9月上旬～中旬を目安にベニカX乳剤（→P.118）をむらなく、ていねいに散布します。

……● 幹や枝に何かがつく ●……

ハナミズキ

幹の下面に産みつけられた卵塊。

幹に寄生する老齢幼虫。約6cmになり、食害する量も多くなる。

発生しやすい花木・庭木 ハナミズキ、アラカシ、サルスベリ、ベニバスモモ、サンゴジュ、カエデ類、バラ、フジ、サクラなど

マイマイガ
➡P.100 ドクガ類

幹の下のほうに淡褐色の柔毛で覆われたかたまりがついていたら、マイマイガの卵塊です。ガの仲間で、庭木、花木、果樹などに幅広く寄生します。卵で越冬し、春に孵化した幼虫が葉を食害し、糸をはいて垂れ下がります。

薬を使わない防除
冬に卵塊を見つけしだい、竹ベラなどで除去し、翌春の発生源を減らします。春先は幹や葉に集団でいる若齢幼虫を剪定などでまとめて除去します。

薬剤による防除
成長すると効果が劣るため、発生初期にベニカDスプレー（→P.130）やトレボン乳剤（→P.140）を散布します。

サクラ

ウズラの卵を小さくしたような形状。木の分枝した部分で見つかることが多い。

枝の分枝した部分についた越冬中の繭。春に成虫が羽化する。

発生しやすい花木・庭木 サクラ、ケヤキ、カエデ類、プラタナス、ヤナギ、カナメモチ、サルスベリなど

イラガ ➡P.91

ウズラの卵のようなかたまりがついていたら、イラガの繭です。ガの仲間で、夏から初秋に幼虫が葉を食害します。雑食性が高く、幅広い庭木に寄生します。幼虫は秋に1.5cmほどの繭を木に作り、そのまま越冬して翌夏に羽化します。

薬を使わない防除
冬に枝についた繭をさがして、たたきつぶします。夏から秋は白い透かし状になった葉の周辺をさがし、幼虫が群れている葉を枝ごと剪定してとり除きます。

薬剤による防除
成長すると効果が劣るため、発生初期にベニカDスプレー（→P.130）やベニカDX（→P.139）を散布します。

Trees & Shrubs　花木と庭木によく見られる症状

幹や枝に何かがつく

カナメモチ

枝にぶら下がった蓑。

葉表を食害するコミノ。

蓑の中の越冬幼虫。

オオミノガ
➡P.107　ミノガ類

晩秋から冬季に4〜5cmのミノムシが枝からぶら下がっています。ガの仲間の食害性害虫で、蓑（みの）を開くと中に越冬中の幼虫がいます。翌春、幼虫は再び葉を食害しますが、4月以降、蛹をへて成虫になります。

発生しやすい花木・庭木　カナメモチ、カエデ類、キンモクセイ、サンゴジュ、ツバキ、マサキなど

薬を使わない防除
冬季に枝にミノムシがついていないかよく観察し、見つけしだいハサミで切り離し捕殺します。孵化幼虫発生期には、群生している葉を枝ごと剪定、除去します。

薬剤による防除
蓑が大きくなると効果が劣るため、6月中旬〜7月の幼虫の発生初期に、**ディプテレックス乳剤10**（→P.140）を数回散布します。

葉が白くカスリ状になる

ツバキ、サザンカ

実は葉の裏を見ると…

これが原因です

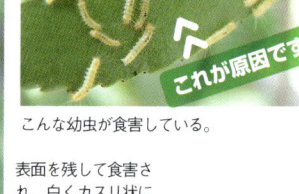

こんな幼虫が食害している。

表面を残して食害され、白くカスリ状になった葉。

成長して葉を次々に食害する幼虫。

葉の裏に産みつけられた卵塊。この卵塊にも毒毛があるのでさわらないように注意する。

チャドクガ
➡P.100　ドクガ類

葉が表面を残して白くカスリ状になり、体に黒色の斑点がある黄褐色のケムシが葉裏に群生します。ドクガ科の主要害虫で、幼虫や成虫の毒毛にふれると激しくかぶれます。前年の秋に葉裏に産みつけられた卵で越冬し、翌春、幼虫が葉を食害します。成長すると約2.5cmになり、多発すると樹木が丸坊主になります。

発生しやすい花木・庭木　ツバキ、サザンカ、チャなど

薬を使わない防除
幼虫の発生を見つけしだい、捕殺します。群生する葉を枝ごと剪定すれば効率的です。幼虫や脱皮殻など、植物についている毒毛に直接ふれないように注意します。

薬剤による防除
幼虫の発生初期に**オルトラン液剤**（→P.125）か**ベニカXファインスプレー**（→P.120）をむらなく、ていねいに散布します。

ヤニや木くずが出る

カエデ

地ぎわから木くずが出ている様子。

成虫が脱出する際にできた地ぎわの穴。この穴からは幼虫は出てこない。

幹に寄生した成虫。

ゴマダラカミキリ
→P.94 カミキリムシ類

地ぎわの幹からヤニ、木くずやふんが出ています。テッポウムシと呼ばれる乳白色の幼虫が幹の中を食害します。幼虫は摂食量も多く、成長すると5cm以上になり、枝が途中で折れたり枯死します。幹内で蛹になり、背中に白い点がある成虫が地ぎわの穴から出て、新梢や若い樹皮を環状に傷つけて食害し、枝先をしおれさせます。

発生しやすい花木・庭木 カエデ、アカシア、オリーブ、サクラ、サルスベリ、バラ、プラタナス、ヤナギなど

薬を使わない防除
成虫は見つけしだい捕殺します。成虫が幹にいないかよく確認します。被害を受けて枯死した木を放置すると、害虫のすみかになるので早めに処分します。

薬剤による防除
木くずやふんのある穴を見つけたら、木くずを除去して**園芸用キンチョールE（→P.131）**のノズルを穴に差し込み、薬剤を噴射します。

サクラ

ヤニと混じって漏出した虫ふん。

虫ふんをとり去ったあとに、幹の中から出てきた幼虫。

これが原因です…

コスカシバ
→P.98 スカシバガ類

幹からふんやヤニが出ています。サクラ、モモ、ウメなどバラ科の樹木に寄生し、被害部を削ると中に乳白色の幼虫がいます。成虫が樹皮の裂けめなどに産卵し、孵化した幼虫は樹皮下に食入し、ほぼ一年中幹の中には幼虫がいます。食害部から腐朽菌が侵入し、幹が腐って折れたり、被害が進むと樹勢が衰えて全体が枯死することもあります。

発生しやすい花木・庭木 サクラ、モモ、ウメ、ハナモモなどバラ科の花木・庭木

薬を使わない防除
ふんだけが出ているときは表皮を木づちでたたいて退治します。虫ふんの混じったヤニが出ていたら、降雨直後にやわらかくなった樹皮をナイフで削り、中の幼虫を捕殺します。

薬剤による防除
サクラのコスカシバに適用のある薬品はありません。樹皮を削ったあとに**トップジンMペースト（→P.141）**を塗ります。〈登録情報／ウメ、モモ、プルーンのコスカシバには**ガットキラー乳剤（→P.139）**を、休眠期に虫ふんをとりのぞいてから散布します〉

Trees & Shrubs　花木と庭木によく見られる症状

葉に穴があく

エンジェルストランペット

食害されて穴のあいた葉。

これが原因です…

茎の上の成虫。

コガネムシ
➡P.96

葉に穴があいたり、網の目になるまで食べられます。食害性害虫で、庭木、果樹、バラ、草花、野菜など広範囲の植物に被害を与えます。卵は土中に産卵され孵化した乳白色の幼虫は根を食害するため、株が衰弱し、枯れる場合もあります。成虫は周囲から飛来するため、防除しにくい害虫です。

発生しやすい花木・庭木　エンジェルストランペット、アジサイ、サクラ、サルスベリ、シバ、ツバキ、バラ、マンサクなど

薬を使わない防除
見つけしだい捕殺します。腐葉土や未熟堆肥など有機物を多く混入した用土には成虫が好んで産卵します。また、砂質土壌でも発生が促されるので注意します。

薬剤による防除
飛来する場合もあるため、薬剤は周辺の植物も含めて、ていねいに数回散布します。樹木類の登録がある薬剤を使用します。

葉が焼けたように枯れる

ヒイラギモクセイ

食害によって褐色に変色した被害葉。

ヘリグロテントウノミハムシ
➡P.104　ハムシ類

葉が褐色に変色し、翌春まで残るため著しく美観をそこねます。甲虫類のハムシ科の食害性害虫で、約5mmの扁平で黄白色の幼虫は葉の中にもぐって食害し、葉は褐色にただれて変色します。垣根では、被害が多いと全体が白っぽく見えてきます。黒地に2つの赤斑点があるテントウムシに似た成虫は、葉裏を食害します。

これが原因です…

食害する幼虫。

葉裏を食害する成虫。

発生しやすい花木・庭木　ヒイラギモクセイ、モクセイ類、イボタノキ、ネズミモチなど

薬を使わない防除
葉の中を線を描くようにもぐって食害している幼虫をつぶすか、被害葉ごととり除いて処分します。成虫はすばやく逃げるため、捕り逃がさないように注意します。

薬剤による防除
5月初旬の幼虫発生期、および7月の成虫発生期に、ベニカXファインスプレー（→P.120）をまんべんなく散布します。

2章＊植物の症状別かかりやすい病害虫

葉が白くなる

サルスベリ

葉の上にあらわれた、発生初期の白い斑点。

ほうっておくと…

カビに覆われたつぼみ。

うどんこ病
➡P.73

新梢や葉、つぼみにうどん粉をまぶしたような白いカビが生え、被害が進むと全体がカビで覆われます。夏の高温期を除き、初夏や秋口に雨が少なく曇天が続き、比較的冷涼で乾燥すると発生します。葉の上にできる胞子が風で飛散し、周囲に蔓延します。病原菌は落葉した被害葉の上で越冬し翌春の伝染源になります。

発生しやすい花木・庭木 アジサイ、アメリカハナミズキ、アラカシ、ウバメガシ、カエデ類、キンシバイ、サルスベリ、シモツケ、シャクヤク、バラ、マサキ、ユキヤナギ、ライラックなど

薬を使わない防除
被害部位や落ち葉は早くとり除きます。密植を避け、株が茂ったら剪定して日当たりや風通しをよくします。窒素肥料を一度に与えすぎると発生しやすくなります。

薬剤による防除
被害が進むと効果が劣るので、発生初期にモレスタン水和剤（→P.119）やベニカX乳剤（→P.118）を植物全体に散布します。

ハナミズキ

全体が白いカビで覆われた、うどんこ病の被害葉。

ほうっておくと…

紅葉した葉に丸く広がった斑点。

被害が進んで葉全体がカビで覆われ、美観をそこねる。

うどんこ病
➡P.73

葉にうどん粉をまぶしたような白いカビが生え、被害が進むと全体がカビで覆われます。カビ（糸状菌）が原因で、生育が抑えられます。特にハナミズキでは、秋に発生すると、落葉するまで著しく美観をそこね、紅葉を楽しむことができません。肥料のやりすぎや、密植で日当たりや風通しが悪いと発生が促されます。

発生しやすい花木・庭木 アジサイ、アラカシ、ウバメガシ、カエデ類、キンシバイ、サンシュユ、シモツケ、シャクヤク、スモークツリー、ハナミズキ、バラ、マサキ、ヤマボウシ、ユキヤナギ、ライラックなど

薬を使わない防除
被害部位や落ち葉は早めに除去します。密植を避け、枝葉は剪定して日当たりや風通しをよくします。窒素肥料を一度に与えすぎないようにします。

薬剤による防除
発生初期に、ベニカX乳剤（→P.118）かモレスタン水和剤（→P.119）を植物全体にむらなく散布します。被害が進むと効果が劣ってきます。

43

Trees & Shrubs　花木と庭木によく見られる症状

葉がつづられる

ツゲ

被害部分が糸でつづられた様子。

葉を食害する幼虫。

これが原因です…

ツゲノメイガ
➡P.107　メイガ類

ツゲなどの新葉や小枝が糸でつづられ、周囲と比べて白っぽく見えます。ハマキムシ類のメイガ科の食害性害虫で、春に生け垣などに被害が目立ち、新葉や小枝を糸でつづって巣を作り、中を開くと体側面に帯状の黒色線がある黄緑色のケムシがいます。幼虫は約3.5cmになり、放置すると木が丸裸になることもあります。

発生しやすい花木・庭木　ツゲ、キンモクセイ、ヒイラギ、ネズミモチ、ムクゲ、ハイビスカス、フヨウなど

薬を使わない防除
灰白色に枯れた小枝が糸でつづられてないか観察し、見つけしだい巣の中にいる幼虫を捕殺します。幼虫は動きがすばやいので、捕り逃がさないように注意します。

薬剤による防除
糸をつづった中にいるので、4〜5月の発生初期に**ベニカDスプレー（→P.130）**を内部までていねいに散布します。

葉がかすれる

ツツジ

緑色が抜けて、白くカスリ状になった葉。

葉裏についた黒色の排泄物と成虫。

これが原因

ほうっておくと…

被害が進んで、全体が白くなった葉。

ツツジグンバイ
➡P.95　グンバイムシ類

葉の緑色が抜けて白くカスリ状になります。相撲で行司が使う軍配によく似た形の羽をもつ、約3mmの成虫が葉裏に寄生して汁を吸い、点々と黒色の排泄物を残します。乾燥条件が発生を促し、特に梅雨明け後からの被害が目立ちます。幼虫も葉裏で同様に吸汁加害します。

発生しやすい花木・庭木　ウメ、カイドウ、サクラ、バラ、ヒメリンゴ、ボケなどバラ科の花木類、アセビ、シャクナゲ、ツツジなどツツジ科の花木類など

薬を使わない防除
白い小さな斑点があらわれたら、葉裏に生息する成虫や幼虫をつぶします。剪定、整枝して風通しをよくします。冬は落ち葉を除去し、越冬場所をなくします。

薬剤による防除
発生初期に**スミチオン乳剤（→P.122）**や**オルトラン液剤（→P.125）**、**ベニカグリーンVスプレー（→P.121）**を葉裏にも、ていねいに散布します。

2章＊植物の症状別かかりやすい病害虫

葉に斑点ができる

カナメモチ

ほうっておくと…

円形で褐色の斑点が多数あらわれた葉。

斑点の中央が灰褐色になり、葉は赤くなって次々と落葉する。

ごま色斑点病
➡P.76

葉に褐色で円形の斑点が、枝には暗黒色の斑点があらわれます。被害が進むと激しく葉が落ち、樹勢も衰えます。生育期に何度も発病を繰り返します。カビが原因で、胞子が風や雨のはね返りで周囲に広がります。

発生しやすい花木・庭木 カナメモチ、クサボケ、シャリンバイ、セイヨウサンザシ、マルバカイドウなど

薬を使わない防除
被害個所を見つけたら、刈り込み剪定などで早めに切除します。発病した枝や落ち葉を放置すると翌春の伝染源になるため、冬も清掃に努めます。

薬剤による防除
発病が多い場合は、5〜9月に**ベンレート水和剤**（→P.132）を散布して蔓延を防止します。

ジンチョウゲ

黒褐色の斑点がついた葉。

黒褐色の斑点がついたつぼみ。

そのままにしておくと…

発病を繰り返して秋に落葉した株。

黒点病
➡P.76

葉やつぼみ、花弁に2〜3mmの黒褐色の斑点が多数つきます。糸状菌（カビ）による伝染性の病気で、3〜7月そして秋雨期に多く発生し、雨滴で飛散して周囲に伝染します。発病した葉は黄変して落葉しますが、放置して発病を繰り返すと、秋にはほとんどの葉が落ち、衰弱して枯れにつながります。

発生しやすい花木・庭木 ジンチョウゲに発生します。

薬を使わない防除
被害を受けた花や葉は早めに剪定、除去し、ほかの株に伝染しないようにします。密植を避けて風通しをよくします。発病した葉や落ち葉を清掃、除去します。

薬剤による防除
斑点がまだ小さい発生初期に、**マネージ乳剤**（→P.137）や**ストロビードライフロアブル**（→P.141）を全体にむらなく散布。

Trees & Shrubs　花木と庭木によく見られる症状

葉にいぼ状のものがつく

ゲッケイジュ（ローレル）

枝や葉裏に寄生した成虫。

すす病が発生して黒く汚れた葉。

これが原因です…

葉脈に沿って寄生した成虫と星形の幼虫。

カメノコロウムシ
→P.93　カイガラムシ類

葉脈に沿って白色の貝殻に似たものがつきます。吸汁性害虫で、亀の甲羅状のロウ質物で覆われた、体長4㎜くらいで半球形の雌成虫が葉や枝に寄生します。多く発生すると樹勢が衰え、排泄物にすす病が発生して枝葉が黒色になります。若い幼虫は体をロウ質物で覆い、星形になって固着します。

発生しやすい花木・庭木　カナメモチ、クチナシ、サザンカ、シャリンバイ、ツバキ、マサキ、モッコク、ヤツデなど

薬を使わない防除
雌成虫は脚が退化し固着して動けないので、発生初期にブラシなどでこすり落とします。日ごろから早期発見に努めましょう。被害を受けた枝は剪定、除去します。

薬剤による防除
食用のゲッケイジュに登録のある薬剤はありません。観賞用であれば**ボルン**（→P.131）を、6月中旬～7月中旬の幼虫発生初期にていねいに散布します。

ツバキ

葉脈を中心に、砂ぼこりがついたように寄生している様子。

ツバキクロホシカイガラムシ
→P.93　カイガラムシ類

葉が葉脈に沿って黄褐色の砂ぼこりがついたように汚れます。ロウ質物で覆われた楕円形のカイガラムシで1.5～2㎜の雌成虫が寄生して汁を吸い、放置すると葉の全面に寄生。多発すると樹勢も著しく衰えます。

発生しやすい花木・庭木　アラカシ、ガジュマル、ゲッケイジュ、サカキ、マサキ、ヒイラギ、マテバシイ、モッコク、チャ、ツバキ、サザンカ、キンモクセイなど

薬を使わない防除
成虫は脚が退化して固着したまま動けないので、見つけしだいブラシでこすり落としたり、被害を受けた葉を枝ごと剪定してとり除きます。

薬剤による防除
幼虫が発生する5月中旬～下旬、および7月中旬～11月上旬に、**アクテリック乳剤**（→P.123）や**ボルン**（→P.131）を散布します。

マツ

葉のつけ根についた白い綿状の卵囊や、ひどく発生したすす病。

こんなサインに注意…

マツモグリカイガラムシ
→P.93　カイガラムシ類

枝や葉のつけ根に白い綿状のかたまりがつき、すす病が発生して枝葉が黒くなります。カイガラムシの仲間で、植物の汁を吸います。葉のつき方があらくなり、枝はねじ曲がって垂れ下がり、葉は黄色く変色して落葉します。被害が進むと枝が枯れて樹勢が衰えます。すす病が発生すると光合成が抑えられ生育が妨げられます。

発生しやすい花木・庭木　クロマツ、アカマツ、タイワンアカマツ、リュウキュウマツなどのマツ類

薬を使わない防除
被害を受けた枝、葉を剪定したりしてとり除きます。白い綿状のかたまりを手がかりに、被害枝を見つけしだい、速やかに除去しましょう。

薬剤による防除
成虫には薬剤が効きにくいので、幼虫があらわれる4～6月と10～11月に、**カダンK**（→P.139）を2週間くらいの間隔で散布します。

2章＊植物の症状別かかりやすい病害虫

column

うどんこ病の病原菌を食べる虫

　キイロテントウはうどんこ病の病原菌を食べる益虫です。幼虫も成虫も葉に発生した病原菌を食べます。やっかいな病気にかかった植物の患部の病原菌を食べてくれるとは、ほんとうに驚きです。キイロテントウはうどんこ病が発生する樹木、野菜、草花などでよく見られます。

キイロテントウの成虫。（カボチャ）

キイロテントウの幼虫。（ナス）

column

気になるコバエの撃退法

　室内の観葉植物や鉢花に、コバエが発生することがあります。水やり回数が多すぎたり、受け皿に水をためたりして、土がいつもジメジメしているときや、有機質肥料などを置き肥した場合には、コバエが好んで集まります。
　コバエは乾燥が苦手なので、多少乾かしぎみに管理します。水やりは土の表面を指でさわってみて、乾き始めてから行います。鉢底から十分に水がはけるのを待って、受け皿をします。風通しをよくし、土の表面はいつも清潔に保ちます。肥料の固形有機物は、コバエが好むのでとり除き、新しい土を表面に足すなどして環境改善をすれば、発生を軽減できます。

いつの間にか、鉢植えの周りにわいて困るコバエ。有機質肥料よりも化成肥料のほうが発生しにくい。

Roses
バラがかかりやすい病害虫

美しい花と優雅な香りが魅力で、世界中で愛され、親しまれているバラ。毎年きれいに咲いてほしいものですが、病気や害虫の被害を受けやすいので要注意です。

＊薬剤を使用するときは、散布する植物に登録のあるものを使ってください（P.111〜を参照）。

マメコガネ
➡P.96　コガネムシ類

花弁に穴があき、体色が光沢ある緑色で、褐色の羽をもつ甲虫が群がります。白や黄色系の花が被害を受けやすく、食べ尽くされることもあります。土中に産卵され、孵化した乳白色の幼虫は植物の根を食べて成長します。周囲から飛来する、防除しにくい害虫です。

これが原因です…
花弁を食害中の成虫。

食害されて穴があいた花弁。

発生しやすい花木・庭木　アジサイ、ウバメガシ、エンジェルストランペット、サクラ、シバ、スモモ、ツバキ、バラ、マンサクなど

薬を使わない防除
成虫を見つけしだい捕殺します。腐葉土や未熟堆肥などの有機物を多く混入した土地、山林の造成地や砂質土壌では発生が促されるので注意します。

薬剤による防除
マメコガネに適用のある薬剤はありません。周囲から飛来することもあるため、周辺の庭木類も含め、ていねいに散布します。バラに登録のある薬剤を使用します。

カンザワハダニ
➡P.102　ハダニ類

葉裏に白い斑点がついてカスリ状になり、葉裏に肉眼では見えないほど小さな赤い虫がいます。植物の汁を吸う害虫で、梅雨明け以降の被害が目立ちます。クモの仲間で繁殖力が旺盛です。多発すると生育が妨げられ、花数が減り、株全体が褐色になって枯れることもあります。

被害にあって白くカスリ状になった葉。

発生しやすい植物　バラ、ガーベラ、キク、サルビア、シクラメン、パンジー、プリムラ、マリーゴールドなど

薬を使わない防除
高温で乾燥した状態を好みます。湿気が苦手なので、葉裏への霧吹きや、強く散水すると軽減できます。夏場は乾燥しすぎないよう、適度な水やりをします。

薬剤による防除
発生初期にダニ太郎（→P.127）やバロックフロアブル（→P.127）を散布します。多発すると効果が劣ります。

2章＊植物の症状別かかりやすい病害虫

灰色かび病 ➡P.84

花びらに小さな斑点がつき、症状が進むと灰色のカビで覆われます。ボトリチス病とも呼ばれます。冷涼で雨や曇天が続く多湿時に出やすく、水やり、肥料やりなどの管理が不十分な場合や、日当たり、風通しが悪くて植物が弱ると発病が促されます。

しみ状に、赤色の斑点が多く発生した花弁。

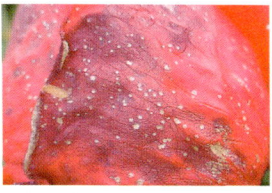

発病して多数の小さな斑点がついた花弁。

発生しやすい花木・庭木 アジサイ、ウメ、シャクナゲ、シャクヤク、ツツジ、ハナミズキ、バラ、ビヨウヤナギ、ボタンなど

薬を使わない防除
密植せず、日当たりや風通しをよくします。発病した花、カビが生えた茎葉はとり除いて伝染源を絶ちます。窒素肥料を一度に与えすぎないように注意します。

薬剤による防除
発生初期に**エムダイファー水和剤**（→P.134）をむらなくていねいに、数回散布します。

アカスジチュウレンジ ➡P.103　ハバチ類

葉裏に緑色のアオムシに似た幼虫が群生し、葉の縁から葉脈を残して食害します。バラに寄生するハチの幼虫で、成長すると2～3cmになります。成虫は若い枝に傷をつけて産卵するため、傷が裂けめとなり、枝が衰弱して病原菌も入りやすくなります。

群生して、葉の周辺から食害する幼虫。

若い枝に止まって中に産卵中の成虫。

発生しやすい花木・庭木 バラ　ルリチュウレンジ：ツツジ・サツキ類　ニレチュウレンジ：アキニレ、ハルニレなど

薬を使わない防除
幼虫を見つけしだい、群生している葉ごと剪定、除去します。大きくなったものは、箸などでつまんで退治します。若い枝に産卵中の成虫を見つけたら、捕まえて退治します。

薬剤による防除
5月の幼虫発生初期に、**ベニカXファインスプレー**（→P.120）、**ベニカXスプレー**（→P.120）を散布します。幼虫は薬剤に弱いので、比較的簡単に駆除できます。

クロケシツブチョッキリ ➡P.99　ゾウムシ類

つぼみが黒く変色して枯れ、新芽の先端が褐色に枯死します。約3mmの黒い甲虫がつぼみや新芽に穴をあけて食害し、傷をつけて産卵するため、被害部分がしおれます。幼虫はつぼみや茎の中を食害し、土中で蛹になります。

原因はこの虫です…

被害を受けて首を垂れたつぼみ。

つぼみを加害している成虫。

発生しやすい花木・庭木 バラ、サルスベリ、ウバメガシ、クヌギなど

薬を使わない防除
成虫を見つけて捕殺します。葉を揺らすとすぐ地面に落ちる習性があるため、捕り逃がさないようにします。被害部位は、地面に落下したものも除去します。

薬剤による防除
バラのクロケシツブチョッキリに登録のある殺虫剤はありません。＜登録情報／フラーバラゾウムシ：一般樹木、庭木、柑橘、キク、樹木類、バラ→**住化スミチオン乳剤**→P.140）

アブラムシ類 ➡P.90

黄緑色の小さい虫が新芽や茎、つぼみに群生します。春から秋にバラに寄生し、特に春の新芽伸長期に発生が目立ちます。繁殖力が旺盛で、寄生部位の生育を阻害し、葉についた排泄物にすす病を誘発するなど、多くの害を与えます。

これが原因です…

つぼみに寄生しているバラミドリアブラムシ。白く見えるのは脱皮殻。

花弁に多く寄生したバラミドリアブラムシ。

発生しやすい花木・庭木 カエデ類、キョウチクトウ、コデマリ、サルスベリ、シャリンバイ、フジ、ボケ、ムクゲ、ユキヤナギなど

薬を使わない防除
新芽や茎、つぼみを観察し、見つけしだいつぶします。葉についた白い脱皮殻、すす病などにも注意します。窒素肥料を与えすぎると、発生しやすくなります。

薬剤による防除
発生初期に**ベニカXファインスプレー**（→P.120）を散布します。**オルトランDX粒剤**（→P.129）を株元にまいて防除するのも効果的です。

Roses　バラがかかりやすい病害虫

バラがかかりやすい病気や害虫には、ゴマダラカミキリのように、被害が進むと株全体が枯れてしまうものや、バラシロカイガラムシのように樹勢が著しく衰えるものがあります。早めの対処を心がけましょう。

＊薬剤を使用するときは、散布する植物に登録のあるものを使ってください（P.111〜を参照）。

バラシロカイガラムシ（マルカイガラムシ類）
➡P.93　カイガラムシ類

枝や幹に2〜3mmの扁平で円い白色の貝殻に似たものがつきます。固着性カイガラムシで、ロウ質物で覆われた雌成虫が寄生して汁を吸い、害を与えます。多発すると幹が覆い尽くされることもあり、樹勢も著しく衰えます。

幹の周囲を覆って寄生している成虫。

発生しやすい花木・庭木　アオキ、ウメ、キンモクセイ、サクラ、サンショウ、シャクナゲ、ツツジ、ツバキ、バラなど

薬を使わない防除
成虫は見つけしだい竹べらなどで削り落としたり、枝を剪定してとり除きます。冬場の落葉期は白いカイガラが目立つため見つけやすく、作業の適期です。

薬剤による防除
成虫には薬剤が効きにくいので、6〜7月および8〜10月の幼虫発生期に**アクテリック乳剤**（→P.123）や**ボルン**（→P.131）を散布します。

ゴマダラカミキリ
➡P.94　カミキリムシ類

地ぎわの幹から、木くずやふんが出ています。テッポウムシと呼ばれる乳白色の幼虫が、幹の中を食害します。成長すると5cm以上になり、枝が地ぎわから次々と枯れ、株全体が枯死することもあります。成虫も新しい枝や若い樹皮を環状に傷つけて食害し、枝先をしおれさせます。

地ぎわの幹に寄生した成虫。成虫は樹皮下に卵を産む。

発生しやすい花木・庭木　アカシア、オリーブ、サクラ、サルスベリ、バラ、プラタナス、ヤナギなど

薬を使わない防除
日常的によく観察し、成虫は見つけしだい捕殺します。被害を受けて株全体が枯死した株を放置すると、害虫のすみかになるので早めに処分します。

薬剤による防除
バラのゴマダラカミキリに登録のある殺虫剤はありません。

2章＊植物の症状別かかりやすい病害虫

白く侵された新葉の展開部。

白いカビに覆われた萼（がく）。

うどんこ病 ➡P.73

若い葉や茎、つぼみにうどん粉をまぶしたような白いカビが生えます。カビ（糸状菌）が原因で発生する代表的な病気で、初夏や秋口に雨が少なく曇天が続き、比較的冷涼でしかも乾燥すると発生します。被害を受けた葉の上にできる胞子が風で飛散して伝染します。

発生しやすい花木・庭木 アジサイ、アメリカハナミズキ、アラカシ、ウメ、カエデ類、カナメモチ、コデマリ、シモツケ、シャクヤク、ツツジ類、バラ、マサキ、ユキヤナギなど

薬を使わない防除
被害部位は見つけしだいとり除き、伝染を防ぎます。密植を避け、整枝・剪定で風通しをよくします。窒素肥料の与えすぎや枝や葉の茂りすぎに注意します。

薬剤による防除
発生初期にベニカXファインスプレー（→P.120）やベニカXスプレー（→P.120）をむらなく、ていねいに散布します。

葉面にあらわれた黒褐色の斑点。

黒星病 ➡P.75

カビが原因のバラの主要病害で、葉に黒褐色でしみ状の斑点があらわれます。枝には暗黒色の病斑ができ、葉はのちに黄変して落葉します。病斑の上にできた胞子が風や雨のはね返りで周囲に伝染するため、雨が多いと発病が多くなります。

発生しやすい花木・庭木 バラ（ほかの庭木類に発生する黒星病とは病原菌が異なる）

薬を使わない防除
被害部位、落葉した葉や枝はとり除きます。冬に庭全体の清掃をしましょう。水やりは株元へ行います。窒素肥料を与えすぎたり、軟弱に育てたりした株は発生しやすくなります。

薬剤による防除
発生初期にサプロール乳剤（→P.133）やベニカXファインスプレー（→P.120）、ベニカXスプレー（→P.120）をむらなく、ていねいに散布します。

えぐりとったように食害されたつぼみ。

複数個所の食害を受けて穴があいたつぼみ。

ホソオビアシブトクチバ

つぼみがえぐりとられるようにかじられたり、新芽が食べられます。ガの仲間で、シャクトリムシのように移動します。灰褐色で細長い幼虫は、昼は枝と見分けにくく、主に夜活動します。成長すると6cmにもなり、植物が丸坊主になることもあります。

発生しやすい花木・庭木 ウバメガシ、トウゴマ、バラなど

薬を使わない防除
葉陰に隠れたり、枝にへばりついたりしている幼虫を見つけて捕殺します。幼虫は枯れ枝に似ており、夜行性で昼間は動かないので、じっくりさがしてください。

薬剤による防除
成長して大きくなると薬剤が効きにくくなるため、発生初期に殺虫剤を植物全体に散布します。バラに登録のある殺虫剤を利用します。

被害を受け白い斑点ができて、全体がカスリ状になった葉。

原因はこれです…
葉裏に群生して食害する若い幼虫。

ヨトウガ ➡P.109 ヨトウムシ類

葉に白い斑点ができて、カスリ状になり、葉裏に淡緑色の幼虫が群生しています。孵化した幼虫が集団で葉の表面を残して食害します。成長すると体色が褐色になり、体長は約4cmになります。老齢幼虫は夜行性で、昼は土中に隠れ、夜間活動するため発見しにくい。

発生しやすい花木・庭木 クレマチスなど

薬を使わない防除
葉にカスリ状の食痕や白い斑点がないか観察し、葉裏に群生する幼虫を見つけて葉ごととり除きます。見つからない場合は株元の土の中をさがし、老齢幼虫を見つけて捕殺します。

薬剤による防除
成長すると薬剤が効きにくくなるため、発生初期にオルトラン水和剤（→P.125）を葉裏にもかかるように植物全体に散布します。

51

Clematis
クレマチスがかかりやすい病害虫

清楚でさわやかな花が人気のクレマチス。同じ植物とは思えないほど、さまざまな系統の花形や色彩がありますが、かかりやすい病気や害虫は共通しています。

＊薬剤を使用するときは、散布する植物に登録のあるものを使ってください（P.111～を参照）。

うどんこ病
➡P.73

葉、茎、つぼみにうどん粉をまぶしたような白いカビが生えます。カビが原因で、病原菌は葉面に菌糸を伸ばし、一部が葉の内部に侵入して栄養分を吸収しながら蔓延するため、生育が妨げられます。葉はよじれて波打ち、茶色に変色して枯死することもあります。

白いカビに侵されたつぼみ。花弁が湾曲して正常に開花しない。

うどん粉をまぶしたように、白いカビが生えた葉。

発生しやすい花木・庭木 アジサイ、アメリカハナミズキ、ウメ、カエデ類、カナメモチ、クレマチス、コデマリ、サルスベリ、シモツケ、シャクヤク、スモークツリー、ツツジ類、マサキなど

薬を使わない防除
被害部位や落ち葉は処分します。密植を避け、整枝・剪定を行って風通しをよくします。日当たり、水やり、施肥が不十分だと発生しやすくなります。窒素過多にも注意します。

薬剤による防除
発生初期にモレスタン水和剤（→P.119）、ベニカXファインスプレー（→P.120）をむらなく、ていねいに散布します。

アブラムシ類
➡P.90

黄緑色や赤褐色の小さい虫が新芽やつぼみ、葉裏に群生します。繁殖力がおう盛で、植物の汁を吸って生育を妨げます。特に春先は、新芽の先端部に集まって害を与えます。小さいつぼみに多く寄生すると、つぼみが萎縮して花が咲かなくなることもあります。

葉裏に寄生して汁を吸っているアブラムシ。

発生しやすい花木・庭木 カエデ類、キョウチクトウ、クレマチス、サルスベリ、シャリンバイ、フジ、ボケ、ムクゲ、ユキヤナギなど

薬を使わない防除
日ごろから新芽やつぼみをよく観察し、見つけしだいつぶすなどして退治します。窒素肥料を一度に与えすぎると発生が促されるので、肥料管理にも注意します。

薬剤による防除
発生初期にベニカXファインスプレー（→P.120）を散布します。オルトランDX粒剤（→P.129）を株元にまいて防除するのも効果的です。

2章＊植物の症状別かかりやすい病害虫

赤渋病（さび病） ➡P.77 さび病

葉の表面には褐色の斑点、葉裏にはオレンジ色で粒状の斑点がつき、破れて周囲に飛散します。多発すると葉がしおれて衰弱し、株は枯死します。病原菌は季節ごとに寄生する植物をかえ、夏以降、アカマツやクロマツに飛散して「マツ類葉さび病」を発生させます。

葉の表面にあらわれた褐色の病斑。

葉裏についたオレンジ色の斑点。斑点はのちに破れて橙黄色の粉が噴出する。

発生しやすい花木・庭木　カイヅカイブキ、カイドウ、クレマチス、サクラ、ツツジ、バラ、ボケ、マツなど

薬を使わない防除
多湿は発生を促すので、風通しをよくします。茂りすぎている株は適宜剪定し、枝を適切に誘引します。マツ林が近隣にある場合は、特に発生に注意しましょう。

薬剤による防除
クレマチスの赤渋病に適用のある薬剤はありません。＜登録情報/バラのさび病→**エムダイファー水和剤**→P.134＞

ナメクジ ➡P.101

花弁やつぼみに穴があいて不規則に食べられ、這った跡に光沢あるすじが残ります。多湿を好み、やわらかい花やつぼみ、新芽、葉を食害します。昼は鉢底や落ち葉の下などにひそんで夜に活動するため、見つけにくく厄介。

食害されて穴があいた花弁。這った跡が光沢あるすじとして残るのがナメクジ発生の特徴。

これが原因です…

雨上がりに壁の上を這っているチャコウラナメクジ。

発生しやすい草花　ペチュニア、マリーゴールド、ベゴニア、キク、シクラメン、サルビア、ジニア、キンギョソウ、プリムラ、ダリアなど

薬を使わない防除
昼は鉢底をさがし、夜は8時以降に懐中電灯でさがして捕殺します。風通しをよくして過湿に注意します。ビールを置くと集まるので、捕殺するか熱湯で退治します。

薬剤による防除
夕方、**ナメトックス**（→P.128）や**ナメトックス液**（→P.140）を散布します。散布後に水やりしたり、雨が降ったりすると効果が減退します。

Helleborus
クリスマスローズの病気

丈夫で育てやすく、冬から早春の庭を華やかに彩るクリスマスローズ。比較的かかりやすい病気を紹介します。

＊薬剤を使用するときは、散布する植物に登録のあるものを使ってください（P.111～を参照）。

斑点性の病気 ➡P.85

カビ（糸状菌）が原因で発生する斑点性病害で、葉に黒い斑点が多数つきます。被害を受けた部分にできる胞子が風で飛ばされて周囲に伝染します。被害が進むと斑点はふえ、最後には枯れてしまいます。

常緑種の葉にあらわれた、黒褐色の病斑。

薬を使わない防除
発病した葉は速やかにとり除きます。密植を避けて株間を確保し、風通しをよくします。周囲の植物が茂りすぎた場合は、適宜剪定します。

薬剤による防除
発生初期に花き類・観葉植物に使える殺菌剤を散布します。庭の一部で発生を見つけたら、まだ発生していない株を含めて、葉裏までていねいに散布します。

灰色かび病 ➡P.84

ボトリチス病とも呼ばれ、特に梅雨時に花びらに褐色の小さなしみ状の斑点がついたり、葉や茎に灰色のカビが生えます。20度くらいの冷涼で雨や曇天が続く、多湿の環境条件で発生が促されます。

地ぎわが黒く腐ったようになり、茎の周囲に灰色のカビが生える。

薬を使わない防除
密植を避け、風通しや水はけをよくして丈夫に育てます。被害を受けた花や葉は早めにとり除きます。窒素肥料を一度に与えすぎると発病しやすくなります。

薬剤による防除
発生初期に**ゲッター水和剤**（→P.136）を散布します。庭の一部で発生を見つけたら、まだ発生していない株を含めて、葉裏までていねいに散布します。

53

Fruit Trees
果樹によく見られる症状

季節の訪れとともに豊かな実りを楽しめる果樹。フレッシュな果実をたっぷり収穫するために、よく見られる病害虫とその対処方法を知っておきましょう。

＊薬剤を使用するときは、散布する植物に登録のあるものを使ってください（P.111～を参照）。

葉が縮れる

ウメ

寄生によって巻縮した葉。

排泄物がついて、すす病が発生した果実。

アブラムシが発生しやすい果樹 ウメ、サクランボ、スモモ、ナシ、ビワ、プルーン、マルメロ、ミカン類、モモ、リンゴなど

ムギワラギクオマルアブラムシ ➡P.90 アブラムシ類

葉が横に縮れて巻き込み、開くと中に約2mmの黄緑色の虫がいます。新芽の展開期に葉裏に寄生して汁を吸い生育を阻害します。年間二十数世代発生し、木全体の葉が巻くこともあります。幼果にも寄生し、排泄物がすす病を誘発します。初夏にキク科の植物に移動し、晩秋に再びウメに戻ります。

薬を使わない防除
見つけしだい、つぶすなどして退治します。枝葉が茂りすぎている場合は整枝・剪定します。窒素肥料の与えすぎは発生を促すので注意します。

薬剤による防除
4月中旬～下旬の発生初期に散布します。巻いた葉の中にいて薬剤が届きにくいため、浸透移行性のある**モスピラン液剤（→P.124）**をていねいに散布します。

柑橘

被害を受けて、白い線があらわれた葉。

被害が進んで縮れ、湾曲した葉。

発生しやすい果樹 カイドウ、カキ、柑橘、ナシ、モモ、リンゴ、マルメロなど

ミカンハモグリガ（エカキムシ） ➡P.105 ハモグリガ類

葉面に絵を書いたように白い線があらわれ、被害が進むと葉がわん曲して変形します。エカキムシと呼ばれ、葉の中にもぐった幼虫が葉肉を食害して進むため、被害部分は半透明になり生育が阻害されます。新葉に被害が目立ち、患部にコナカイガラムシが発生したり、かいよう病の病原菌が侵入するので注意が必要。

薬を使わない防除
7～9月の被害状況を確認し、手が届く範囲であれば、白い線の先端部分にいる幼虫を指で押しつぶして退治します。

薬剤による防除
葉の中で薬剤が届きにくいため、浸透移行性殺虫剤の**ダントツ水和剤（→P.124）**を散布します。

2章＊植物の症状別かかりやすい病害虫

モモ

縮葉病 ➡P.78

展開したばかりの葉が火ぶくれ状に縮れ、ふくらんで赤色や黄緑色になります。病原菌の侵入がきっかけとなって合成される植物ホルモンが異常生長を起こします。芽の近くで越冬した胞子が雨で新葉に付着して感染するため、萌芽期に雨が多く湿度が高いと発生します。萌芽期から展葉期に限って発病します。

火ぶくれ状に縮れふくらんだ葉。

被害を受けて黄色く縮れた葉。

発生しやすい果樹 アンズ、ウメ、ナシ、モモなど

薬を使わない防除
発病した被害葉や落ち葉は、越冬胞子が増殖するすみかになるので、速やかに除去します。枝葉が茂りすぎている場合は適宜、剪定・整枝します。

薬剤による防除
発芽する新葉を、感染からいかに守るかがポイントです。発芽前にビスダイセン水和剤（→P.134）を、新芽によくつくように、ていねいに散布します。

カキ

カキクダアザミウマ
➡P.89　アザミウマ

展開したばかりの葉が内側に巻き込み、被害が進むと褐色になって落葉します。展葉期に寄生する越冬成虫が、巻葉内に産卵します。橙色で約2mmの幼虫は葉を吸汁加害し、一部は外に出て幼果を吸汁し、果実には褐色の斑点が帯状に残ります。黒色の成虫は巻葉を出て樹皮のすき間にもぐり込み、翌春まで越冬します。

これが原因です…
巻葉の中の幼虫。体色が黒いのは成虫。

寄生によって、巻き込んだ被害葉。

発生しやすい果樹 イチジク、ブドウ、カキ、柑橘など

薬を使わない防除
春に巻いた葉を見つけたら、速やかに除去します。冬には幹の粗皮を削りとり、樹皮下で越冬している成虫の数を減らします。

薬剤による防除
春から初夏にかけての幼果期に、薬剤を数回散布します。葉の中にいて薬剤が届きにくいため、浸透移行性のオルトラン水和剤（→P.125）を散布します。

……● 黄橙色の斑点がつく ●……

リンゴ、カイドウ

赤星病
➡P.77　さび病

葉表に黄橙色で円形の斑点がつき、葉裏には灰褐色でひげ状の毛がついて黄色に変色し、落葉します。被害葉の上にできた胞子は、飛散してカイヅカイブキなどのビャクシン類について越冬し、さび病を起こし、翌春そこで増殖した胞子が風で飛散して再びリンゴやカイドウに伝染します。雨が多いと発生が促されます。

葉裏についたひげ状の毛。

葉の表についた黄橙色の斑点。

発生しやすい果樹 カイドウ、カリン、ジューンベリー、ナシ、マルメロ、リンゴなど

薬を使わない防除
発病した葉は早めに除去します。風通しをよくし、葉や枝が茂りすぎたら整枝・剪定します。

薬剤による防除
リンゴの赤星病にはアンビルフロアブル（→P.141）を、発生初期に全体にていねいに散布します。近くにあるビャクシン類には、降雨前後にバシタック水和剤75（→P.142）を散布し、伝染を防ぎます。

Fruit Trees 果樹によく見られる症状

枝や葉に何かがつく

ブルーベリー

被害を受けて丸い穴があき、褐色になって枯れた葉。

枝に固着した蓑。

これが原因です…

発生しやすい庭木・花木 ハナミズキ、カナメモチ、ヒイラギ、ゲッケイジュ、サクラ、サルスベリ、ツバキ、サザンカ、フジ、ボケ、ウメ、マサキなど

チャミノガ　→P.107　ミノガ類

葉が食べられて丸い穴があき、細長い円筒形の蓑（みの）がつきます。ガの仲間で、蓑を開くと越冬中の幼虫がいます。幼虫は春に再び葉を食害し、蓑を枝に固定し、蛹をへて成虫になります。幼虫は蓑から這い出し、糸をはいて垂れ下がり、小さな蓑を作り、葉の表面を移動しながら食害します。

薬を使わない防除
葉や枝に蓑がついていないかよく観察し、見つけしだいハサミで切り離して捕殺し、翌年の幼虫発生源を少なくします。

薬剤による防除
幼虫の成長が進んで蓑が大きくなると薬剤の効果が低下するため、7〜8月の幼虫発生期に殺虫剤を散布します。ブルーベリーに登録のある殺虫剤を利用します。

柑橘

葉についた排泄物に発生したすす病。

発生しやすい果樹　カキ、柑橘、トベラ、ナシなど

これが原因です

枝に群生して加害する成虫。

発生したすす病で黒く汚れた果実。

イセリアカイガラムシ　→P.93　カイガラムシ類

枝や葉に縦溝のある白い綿状の貝殻に似たものが群生します。多発すると枝が枯れ、葉や果実についた排泄物にすす病が発生して黒く汚れ、樹勢が衰えます。綿状に見えるのはレンガ色の雌成虫がかかえる卵嚢で、多数の卵が入っています。成虫になっても移動が可能です。

薬を使わない防除
ブラシなどでこすり落としたり、枝ごと剪定してとり除きます。風通しが悪いと発生しやすいため、密植を避け、適宜、剪定して風通しをよくします。

薬剤による防除
キング95マシン（→P.132）を希釈して、植物全体にむらなく、ていねいに散布します。孵化幼虫が多い6月中旬〜下旬、8月中旬〜下旬を目安に散布します。

ウメ

多発して幹が白く覆われた様子。

発生しやすい果樹　アンズ、ウメ、スモモ、モモ、スグリ、サクランボなど

幹の周りが多くの雄の殻で覆われた被害枝。

ウメシロカイガラムシ　→P.93　カイガラムシ類

枝や幹に2〜2.5mmの円形で白色の貝殻状のものがつきます。固着性のカイガラムシで、円形の雌成虫が寄生して汁を吸います。雄は細長く小型です。多発すると幹がほとんど覆い尽くされて真っ白になることがあり、樹勢も著しく衰えます。しばしば、こうやく病を誘発するので注意します。

薬を使わない防除
雌成虫は脚が退化しているので見つけしだいブラシや竹べらなどでこすり落とします。被害の多い枝は剪定してとり除きます。密植を避け、風通しをよくします。

薬剤による防除
冬にキング95マシン（→P.132）を幼虫発生期の5月上旬〜中旬、7月中旬〜下旬、9月上旬〜中旬に、収穫が近い時期ではマラソン乳剤（→P.122）を、収穫後にはアプロード水和剤（→P.139）を散布。

2章＊植物の症状別かかりやすい病害虫

Flowers
草花によく見られる症状

四季折々に咲く可憐な草花には、いつもきれいに咲いてもらいたいものです。よく見られる代表的な病害虫の症状と、その症状にかかりやすい草花を紹介します。

＊薬剤を使用するときは、散布する植物に登録のあるものを使ってください（P.111〜を参照）。

茎が腐敗して枯れる

ニチニチソウ

疫病 ➡P.74

茎葉が暗褐色に腐敗して枯れ、ときには被害部分に白色のカビが生えます。植物を侵す土壌病原菌が原因で、梅雨後半の高温多湿時に出やすく、被害が進むと茎が倒れ、枯死します。水中を自由に泳げる遊走子（胞子の一種）が、降雨や灌水時に泥水とはね上がって伝染します。

暗褐色に腐敗して枯れ始めた株。

発生しやすい草花 アスター、アネモネ、アリウム、インパチエンス、カスミソウ、ガーベラ、キク、キンギョソウ、キンセンカ、ケイトウ、サルビア、ニチニチソウ、ヒヤシンス、ボタン、ミヤコワスレ、ユリなど

薬を使わない防除
発病株や植物の残渣はすぐ除去します。水はけのよい用土で植え、マルチングで泥水のはねを抑えます。水やりは、土表面が少し乾く程度まで待ちます。

薬剤による防除
苗の定植時、または生育期に、周囲の草花を含め、**リドミル粒剤2（→P.137）**を株の周りの土表面に散布します。

シクラメン

カビで覆われた花茎。

被害が進行して灰色のカビが発生した花がら。

灰色かび病 ➡P.84

花弁にしみ状の赤い小斑点がつきます。ボトリチス病とも呼ばれ、冷涼で曇天が続く多湿時に発生しやすく、胞子が風などで飛散して周囲に伝染します。湿度が高いと、花弁や花茎にねずみ色のカビが生えて腐敗します。落ち葉や花茎をそのままにしておくと、病原菌が蔓延する原因になります。

発生しやすい草花 キク、キンギョソウ、シクラメン、ゼラニウム、ナデシコ、ニチニチソウ、パンジー、プリムラなど

薬を使わない防除
日当たりや風通しをよくします。咲き終わった花はねじるように株元から花茎ごと引き抜きます。発病した部分はとり除きます。窒素肥料を一度に与えすぎないように注意します。

薬剤による防除
発生初期に**サンヨール（→P.118）、ゲッター水和剤（→P.136）**をむらなく、ていねいに散布します。

Flowers　草花によく見られる症状

しおれて首を垂れる

キク

被害を受けて首を垂れた茎。

産卵中の雌成虫。

ほうっておくと…

茎の中で成長した幼虫。

キクスイカミキリ
➡P.94　カミキリムシ類

茎が首を垂れてしおれます。黒色で背中に赤褐色の斑紋がある約1cmの成虫が茎に傷をつけながら産卵するため、被害部から先へ水が上がらなくなってしおれます。茎の中で孵化した幼虫は食害しながら下方に進んで株元まで達し、株全体が枯死することもあります。

発生しやすい草花　アスター、キク、シャスターデージー、ノコギリソウ、ハルジオン、フジバカマ、マーガレット、ミヤコワスレ、ヤグルマギク、ヨモギなど

薬を使わない防除
しおれた部分を少し下部から剪定、除去し、茎の中の卵を処分します。成虫がいないか、周辺のキク以外の草花や雑草までよくさがし、見つけしだい捕殺します。

薬剤による防除
キクスイカミキリに登録のある薬剤はありません。キクに登録のある殺虫剤を利用します。<登録情報/ブドウのトラカミキリでは、**スミチオン乳剤→P.122**の登録があります>

葉に穴があいた

スイートアリッサム

葉を食害する幼虫。

ニホンカブラハバチ
➡P.103　ハバチ類

葉の上に黒色で体の表面にしわがあるイモムシがいます。ハチの仲間の幼虫で、主にアブラナ科の草花や野菜に寄生して葉を食害します。成長すると1.5～2cmになり、摂食量も多いため、多発すると植物が丸坊主になることもあり、株も衰弱します。

発生しやすい草花　クレオメ、クレソン、スイートアリッサム、ストック、ハボタン、ムラサキハナナなど

薬を使わない防除
日常的によく観察し、葉の上の幼虫を見つけしだい捕殺します。食害性害虫なので、発見が早ければ早いほど、被害を少なく抑えられます。

薬剤による防除
スイートアリッサムのカブラハバチに登録のある薬剤はありません。<登録情報/ダイコンのカブラハバチでは、**オルトラン水和剤→P.125**の登録があります>

ゼラニウム

葉の裏の若い幼虫。

成長した幼虫。通常は夜行性で昼間あらわれることは少ない。

これが原因です…

ヨトウガ　➡P.109　ヨトウムシ類

葉や花びらが食害されて穴があき、葉の上にはふんが見られます。卵は葉裏に産卵され、幼虫は集団で葉表面を残して食害するため、被害葉はカスリ状になります。幼虫は成長すると分散し、褐色で4cmにもなり、植物が丸坊主になることもあります。夜行性で、昼は葉裏や土中に隠れています。

発生しやすい草花　アスター、アイリス、オダマキ、カスミソウ、ガーベラ、キク、クレマチス、ケイトウ、コスモス、スイートピー、ストック、ゼラニウム、ダリア、デージー、ハボタン、バラ、パンジー、プリムラなど

薬を使わない防除
葉裏に群生する幼虫を見つけたら、葉ごととり除きます。被害が進んでも発見しにくい場合は、株元の土中や葉裏を注意深くさがし、見つけしだい捕殺します。

薬剤による防除
大きくなると薬剤が効きにくくなるため、発生初期に数回**オルトラン粒剤（→P.129）**を株元にまくか、**オルトラン水和剤（→P.125）**を全体に散布します。

2章＊植物の症状別かかりやすい病害虫

スミレ

食害によって穴があいた葉と幼虫。

これが原因です…

オンブバッタ ➡P.92

葉に傷がついたり、穴があいたりします。1cmほどの幼虫が群生して葉を食害します。初期は葉に傷をつける程度ですが、5cmほどの成虫になると加害量もふえ、発生が多いと株が丸坊主になることもあります。オンブしているのは親子ではなく、大きいメスと小さいオスです。

発生しやすい草花 アサガオ、アスター、インパチエンス、キク、ケイトウ、コリウス、サルビア、ジニア、スミレ、ナデシコ、ペチュニアなど

薬を使わない防除
成虫や幼虫を見つけしだい捕殺します。葉に傷はないか、穴はあいていないか、周辺の植物までよく確認します。周辺の除草を徹底してすみかをなくします。

薬剤による防除
周辺の草花や雑草も含め、**スミチオン乳剤（→P.122）**をむらなくていねいに数回散布します。幼虫の発生初期に散布することがポイントです。

ハボタン

葉の上の幼虫。

これが原因です…

食害されて穴があいた被害葉。

アオムシ（モンシロチョウ）➡P.88

緑色でこまかい毛のある虫が葉を食害し、穴があきます。モンシロチョウの幼虫で主にアブラナ科の草花、野菜に寄生します。孵化後の幼虫は葉裏から食害し、成長すると約3cmになり、放置すると葉脈を残して株が丸坊主になります。ハボタンは秋季の被害にも注意。

発生しやすい草花 クレオメ、ストック、ナスタチウム、ハナナ、ハボタンなど

薬を使わない防除
日ごろから成虫の飛来と葉の表裏をよく確認し卵や幼虫を捕殺します。幼虫は緑色系品種では見逃しやすいので注意します。

薬剤による防除
発生初期に**ベニカグリーンVスプレー（→P.121）**を、葉裏にもかかるようていねいに散布します。**オルトランDX粒剤（→P.129）**を株元に散布します。

ルピナス

葉の上に寄生した様子。

これが原因です…

カタツムリ類 ➡P.101　ナメクジ類

葉に穴があいて不規則に食べられ、這った跡が光沢あるすじとなって残ります。ナメクジとよく似た習性をもち、多湿を好んで葉やつぼみを食害します。昼は落ち葉の下などにひそんで、夜や雨や曇天の日の昼間に活動します。屋外では春～梅雨期、9～10月に発生し、夏の発生は減少します。

発生しやすい草花 アスター、ガーベラ、キク、ダリア、ベゴニア類、ルピナスなど

薬を使わない防除
昼は株元の落ち葉の下などをさがし確認し、夜に出没したら捕殺します。風通しをよくして過湿に注意します。鉢植えは銅製のナメクジ返しや底網なども利用します。

薬剤による防除
生息地に**ナメトックス（→P.128）**、**ナメトックス液（→P.140）**を夕方地表面にまいて退治します。散布後の降雨や水やりは効果が低下するので注意します。

キク

葉に寄生した成虫。

これが原因です…

オンブバッタ ➡P.92

葉に傷がついたり、丸い穴があいたりします。1cmほどの幼虫が群生して葉を食害します。成長につれて食害量も多くなり、5cmほどの成虫になると、株が丸坊主になることもあります。おんぶの様子は親子ではなく、大きいメスと小さいオスです。

発生しやすい草花 アサガオ、アスター、インパチエンス、キク、ケイトウ、コリウス、サルビア、ジニア、スミレ、ゼラニウム、ダリア、ナデシコ、ベゴニア、ペチュニアなど

薬を使わない防除
葉に傷はないか、穴はあいていないかを調べ、成虫や幼虫を見つけしだい捕殺します。体色が緑色のため、見逃しやすいので注意。周辺の除草を徹底してすみかをなくします。

薬剤による防除
周辺の草花や雑草も含め、**スミチオン乳剤（→P.122）**をむらなく、ていねいに散布します。幼虫の発生初期に散布できれば理想的です。

Flowers 草花によく見られる症状

葉が白くなる

シャクヤク

粉状のカビが生えた茎。

白いカビに覆われた葉。

発生しやすい草花 フロックス、キク、コスモス、ジニア、シャクヤク、ダリア、デージー、バーベナ、バラ、ベゴニアなど

うどんこ病 ➡P.73

葉や茎にうどん粉をまぶしたような白いカビが生え、被害が進むと全体がカビで覆われ、葉が波打つこともあります。進行すると下の葉から枯れ上がります。肥料の与えすぎで茂りすぎたり、日当たりや風通しが悪いと発生が促されます。葉の上にできた胞子が風で飛散して周囲に蔓延します。

薬を使わない防除
被害部位は早めに除去します。密植を避け、適宜、剪定して日当たりや風通しをよくします。窒素肥料を一度に与えすぎると発生を促すので注意します。

薬剤による防除
被害が進むと効果も劣るので、発生初期に**ベニカXファインスプレー（→P.120）** や**ベニカマイルドスプレー（→P.121）** を植物全体にむらなく、ていねいに散布します。

モナルダ（ベルガモット）

白い粉状の病斑があらわれた葉。

発生しやすいハーブ カモミール、カラシナ、ソープワート、ディル、ナスタチウム、ポットマリーゴールド、モナルダなど

うどんこ病 ➡P.73

最初は葉に不整円形でうどん粉をまぶしたような白いカビが生え、被害が進むと葉全体がカビで覆われます。カビ（糸状菌）が原因で発生する主要病害で、夏の高温期を除き、初夏や秋口に雨が少なく曇天が続き、比較的冷涼で乾燥すると発生します。

薬を使わない防除
被害部位は早めにとり除きます。密植を避け茎葉が過繁茂の場合は適宜、剪定して風通しをよくします。窒素肥料を一度に与えすぎると発生を促すので注意します。

薬剤による防除
発生が進むと防除効果も低いので発生初期に、**ベニカマイルドスプレー（→P.121）** や**カリグリーン（→P.135）** を植物全体にむらなく、ていねいに散布します。

葉がかすれる

キク

葉裏についたタール状の排泄物。

軍配によく似た形の羽をもつ、約3mmの成虫。

葉に白い斑点がついて、白くかすり状になった葉。ハダニの被害症状にも似る。

これが原因です…

発生しやすい草花 アスター、キク、ヒマワリ、ミヤコワスレ、ユリオプスデージー、ルドベキアなどキク科の草花

アワダチソウグンバイ
➡P.95 グンバイムシ類

葉に白い小斑点がつき、緑色が抜けて白くカスリ状になります。2000年に初めて確認された北米からの侵入害虫で、キク科植物に寄生し被害を与えます。大相撲で行司が使う軍配によく似た形の羽をもつ、約3mmの成虫が葉裏に寄生して汁を吸い、点々と黒色でタール状の排泄物を残します。

薬を使わない防除
白い斑点があらわれたら、葉裏に生息する成虫や幼虫をつぶして退治します。周辺のキク科雑草の除草を徹底します。除草はできるだけシーズン初めにすませます。

薬剤による防除
アワダチソウグンバイに適用のある薬剤はありません。〈登録情報/ツツジのグンバイムシでは**スミチオン乳剤→P.122**の登録があります〉

2章＊植物の症状別かかりやすい病害虫

マリーゴールド

カンザワハダニ ➡P.102 ハダニ類

葉に白い斑点がついてカスリ状になり、葉裏に0.5mmくらいの微小な暗赤色の虫がいます。繁殖が旺盛で、高温乾燥条件を好むため、特に梅雨明け以降の被害が目立ちます。発生が多いとクモの巣状の網を張り、生育が抑えられ花数も減少します。ひどい場合は株全体が褐色になって枯れる場合もあります。

被害を受けて白くカスリ状になった葉。

発生しやすい草花 ガーベラ、キク、コスモス、サルビア、シクラメン、ジニア、パンジー、ヒマワリ、プリムラ、マリーゴールド、ミヤコワスレなど

薬を使わない防除
湿気が苦手なので、葉裏に霧吹きをすると軽減できます。葉に白い斑点がついて、葉裏に微小な暗赤色の虫がいないかよく確認します。

薬剤による防除
繁殖が進んで生息密度が高くなると薬剤の効果も低下するため、発生初期を逃さず、アーリーセーフ（→P.119）やバロックフロアブル（→P.127）を散布します。多犯性なので周辺の花類も含め、葉裏を中心にていねいに散布します。

葉に線ができる

ナスタチウム

ハモグリバエ類 ➡P.106

葉面に曲がりくねった白い線があらわれます。通称エカキムシと呼ばれるナスタチウムの主要害虫で、広範囲の植物に寄生します。体長約2mmの小さなハエが葉の中に産卵し、幼虫は表皮と葉裏を残して葉肉を食害して進み、葉の中で蛹になります。被害部分は半透明になり生育が阻害されます。

曲がりくねった、白い筋があらわれた葉。

発生しやすいハーブ カモミール、クレソン、ナスタチウム、ポットマリーゴールド、マジョラム、ミント、ロケットなど

薬を使わない防除
日ごろから植物をよく見て、葉に白い線があらわれたら、できるだけ早く白線の先端部分にいる幼虫や蛹を指で押しつぶすか、被害が多い場合は葉ごと除去します。

薬剤による防除
ナスタチウムを食用にする場合、適用のある薬剤はありません。観賞目的であれば花き類・観葉植物の登録のある薬剤を発生初期に散布します。

葉が縮れる

ユリオプスデージー

アブラムシ類
➡P.90

新芽の先端が萎縮して生長が止まり、1～2mmの虫がいて、細小で白色のゴミのようなものがつきます。春の新芽伸長期に発生が目立ち、夏の高温期の発生は軽微です。白いゴミはアブラムシの脱皮殻です。繁殖が旺盛で群生して汁を吸い生育を阻害します。発生が多いと、開花期に花茎が垂れ下がります。

寄生によって萎縮した新芽。

寄生によって、花茎が下に垂れ下がった様子。

発生しやすい草花 オダマキ、キキョウ、キク、シャスターデージー、タチアオイ、マーガレット、ヤグルマギク、リンドウなど

薬を使わない防除
見つけしだい、つぶすなどして退治します。窒素肥料を一度に与えすぎないように注意します。キラキラ光るものを嫌がるため、アルミ箔を近くに置くのも軽減に役立ちます。

薬剤による防除
発生初期にベニカXファインスプレー（→P.120）やベニカマイルドスプレー（→P.121）を散布します。オルトランDX粒剤（→P.129）を株元に散布する方法もあります。

Flowers 草花によく見られる症状

葉や花にすじや斑点ができる

ミヤコワスレ

発病して、全体的に白っぽく見える株。

白色ですじ状の斑が入った葉。

モザイク病 ➡P.72 ウイルス病・モザイク病

葉に白色ですじ状の斑が入って奇形になったり、花弁に斑があらわれます。ウイルスによる伝染性の病気で、アブラムシによって媒介されます。アブラムシの発生が多い春や秋に多発し、病気にかかった植物を扱ったあとなど、剪定バサミや手についた植物の汁液が、その後の作業で傷口について伝染することもあります。

発生しやすい草花 アイリス、インパチエンス、グラジオラス、シクラメン、チューリップ、パンジー、プリムラ、ペチュニア、ミヤコワスレ、ユリなど

薬を使わない防除
ウイルスは株全株に広がるため、見つけたら株ごと廃棄します。発病株のとり扱いは管理作業の最後にし、ほかの株に伝染しないようにします。

薬剤による防除
アブラムシを発生させないように、発生時期には周辺の草花類も含め**オルトランDX粒剤**（→P.129）を株元に散布して予防します。

チューリップ

すじ状の斑が入った花弁。 
まだら模様があらわれた葉。

モザイク病 ➡P.72 ウイルス病・モザイク病

花びらにすじ状の斑が入り、葉に濃淡のあるモザイク状のまだら模様があらわれて、生育が悪くなります。ウイルスによる伝染性の病気で、特に赤系品種など有色の花に斑があらわれます。アブラムシによって媒介され、切り花などの際に、剪定バサミで病気にかかった株を扱ったり、手についた汁液が、その後の作業で健全な植物の傷口について伝染する場合もあります。

発生しやすい草花 アイリス、インパチエンス、グラジオラス、サルビア、シクラメン、ジニア、チューリップ、パンジー、プリムラ、ペチュニアなど

薬を使わない防除
アブラムシによって伝染するので、見つけたら地下の球根も廃棄して伝染源を絶ちます。発病株のとり扱いは管理作業の最後にします。窒素肥料を一度に与えすぎないようにします。

薬剤による防除
春のアブラムシ発生時期には周辺の草花類も含め、**オルトランDX粒剤**（→P.129）を株元に散布します。

ペチュニア

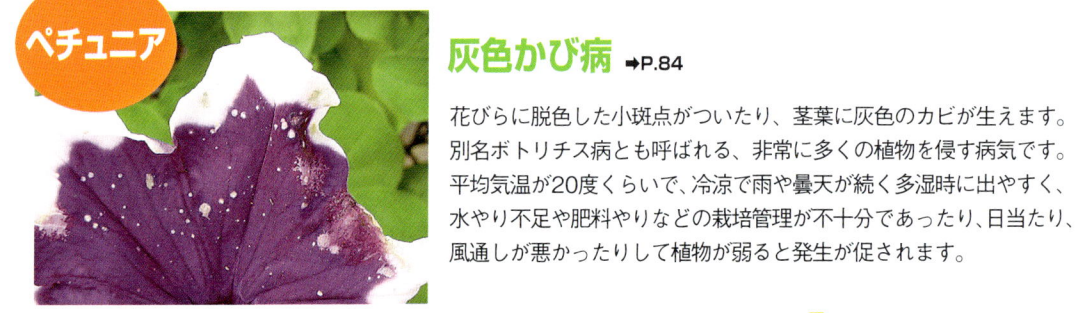

発病して、小さな斑点がついた花びら。

灰色かび病 ➡P.84

花びらに脱色した小斑点がついたり、茎葉に灰色のカビが生えます。別名ボトリチス病とも呼ばれる、非常に多くの植物を侵す病気です。平均気温が20度くらいで、冷涼で雨や曇天が続く多湿時に出やすく、水やり不足や肥料やりなどの栽培管理が不十分であったり、日当たり、風通しが悪かったりして植物が弱ると発生が促されます。

発生しやすい草花 キク、キンギョソウ、シクラメン、ジニア、ゼラニウム、ニチニチソウ、パンジー、ベゴニア、ペチュニアなど

薬を使わない防除
密植を避けて、風通し、水はけをよくします。花がらや被害部分は見つけしだいとり除き、ほかの株に伝染するのを防ぎます。窒素肥料の与えすぎは発生を促すので注意します。

薬剤による防除
発生初期に**サンヨール**（→P.118）、**ゲッター水和剤**（→P.136）をむらなく、ていねいに散布します。

2章＊植物の症状別かかりやすい病害虫

……● 葉に斑点ができる ●……

プリムラ

斑点病 ➡P.85　斑点性の病気

葉に褐色で円形の斑点ができます。病斑は下の葉からあらわれ、徐々に上の葉に伝染します。被害が進むと葉は枯れて株も著しく衰弱します。日当たりや風通しが悪く、肥料不足で軟弱に育っていたり、雨が続いて空中湿度が高いと発生が促されます。

褐色の斑点があらわれた葉。

発生しやすい草花　インパチエンス、ガーベラ、カンパニュラ、キク、ケイトウ、ジニア、ダリア、プリムラ、ペチュニアなど

薬を使わない防除
被害葉や落ち葉は、見つけしだい早めに除去します。適度な株間を確保して日当たりや風通しをよくします。水やりは株元へ行い、丈夫に育てます。

薬剤による防除
プリムラの斑点病に適用のある薬剤はありません。花き類・観葉植物に登録のある殺菌剤を利用します。

……● 小さいものがたくさんつく ●……

シャコバサボテン

サボテンシロカイガラムシ ➡P.93　カイガラムシ類

葉に1〜2mmの白く扁平な円形や細長い貝殻状のものがつきます。室内栽培で発生する固着性カイガラムシで、サボテン類に寄生して吸汁し、生育を阻害します。風通しや日当たりが悪いと発生しやすく、多発すると葉を覆い尽くして美観がそこなわれ、株が枯死する場合もあります。

葉の表面を覆って寄生している様子。

発生しやすい植物　ウチワサボテン、カニバサボテン、クジャクサボテン、デンマークカクタス、ハナスベリヒユなど

薬を使わない防除
葉に殻がついていないか日ごろからよく観察し、見つけしだいブラシなどでこすり落とすか、被害を受けた葉をとり除きます。室内では風通しをよくします。

薬剤による防除
適用のある薬剤はありません。〈登録情報/オンシジウムのカイガラムシ類では、**オルトラン水和剤**➡P.125の登録があります〉

アイビー（ヘデラ）

アブラムシ類 ➡P.90

葉の表面に黒色ですす状のカビが生え、微小で白色のゴミのようなものがつきます。汚れた葉の上部を見ると、新芽や新葉に小さな虫が群生しています。白いゴミはアブラムシの脱皮殻、黒いカビは排泄物に繁殖したすす病です。春から秋にかけて発生します。

すす病が発生し、白い脱皮殻がついて汚れた葉。

新芽に群生する成虫。

発生しやすいつる性植物　アイビー、クレマチス、ディプラデニア、フジなど

薬を使わない防除
よく観察し、見つけしだいつぶすなどして退治します。窒素肥料を一度に与えすぎると発生を促すので注意します。すす病が見苦しい場合は、薄めの石けん水でふきとります。

薬剤による防除
発生初期に食品成分の**ベニカマイルドスプレー**（➡P.121）や**ベニカXファインスプレー**（➡P.120）を散布します。ベニカXファインスプレーはすす病の予防にもなります。

チューリップ

チューリップヒゲナガアブラムシ ➡P.90　アブラムシ類

黄緑色で約3mmの虫が花弁につきます。チューリップのほか、ナス科野菜をはじめ広範囲の植物に寄生し、生育を妨げてウイルス病を媒介します。通常、成虫には羽はありませんが、密度が高くなると羽のある個体があらわれ、別の場所に移動します。ヨモギなどの雑草で越冬するといわれます。

花弁に寄生した成虫や幼虫。

発生しやすい草花　キク、キンギョソウ、サルビア、デージー、ハボタン、パンジー、プリムラ、マリーゴールド、ユリなど

薬を使わない防除
見つけしだい、つぶして退治します。窒素肥料を一度に与えすぎないように注意します。キラキラ光るものを嫌がるのでアルミ箔を敷くのも軽減に役立ちます。除草を徹底します。

薬剤による防除
発生初期に**オルトランDX粒剤**（➡P.129）を株元に散布するか、**ベニカXファインスプレー**（➡P.120）や**ベニカマイルドスプレー**（➡P.121）を散布します。

Viola ×wittrockiana
パンジーがかかりやすい病害虫

春を代表する草花で、豊富な色や花形で人気のパンジー。多花性で長期間咲く品種も多いので、じょうずに栽培してたくさんの花を楽しみたいものです。

＊薬剤を使用するときは、散布する植物に登録のあるものを使ってください（P.111〜を参照）。

茎や芽の周囲に群生しているモモアカアブラムシ。

モモアカアブラムシ ➡P.90 アブラムシ類

花弁や葉裏に1〜2mmで黄緑色、または赤褐色の虫がつきます。低温期でも発生が多く、広範囲に寄生します。植物の汁を吸って生育を阻害したり、モザイク病を媒介する厄介な害虫です。温暖なバルコニーなどでは冬の間も発生が続きます。

発生しやすい草花 キンセンカ、キンギョソウ、シクラメン、ストック、チューリップ、デージー、ナデシコ、パンジー、プリムラ、ワスレナグサなど

薬を使わない防除
日ごろから花弁や葉裏をよく観察し、見つけしだい、つぶして退治します。窒素肥料を一度に与えすぎると発生を促すので注意します。密植を避け、風通しをよくします。

薬剤による防除
発生初期に**ベニカXファインスプレー（→P.120）**を散布するか、**オルトランDX粒剤（→P.129）**を株元に散布します。

光沢のあるすじがついた花弁。

花弁の上を這っているチャコウラナメクジ。

チャコウラナメクジ ➡P.101 ナメクジ類

花に穴があいて不規則に食べられ、這った跡が光沢あるすじとなって残ります。多湿を好み、草花の花やつぼみ、新芽、新葉を食害します。昼は鉢底や落ち葉の下などにひそんで夜活動するため、被害はあっても見つけにくく、厄介な害虫です。

発生しやすい草花 ペチュニア、マリーゴールド、ベゴニア、クレマチス、キク、シクラメン、サルビア、ジニア、キンギョソウ、パンジー、プリムラ、ダリアなど

薬を使わない防除
夜8時以降に出てきたら退治します。株元の落ち葉を処分し、風通しをよくして、過湿に注意します。銅イオンを利用した銅板（ナメクジ返し）も利用できます。

薬剤による防除
夕方、**ナメトックス（→P.128）**や**ナメトックス液（→P.140）**を散布し誘引して退治します。散布後に雨が降ったり、水やりすると効果が劣ります。

白い粉状の病斑があらわれた葉。

うどんこ病 ➡P.73

葉に不整円形でうどん粉をまぶしたような白いカビが生え、被害が進むと葉全体がカビで覆われます。初夏や秋口に雨が少なく曇天が続いて比較的冷涼で乾燥すると発生します。肥料のやりすぎで茂りすぎたり、密植で風通しが悪いと発生が促されます。葉の上で作られる胞子が飛散して周囲に蔓延します。

発生しやすい草花 キク、クレマチス、コスモス、コレオプシス、ジニア、シャクヤク、バーベナ、ベゴニア、フロックス、モナルダ、ワレモコウなど

薬を使わない防除
被害部位は早めにとり除きます。密植を避け、茎葉が過繁茂の場合は適宜、剪定して風通しをよくします。窒素肥料を一度に与えすぎると発生を促すので注意します。

薬剤による防除
被害が進むと効果も劣るので発生初期に**ベニカXファインスプレー（→P.120）**や**ベニカマイルドスプレー（→P.121）**を植物全体にむらなく、ていねいに散布します。

2章＊植物の症状別かかりやすい病害虫

ハダニ類 ➡P.102

葉に白い斑点がついてカスリ状になり、葉裏に微小な赤色の虫がいます。クモの仲間の吸汁性害虫で広範囲の植物に寄生します。高温乾燥を好み、繁殖が旺盛で、クモの巣状の網を張ることもあり、生育が抑えられ花数も減少します。

葉裏に寄生する成虫。

寄生によって、白くカスリ状になった葉。

発生しやすい草花 ガーベラ、キク、サルビア、シクラメン、ジニア、ハイビスカス、パンジー、プリムラ、マリーゴールドなど

薬を使わない防除
早期発見に努めます。軒下などでは日ごろの確認を心がけます。過乾燥にならないよう適度な水やりをし、葉裏に霧吹きして軽減します。密植を避けて風通しをよくします。

薬剤による防除
発生初期をのがさず**バロックフロアブル**（→P.127）や**アーリーセーフ**（→P.119）を数回散布します。周辺の花類も含め、葉裏を中心にていねいに散布します。

ダンゴムシ ➡P.99

黒灰色の甲羅に覆われた1～1.5cmの虫がいます。エビやカニの仲間の甲殻類の動物で、刺激すると体を丸めます。腐葉土の下など湿気のある場所を好み、広食性で主に夜活動して花や野菜の若い芽や根、発芽したばかりの幼苗を食害します。

花弁に寄生した成虫。

発生しやすい草花 シネラリア、ジニア、ダリア、パンジー、フリージア、ベゴニア、ペチュニアなど

薬を使わない防除
幼虫や成虫を見つけしだい捕殺します。植物周辺の清掃を心がけ、落ち葉や堆肥、腐葉土などの有機物は除去します。過度の水やりを避け、多湿に注意します。

薬剤による防除
パンジーのダンゴムシに適用のある薬品はありません。〈登録情報/ハクサイ、キャベツのダンゴムシでは、**デナポン5%ベイト**（→P.128）の登録があります〉

灰色かび病 ➡P.84

花弁に褐色や脱色した小斑点がつき、徐々に広がって枯死する場合、それは「灰色かび病」です。ボトリチス病とも呼ばれ、葉には淡褐色の病斑ができて、湿度が高いと灰色のカビが生えます。20度前後の冷涼で雨や曇天が続く多湿時に出やすく、植物が弱ると発生が促されます

多数の斑点がついた花弁。

発生しやすい草花 キク、シクラメン、ゼラニウム、ナデシコ、ニチニチソウ、バラ、パンジー、プリムラ、ベゴニアなど

薬を使わない防除
日ごろの栽培管理を徹底します。密植を避けて風通し、水はけをよくします。病原菌が増殖しやすい花がらや被害部分は早めにとり除いて、伝染源を絶ちます。

薬剤による防除
発生初期に**サンヨール**（→P.118）、**ゲッター水和剤**（→P.136）をむらなく、ていねいに散布します。

肥料不足 ➡P.12 生理障害

冬季の低温期に、パンジーの下葉がうっすらと暗紫色になって、表面に淡灰色の斑点を生じます。用土の中に肥料分があっても、低温や水やり不足で養分の吸収が悪いとき、鉢に根がまわって株が老化した場合に発生します。ほうっておくと下葉は黄色くなり、徐々に植物全体に及んで株が衰弱します。

肥料不足で、下葉が黄色になったパンジー。

発生しやすい草花 キク、パンジー、ペチュニア、プリムラ、マリーゴールドなど

薬を使わない防除
水やりごとに薄めの液体肥料（花工場原液〈5-10-5〉など）を与え、植物を健やかに育てます。根詰まりの場合は一回り大きい鉢に植えかえ、冬場は寒い風が当たらないところで1週間ほど管理します。

薬剤による防除
肥料不足による栄養障害をなおす薬剤はありません。

Foliage Plants
観葉植物によく見られる症状

カラフルで変化のある葉を楽しむ観葉植物は、いつも美しい状態で見たいもの。病気や害虫で傷んだ葉は、元に戻りません。原因の早期発見で美しい姿を保ちましょう。

＊薬剤を使用するときは、散布する植物に登録のあるものを使ってください（P.111～を参照）。

葉がかすれる

テーブルヤシ

葉の緑色が抜けて、白くカスリ状になったテーブルヤシ。

多くの小さな白い斑点がついている様子。赤く点のように見えるのが成虫。

カンザワハダニ
➡P.102　ハダニ類

葉に白い小さな斑点がふえてカスリ状になり、緑色が抜けて葉裏に0.5mmくらいの微小な暗赤色の虫がいます。植物に寄生するクモの仲間で、観葉植物のほか、広範囲の植物に寄生し、汁を吸って生育を阻害します。屋外では初夏～秋に発生しますが、温暖な室内では一年中発生します。

発生しやすい観葉植物　アナナス、カラテア、クロトン、コルジリネ、シダ類、シュロチク、シンゴニウム、デュランタ、ドラセナ、ピレア、ポトス、ユッカなど

薬を使わない防除
湿気が苦手なので、葉裏に霧吹きや葉水をかけると繁殖を軽減できます。日ごろから葉に白い斑点がついていないか、葉裏に小さな暗赤色の虫がいないか確かめます。

薬剤による防除
発生初期をのがさず、**バロックフロアブル（→P.127）**を散布します。周囲の観葉植物や草花類を含め、葉裏を中心に植物全体にていねいに散布します。

ドラセナ

葉の緑色が抜けて、白くカスリ状になった葉。

ハダニ類　➡P.102

葉に白い小さな斑点がふえてカスリ状になり、緑色が抜けて葉裏には微小な赤色の虫が動いています。植物に寄生する害虫で、広範囲の植物に寄生して汁を吸って生育を抑制します。高温乾燥の条件でふえやすく、繁殖スピードも早いため短期間で被害が進みます。

発生しやすい観葉植物　アナナス、カラテア、クロトン、コルジリネ、シダ類、シュロチク、シンゴニウム、デュランタ、ピレア、ポトス、ヤシ類、ユッカなど

薬を使わない防除
葉裏をよく見て、風通しをよくしてときどき葉裏に霧吹きし、ときには葉水をかけるなどリフレッシュさせます。乾燥しやすい室内や、雨が当たらない軒下などでは日ごろの確認を心がけます。

薬剤による防除
発生初期に、**アーリーセーフ（→P.119）**や**バロックフロアブル（→P.127）**を散布します。多犯性なので周辺の花類も含め、葉裏を中心にていねいに散布します。

2章＊植物の症状別かかりやすい病害虫

クロトン

ハダニ類 ➡P.102

葉の緑色が抜け白くカスリ状の斑点がふえ、葉裏に微小な赤色の虫が動いています。植物に寄生するクモの仲間で吸汁加害します。繁殖スピードも早いため短期間で被害が進み、放置するとクモの巣状の網を張ることもあります。風にのって運ばれ、成虫で越冬します。アトピーの原因といわれるペットやカーペットで繁殖するダニとは異なります。

被害が進んで、白くカスリ状になった葉。

クモの巣状の網を張って生息する成虫。

吸汁された部分の緑色が抜けた被害葉。

発生しやすい観葉植物 クロトン、ハイビスカス、シダ類、ヤシ類など

薬を使わない防除
葉裏をよく見て早期発見に努め、風通しをよくしてときどき葉裏に霧吹きし、ときには屋外で葉水をかけるなどリフレッシュさせます。特に一年を通して乾燥しやすく熱がこもりやすい室内や、雨が当たらない軒下などでは日ごろの確認を心がけます。

薬剤による防除
発生初期に**バロックフロアブル**（→P.127）や**アーリーセーフ**（→P.119）を散布します。多犯性なので周辺の草花類も含め、葉裏を中心にていねいに散布します。

……葉や幹が黒くなる……

シェフレラ

すす病 ➡P.80

葉、茎などが黒色のカビで覆われます。空気中のすす病菌が茎葉についたほこりや、アブラムシ、カイガラムシなど害虫の排泄物を栄養にして増殖します。風通しや日当たりが悪く、空気がよどんで湿度が高いと発生しやすく、放置すると葉が厚いすす状の膜で覆われて光合成が抑えられ、生育にも影響が出ます。

すす病を誘発する、アブラムシの排泄物。

すす状の黒いカビがついた葉。

発生しやすい観葉植物 アナナス、ガジュマル、カンノンチク、クロトン、コーヒーノキ、ゴムノキ、シェフレラ、シュロチク、ドラセナ、ベンジャミン、ヤシ類など

薬を使わない防除
日ごろから風通しや日当たりをよくして栽培環境を整え、葉のほこりはとります。すす状のカビや光沢ある排泄物を見つけたら、それらの上にある葉や枝に害虫がいないかよく確認し、見つけしだい捕殺します。

薬剤による防除
シェフレラのすす病やカイガラムシに登録のある薬剤はありません。アブラムシには**ベニカロスプレー**（→P.130）や**ベニカXファインスプレー**（P.120）を散布します。

Foliage Plants　観葉植物によく見られる症状

葉や幹が黒くなる

クロトン

排泄物にすす病が発生して汚れた葉。

すす病 ➡P.80

葉が黒く汚れ、表面にカビが生えます。空気中のすす病菌が茎葉についたほこりや、アブラムシ、カイガラムシなど害虫の排泄物を栄養にして増殖します。風通しや日当たりが悪いと発生しやすく、多発すると葉についた排泄物に黒色のすす病が繁殖し、光合成が抑えられて生育が妨げられ、美観も著しくそこなわれます。

発生しやすい観葉植物 アナナス、ガジュマル、カンノンチク、クロトン、コーヒーノキ、ゴムノキ、シュロチク、ドラセナ、ベンジャミン、ヤシ類など

薬を使わない防除
日ごろから風通しや日当たりをよくして栽培環境を整え、葉のほこりはとります。すす状のカビや光沢ある排泄物を見つけたら、それらの上にある葉や枝に害虫がいないかよく確認し、見つけしだい捕殺します。

薬剤による防除
クロトンのすす病に登録のある薬剤はありません。アブラムシには**ベニカDスプレー**（→P.130）や**ベニカXファインスプレー**（P.120）を散布します。

ポトス

発病し、円形の病斑があらわれた葉。

炭そ病 ➡P.81

葉面に円形で褐色の病斑ができ、葉が古くなると穴があきます。20～25度で日当たりや風通しが悪く、空中湿度が高いと発病が促されます。感染した病原菌が、日やけや冷害がきっかけで弱った部分で繁殖し発病することもあります。病斑上にできた胞子が灌水や雨のはね返りで周囲に伝染します。

発生しやすい観葉植物 アンスリウム、アナナス、カラテア、グズマニア、クロトン、ゴムノキ、サンセベリア、ドラセナなど

薬を使わない防除
被害部分は除去します。密植を避けて、風通し、日当たりをよくし、雨を避けて育てます。窒素肥料の過多、茎葉の過繁茂は発生を促すので注意します。

薬剤による防除
ポトスの炭そ病に登録のある薬剤はありません。（登録情報/クロトン、ドラセナ、ゴムノキの炭そ病には、**ベンレート水和剤**（→P.132）の登録があります）

白いものがつく

クロトン

葉の表面に寄生した成虫。

新芽に寄生した成虫。

コナカイガラムシ類
➡P.93　カイガラムシ類

新芽や葉、葉のつけ根に白色の粉で覆われた長さ2～3mmでワラジ状の虫が寄生し、粉っぽい白い綿状のかたまりがつきます。温室や温暖な室内では一年を通して発生します。たいていのカイガラムシは脚が退化して動かずに生活しますが、コナカイガラムシは一生、自由に移動できます。

発生しやすい観葉植物 アナナス、オリヅルラン、ガジュマル、クロトン、コーヒーノキ、ゴムノキ、シダ類、ドラセナ、ベンジャミン、ポトス、ヤシ類など

薬を使わない防除
見つけしだいブラシなどで除去して捕殺します。歩行できるので削り落としたものは確実に処分します。風通しや日当たりをよくし、購入時は植物をよく確認します。

薬剤による防除
ベニカDスプレー（→P.130）を、虫によくかかるように散布するか、**オルトランDX粒剤**（→P.129）を株元にまきます。

2章＊植物の症状別かかりやすい病害虫

ポトス

葉に寄生した成虫や、白い綿状の卵嚢。

コナカイガラムシ類 ➡P.93 カイガラムシ類

新芽や葉、葉のつけ根に白色の粉で覆われた長さ2〜3㎜でワラジ状の虫が寄生し、粉っぽい白い綿状の塊がつきます。温室や温暖な室内では一年中発生します。雌成虫は尾部から分泌する白い綿状の塊（卵嚢）の中に、多数の卵を産みつけます。卵からかえった幼虫は外へ這い出し、葉や茎について汁を吸い始めます。

発生しやすい観葉植物 アビス、アナナス、オリヅルラン、ガジュマル、クロトン、コーヒーノキ、ゴムノキ、シダ類、シュロチク、ドラセナ、ベンジャミン、ポトス、ヤシ類など

薬を使わない防除
早期発見を心がけ、見つけしだいブラシなどで除去して捕殺します。削り落としたものは確実に処分します。風通しや日当たりをよくします。植物をよく確認してから購入します。

薬剤による防除
ポトスのコナカイガラムシに登録のある薬剤はありません。（登録情報/クロトンのミカンコナカイガラムシには、**ベニカDスプレー（→P.130）** を、虫によくかかるように散布するか、**オルトランDX粒剤（→P.129）** を株元にまきます）

●斑紋ができる●

アナナス類

被害部分は退色して褐色になる。

強い直射太陽光を受けて、円形の斑紋があらわれたグズマニアの葉。

日やけ症状（生理障害）
➡P.12 生理障害

葉に円形で褐色の斑紋ができる場合、「日やけ」が疑われます。強光が原因で起こる生理障害で、症状が進むと枯れる場合もあります。植物が育つには光が必要ですが、それぞれの植物には光合成を行うための適正な受光量があり、その適正量を超えた太陽光を長期間受けると日やけ症状が出ます。

発生しやすい観葉植物 アナナス類、ドラセナ・マッサンゲアナ、ポトス、フィロデンドロン、テーブルヤシ、ディフェンバキアなど。

薬を使わない防除
日ごろから栽培環境に気を配り、それぞれの植物に合った明るさで育てます。高温になりやすい場所では風通しをよくし、水やりを適切に行って植物を健やかに育てます。必要であれば寒冷紗を利用して日よけをしましょう。

薬剤による防除
日やけは、薬剤では治療できません。

パキラ

日やけ症状（生理障害） ➡P.12 生理障害

葉に円形で褐色の斑紋ができるのが「日やけ」です。観葉植物の中には日陰や半日陰を好むものが多く、誤って真夏の高温時に、直射日光の下で栽培した場合や、風通しが悪く温度の高い室内で強い光を当てて育てた場合などに起こしやすい。

強い直射日光を受けて、褐色の斑紋があらわれたパキラの葉。

発生しやすい観葉植物 ドラセナ・マッサンゲアナ、ポトス、フィロデンドロン、テーブルヤシ、ディフェンバキア、パキラなど。

薬を使わない防除
日ごろから栽培環境に気を配り、それぞれの植物に合った明るさで育てます。高温になりやすい場所では風通しをよくし、水やりを適切に行って植物を健やかに育てます。必要であれば寒冷紗を利用して日よけをしましょう。

薬剤による防除
日やけは、薬剤では治療できません。

Orchids
洋ランがかかりやすい病害虫

華やかな色と優雅な花形が美しい洋ラン。高価な品種もたくさんあるので、できるだけ健全に管理したいものです。早めの対策と日常の観察が大切です。

*薬剤を使用するときは、散布する植物に登録のあるものを使ってください（P.111～を参照）。

カトレヤ類

ナメクジ ➡P.101

花に穴があき、不規則に食べられ這った跡が光沢あるすじとなって残ります。多湿を好み、花やつぼみ、新芽、根部を食害します。昼は鉢底などにひそんで夜活動するため、つぼみや咲いた花が知らぬ間に食べられて台なしになることもあります。

食害されて穴があいた花弁。這った跡が光沢あるすじになって残る。

発生しやすい洋ラン カトレヤ類、コチョウラン、シンビジウム、デンドロビウム、パフィオペディラムなど

薬を使わない防除
昼は鉢底などを確認し、夜8時以降に出没したら捕殺します。風通しよく、過度の水やりを避け、過湿に注意します。銅板（ナメクジ返し）も利用できます。

薬剤による防除
夕方、**ナメトックス（→P.128）**や**ナメトックス液（→P.140）**を散布し、誘引して退治します。散布後の降雨や水やりは効果が劣るので注意します。

コチョウラン

コナカイガラムシ類 ➡P.93 カイガラムシ類

葉裏や葉のつけ根に粉っぽい白い綿状のかたまりがつき、ワラジ状で楕円形の虫が寄生します。室内栽培で発生し、自由に移動できるカイガラムシで、汁を吸い被害を与えます。綿状のかたまりの中に多数の卵を産みつけて繁殖します。多発すると葉についた光沢ある排泄物に黒色のすす病が繁殖し、生育が抑えられます。

葉裏についた綿状の分泌物。

発生しやすい洋ラン オンシジウム、カトレヤ類、コチョウラン、シンビジウム、デンドロビウム、パフィオペディラムなど

薬を使わない防除
風通しや日当たりが悪いと発生しやすく、見つけしだいブラシなどで除去します。歩行するので削り落として確実に捕殺します。購入時は葉裏などを確認します。

薬剤による防除
発生初期に、花き類・観葉植物の登録がある殺虫剤を数回散布します。綿状の分泌物が多い場合は、それらをブラシなどでていねいに除去してから散布します。

デンドロビウム

ハダニ類 ➡P.102

葉の緑色が抜け白い斑点がふえてカスリ状になり、葉裏に微小な赤色の虫が動いています。クモの仲間で、広範囲の植物に寄生して汁を吸い被害を与えます。高温乾燥条件が発生を促し、短期間で被害が進み、放置するとクモの巣状の網を張ることもあります。

吸汁による葉裏の被害。

緑色が抜け、白くカスリ状になり始めた葉。

発生しやすい洋ラン コチョウラン、シンビジウム、デンドロビウム、デンファレ、ミルトニアなど

薬を使わない防除
葉裏を見て早期発見に努め、風通しをよくし、夏季の乾燥時は夕方に葉裏に葉水をかけて加湿します。温暖で乾燥しやすい室内や雨が当たらない軒下などは注意。

薬剤による防除
発生初期を逃さず、**バロックフロアブル（→P.127）**、**アーリーセーフ（→P.119）**を数回散布。多犯性なので周辺も含め、葉裏を中心に散布します。

3章
どんな病気や害虫がいるか

病気を知ろう
害虫を知ろう

病気や害虫には、それぞれに特徴があり、主に発生する時期や典型的な症状、発生しやすい植物などのパターンがあります。病害虫の性質を知ることは、防除するうえで最も大切です。病害虫のウイークポイントを押さえて効率のよい対策をとりましょう。

病気を知ろう

植物の病気の多くは、細菌やカビが原因です。発生の要因を知り、発生しにくい環境をつくる工夫が大切です。

青枯病 [あおがれびょう]

トマトの青枯病。しおれて首を垂れた新芽。

いつ 主な発生時期 … 5〜8月

| 3 | 4 | 5 | 6 | 7 | 8 | 9 | 10 | 11 | 12 | 1 | 2 (月) |

どこに 主な発生部位 … 葉、茎、株全体

病気の種類 細菌による伝染性の病気

発生しやすい植物 草花/マリーゴールド、ジニア、ダリアなど 野菜/イチゴ、トマト、ナス、キュウリ、ピーマン、ジャガイモなど、多くの種類

被害状況 元気に生育していた株が急に緑色のまましおれ、数日のうちに株全体が枯れ、根は褐色になって腐ります。土壌中の細菌が、水を媒介にして根の傷から侵入します。晴れた日に茎や葉がしおれ、曇りや朝夕になるとやや回復する様子を繰り返していくうちに回復不能になっていきます。地ぎわ部の茎を切って水に挿すと、茎から細菌を含んだ乳白色の液体が出てきます。この液体が周囲につくと感染する恐れがあります。梅雨明けから夏にかけて、水はけの悪い場所で多く発生します。

対処・予防方法 🌿 日常管理による防除

定植時は畝を高くして水はけをよくします。毎年同じ場所に同じ科の野菜を続けてつくらないようにします（連作しない）。発病した株は、根とともに早めに抜きとって処分します。窒素肥料をやりすぎると発生しやすいので注意します。

💊 効果のある薬品

土壌消毒が基本ですが、家庭園芸では容易ではありません。

ウイルス病・モザイク病 [ういるすびょう・もざいくびょう]

ジニアのモザイク病。 　ミツバのモザイク病。 　ミヤコワスレのモザイク病。

いつ 主な発生時期 … 周年（特にアブラムシの発生時期）

| 3 | 4 | 5 | 6 | 7 | 8 | 9 | 10 | 11 | 12 | 1 | 2 (月) |

どこに 主な発生部位 … 花弁、葉

病気の種類 ウイルスによる伝染性の病気

発生しやすい植物 草花/アイリス、グラジオラス、シクラメン、ジニア、ミヤコワスレ、チューリップ、パンジー、ペチュニアなど 野菜/ダイコン、トマト、カブ、ハクサイ、ミツバなど

被害状況 花びらにすじ状の斑が入って花が小型化したり、葉に濃淡のあるモザイク状のまだら模様があらわれ、葉縁が縮れて、株全体の生育が抑えられます。ウイルスによる伝染性の病気で、アブラムシやアザミウマ、コナジラミによってうつされます。このほか栽培管理で剪定バサミや手についた汁液で伝染することもあります。発病すると治療はできません。代表的なウイルスにキュウリモザイクウイルスがあり、主にアブラムシによって媒介され、多くの植物に伝染します。

対処・予防方法 🌿 日常管理による防除

発病した植物を放置すると、アブラムシなどによって健全な株にうつされてしまうので、見つけたら株ごと（球根や地下茎なども）処分して伝染源を絶ちます。発病した株の取り扱いは管理作業の最後に行います。光反射（シルバー）マルチを張って媒介する害虫の飛来を防ぎます。

💊 効果のある薬品

ウイルスに感染した植物を治療する薬剤はないので、主要な媒介害虫のアブラムシの発生時期にアブラムシを退治します。草花・観葉植物全般→ベニカXファインスプレー、オルトランDX粒剤　ハーブ・野菜類全般→ベニカマイルドスプレー。
＊上記以外の植物は147ページの表を参照。

3章＊どんな病気や害虫がいるか｜病気を知ろう

うどんこ病 [うどんこびょう]

白く侵された開いたばかりのバラの新葉。

つるバラのうどんこ病。

白いカビに覆われたバラの花柄。

ジニアのうどんこ病。

いつ
主な発生時期 … 4〜11月

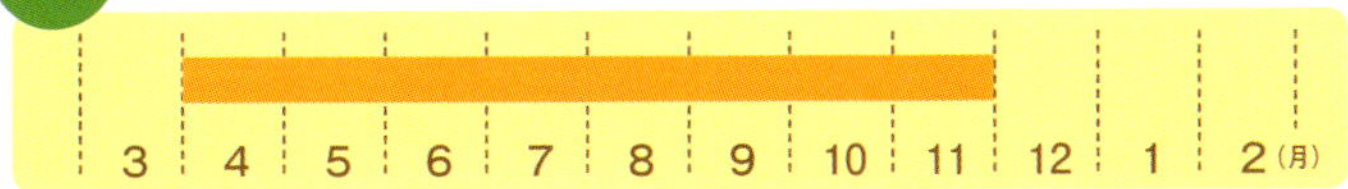

| 3 | 4 | 5 | 6 | 7 | 8 | 9 | 10 | 11 | 12 | 1 | 2 (月) |

どこに
主な発生部位 …
葉、新梢、つぼみ

病気の種類
カビ（糸状菌）による伝染性の病気

発生しやすい植物　花木・庭木／バラ、クレマチス、サルスベリ、アジサイ、アメリカハナミズキ、ジューンベリー、マサキ、カシなど　**草花**／キク、シャクヤクなど　**野菜**／イチゴ、エンドウ、オクラ、トマト、ナス、ニンジン、パセリ、ピーマン、カボチャ、メロンなど

被害状況
茎や葉、つぼみの表面に、うどん粉をまぶしたような白いカビが生えます。カビ（糸状菌）による伝染性の病気で、被害が進むと全体がカビで覆われ、葉がねじれたり変形したりします。バラを栽培すると、ほとんどの品種に発生する病気で、進行すると葉が黄色くなって枯れることがあります。空梅雨の年に発生しやすく、盛夏には発生を休みます。初夏や秋口に雨が少ない環境条件で、比較的冷涼で、しかも乾燥すると発生しやすくなります。多発すると光合成が妨げられて生育が悪くなります。日当たりが悪い場所では、ひなたに比べてかかりやすくなります。野菜では収穫にも影響し、キュウリの場合は果実が曲がる原因にもなります。

対処・予防方法

日常管理による防除
被害を受けた葉、落ち葉をそのままにしておくと感染源になるので、早めにとり除き、周囲に伝染するのを防ぎます。株の間隔をあけて植え、必要に応じて剪定し、日当たりや風通しをよくします。窒素肥料を一度に施しすぎたり、枝や葉が茂りすぎると発病しやすいので注意します。

効果のある薬品
バラ、草花全般→ベニカXファインスプレー。トマト、キュウリ、ナス、イチゴ→ベニカグリーンVスプレー。ハーブ・野菜類・草花全般→ベニカマイルドスプレー。発生初期に発見し、速やかに散布することが大切です。葉の裏側までていねいに散布しましょう。
＊上記以外の植物は147ページの表を参照。

疫病 [えきびょう]

トマトの疫病。

ニチニチソウの疫病。

いつ 主な発生時期 … 6〜8月（長雨などの多湿時）

| 3 | 4 | 5 | 6 | 7 | 8 | 9 | 10 | 11 | 12 | 1 | 2 |(月)

どこに 主な発生部位 … 葉、茎、根

病気の種類 カビ（糸状菌）による伝染性の病気

発生しやすい植物 **花木・庭木**／バラなど **草花**／アネモネ、インパチエンス、キク、ガーベラ、キンギョソウ、ケイトウ、サルビア、ニチニチソウ、ユリなど

被害状況 梅雨後半の多湿時に、草花や野菜に発生します。初期の状態は、茎や葉に暗褐色の病斑ができて腐敗して枯れ、ときには表面が白色のカビで覆われます。トマトなどでは、被害が進むと果実に暗褐色の病斑ができて腐敗します。茎に感染する場合は患部から上が枯れます。地ぎわから発病することが多く、その場合は株が倒れて枯死します。土の中の病原菌が、降雨や水やりの際にはね上がって伝染し、雨が続いたり、水はけの悪い場所では急に発病することがあるので注意が必要です。

対処・予防方法 🌿 **日常管理による防除**

水はけのよい土に植え、株元にマルチングを施して泥水のはね上がりを抑えます。発病した株は、早めに抜きとって処分し、周囲の株が感染しないように配慮します。コンテナでは軒下などで雨を避けます。

効果のある薬品

草花全般→リドミル粒剤2を、株の周りの土の表面に散布します。野菜（トマト、ジャガイモ）→ダコニール1000やビスダイセン水和剤。規定倍率に水で希釈して散布します。

＊上記以外の植物は147ページの表を参照

褐斑病 [かっぱんびょう]

キクの褐斑病。

いつ 主な発生時期 … 4〜10月

| 3 | 4 | 5 | 6 | 7 | 8 | 9 | 10 | 11 | 12 | 1 | 2 |(月)

どこに 主な発生部位 … 葉

病気の種類 カビ（糸状菌）による伝染性の病気

発生しやすい植物 **草花**／アイリス、キク、ツワブキ、プリムラなど **花木・庭木**／アジサイ、カナメモチ、レンギョウ、キンモクセイ、ムクゲなど

被害状況 葉に褐色や黒みを帯びた茶色の斑点ができる病気の総称で、カビの仲間（糸状菌）による伝染性の病気です。キクでは、はじめに葉に小さな褐色の斑点があらわれ、やがて斑点は大きく広がって円形や楕円形になり、その後つながって不整形の病斑になります。雨が多い時期に被害が進み、下の葉から枯れ上がります。アジサイでは1cm前後の輪紋状の褐色の斑点ができます。発生が多いと、葉が枯れて株の勢いが衰えます。

対処・予防方法 🌿 **日常管理による防除**

被害を受けた葉などは、周囲に伝染する原因になるので、速やかに除去します。冬の間も病原菌が潜伏しているので、冬季の枝に残っている被害を受けた葉があれば、すべて除去し、処分します。感染の疑いがある古枝は、剪定して除去します。

効果のある薬品

キク→モスピラン・トップジンMスプレー。ツツジ類→トップジンM水和剤。

球根腐敗病 [きゅうこんふはいびょう]

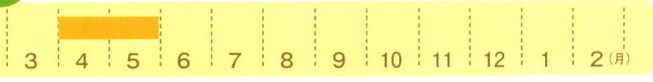

チューリップの球根腐敗病。

いつ 主な発生時期 … 4～5月（チューリップ）

| 3 | 4 | 5 | 6 | 7 | 8 | 9 | 10 | 11 | 12 | 1 | 2 (月) |

どこに 主な発生部位 … 葉、球根

病気の種類 カビ（糸状菌）による伝染性の病気

発生しやすい植物 草花／チューリップ、グラジオラス、スイセン、ハスなど

被害状況 チューリップやグラジオラスなどの茎や葉が変色して、立ち枯れ症状を起こします。カビ（糸状菌）による伝染性の病気で、球根は基部から腐り、茎の維管束は褐色に変色しています。病原菌は土の中にも残るため、発生した土で栽培すると、再び発生します。発病した球根では病原菌が植物体内に蔓延するため、翌年の子球まで侵されます。

対処・予防方法 🌿 日常管理による防除

発病した株（球根）は、速やかに周りの土壌とともに掘りとって処分します。同じ場所でそのまま球根植物を育てると再発します。鉢物では新しい土と入れかえます。土は蒸気消毒をします。

🧴 効果のある薬品

チューリップ→ベンレート水和剤を、植えつけ前に規定倍率で希釈して球根を浸してから植えます。

黒星病 [くろほしびょう]

バラの黒星病。  バラの黒星病。  黒星病が進行して黄変したバラの葉。

いつ 主な発生時期 … 5～7月、9～11月

| 3 | 4 | 5 | 6 | 7 | 8 | 9 | 10 | 11 | 12 | 1 | 2 (月) |

どこに 主な発生部位 … 葉、枝

病気の種類 カビ（糸状菌）による伝染性の病気

発生しやすい植物 バラにのみ発病（ほかの庭木類に発生するものとは病原菌が異なる）

被害状況 バラの葉に黒褐色で円形の斑点、枝に暗黒色の病斑ができ、被害が進むと葉は次々に黄変して落葉し、株も著しく衰えます。カビ（糸状菌）による伝染性の病気で、5～7月および9～11月にかけて発生します。被害を受けた葉の上で病原菌がふえ、風や雨のはね返りで周囲に伝染するため、雨の日が多いと多発します。病原菌は被害を受けた葉や茎、落葉した葉の上で越冬し、放置すると翌年に新しく展開した葉に伝染します。

対処・予防方法 🌿 日常管理による防除

斑点がついた葉、風雨で落ちた葉や枝は速やかにとり除きます。冬季も株の周辺はもとより、庭全体を清掃します。水やりは株元へ行います。窒素肥料を一度に施しすぎたり、軟弱に育てると発病しやすいので注意します。

🧴 効果のある薬品

バラ→ベニカXファインスプレー、サプロール乳剤、ダコニール1000。発生初期にむらなく散布します。

黒点病 [こくてんびょう]

いつ 主な発生時期 … 3～7月、秋雨期（ジンチョウゲ）

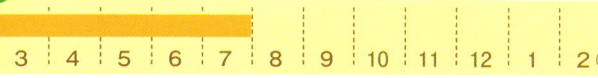

| 3 | 4 | 5 | 6 | 7 | 8 | 9 | 10 | 11 | 12 | 1 | 2 (月) |

ジンチョウゲの黒点病。

どこに 主な発生部位 … 葉、枝、果実

病気の種類 カビ（糸状菌）による伝染性の病気

発生しやすい植物 花木・庭木／ジンチョウゲ

ジンチョウゲの黒点病。

黒点病の発生を繰り返し、秋に落葉したジンチョウゲ。

対処・予防方法 🌿 日常管理による防除

被害部分は見つけしだい、剪定、除去します。密植を避け、風通しや日当たりをよくします。冬季も株の周りの清掃に努めます。

🏷️ 効果のある薬品

ジンチョウゲ→マネージ乳剤、ストロビードライフロアブル、トップジンM水和剤。

被害状況 ジンチョウゲでは、3～7月と秋雨期に、葉やつぼみ、花弁に黒褐色の斑点が多数でき、葉が黄変して落葉します。発病を繰り返すと、秋にはほとんどの葉が落ちて株が衰弱します。放置すると毎年発生して、数年の間に枯死することもあります。病原菌は冬の間、被害を受けた葉や発病した枝で過ごし、そこで作られた胞子が翌年の春に活動を開始して、健全な新葉などに感染していきます。

ごま色斑点病 [ごまいろはんてんびょう]

いつ 主な発生時期 … 4～10月

| 3 | 4 | 5 | 6 | 7 | 8 | 9 | 10 | 11 | 12 | 1 | 2 (月) |

シャリンバイのごま色斑点病。

カリンのごま色斑点病。

どこに 主な発生部位 … 葉

病気の種類 カビ（糸状菌）による伝染性の病気

発生しやすい植物 花木・庭木／カナメモチ、シャリンバイ、セイヨウサンザシ、クサボケ、カリン、マルバカイドウなど　果樹／ビワなど

対処・予防方法 🌿 日常管理による防除

胞子が風雨によって周囲に飛散して伝染するため、被害を受けた部分は枝ごと剪定し、病斑のある落ち葉は早めに処分します。病原菌は感染部分で越冬するため、冬季も株の周りの落ち葉の清掃に努めます。

🏷️ 効果のある薬品

庭木→ベンレート水和剤を、周囲の植物を含めて、ていねいに散布します。

被害状況 生け垣に多く利用されるカナメモチに発生しやすい病気で、葉に円形で褐色の斑点があらわれ、枝には暗黒色の斑点がつきます。4～10月の生育期をとおして被害を繰り返し、症状が進むと落葉が激しくなります。病斑は黒く盛り上がり、やがて中から白い粘質の胞子のかたまりが出てきます。シャリンバイでも同様に、病斑には白い粘質のものがにじみ出てきます。ビワやセイヨウサンザシでは、葉に発病したのち、放置すると果実にも感染し、黒っぽい病斑ができます。

カナメモチのごま色斑点病。多数の斑点があらわれた葉。

3章＊どんな病気や害虫がいるか｜病気を知ろう

根頭がんしゅ病 [こんとうがんしゅびょう]

バラの根頭がんしゅ病。

いつ 主な発生時期 … 5～10月

| 3 | 4 | 5 | 6 | 7 | 8 | 9 | 10 | 11 | 12 | 1 | 2 (月) |

どこに 主な発生部位 … 根

病気の種類 細菌による伝染性の病気

発生しやすい植物 花木・庭木／バラ、カナメモチ、クレマチス、ボタン、フジ、ボケ、サクラなど　草花／キク、ダリア、シャクヤク、マーガレット、ミヤコワスレなど　果樹／ウメ、キウイフルーツ、ビワなど

被害状況 バラ、クレマチス、ウメなどの地ぎわの株元に、こぶができます。土壌中にいる細菌が、定植時や接ぎ木などの際にできた傷口から侵入し、正常な細胞をがんしゅ細胞にかえて増殖し、こぶをつくります。放置するとこぶは肥大し、かたくなります。土の水はけが悪く、土壌の水分が多いと発病しやすくなります。被害が進むと、しだいに植物が衰弱します。根にこぶができると生育が阻害されるため、枯死することがあります。

対処・予防方法

🌿 **日常管理による防除**

水はけのよい土に、健全な苗を選んで植えます。発病株は速やかに周りの土壌、根とともに掘り上げて処分します。一度発生した場所には再度植えないようにします。発病株の処理に使った刃物は、熱湯につけて消毒します。育苗用土は蒸気消毒します。

💊 **効果のある薬品**

バラ、キク、果樹類→バクテローズの水溶液に根部をつけてから植えつけます。

さび病 [さびびょう]

アキノキリンソウのさび病（葉表）。　アキノキリンソウのさび病（葉裏）。　キンシバイのさび病。

いつ 主な発生時期 … 5～10月

| 3 | 4 | 5 | 6 | 7 | 8 | 9 | 10 | 11 | 12 | 1 | 2 (月) |

どこに 主な発生部位 … 葉

病気の種類 カビ（糸状菌）による伝染性の病気

発生しやすい植物 花木・庭木／バラ、ツツジ、キンシバイ、ハギ、タケ、ササなど　草花／アスター、カーネーション、ナデシコ、シャクヤク、クレマチス、芝など　野菜／ネギ、タマネギ、ニラ、ニンニクなど　果樹／ウメ、ブドウなど

被害状況 葉に橙黄色で細長くやや隆起した楕円形の小さい斑点がつきます。植物の葉の表面にできる胞子のかたまりが、鉄のサビに似ていることから、この名があります。盛り上がった斑点はのちに破れ、橙黄色で粉状の胞子が周囲に飛散します。多発すると株は衰弱し、野菜や草花では枯死する場合もあります。カビ（糸状菌）による伝染性の病気で、異なる植物の間を病原菌が行き来して伝染しあう種類と、同じ植物にのみ寄生して伝染する種類があります。

対処・予防方法

🌿 **日常管理による防除**

発病が目立つ葉は早めに処分します。肥料がきれないように追肥を行い、株を丈夫に育てます。

💊 **効果のある薬品**

草花・観葉植物全般、ハーブ・野菜類全般→カリグリーン。バラ、カーネーション→エムダイファー水和剤。ネギ、芝→サプロール乳剤。葉の裏側までていねいに散布します。

＊上記以外の植物は147ページの表を参照。

ネギ。橙黄色の斑点が発生した葉。

縮葉病 ［しゅくようびょう］

ハナモモの縮葉病。　*ハナモモの縮葉病。*

いつ 主な発生時期 … 4〜5月（新葉の萌芽期〜展開期）

| 3 | 4 | 5 | 6 | 7 | 8 | 9 | 10 | 11 | 12 | 1 | 2 (月) |

どこに 主な発生部位 … 葉　　**病気の種類** カビ（糸状菌）による伝染性の病気

発生しやすい植物　花木・庭木／シラカバ、ハナモモなど　果樹／モモ、アンズ、ウメ、ナシなど

被害状況　モモの仲間の果樹の主要病害で、萌芽期に雨が多かったときや、湿度が高いと発生しやすくなります。展開したばかりの葉が火ぶくれ状に縮れたり、ふくらんで赤色や黄緑色に変色します。発生後は、二次伝染によって周囲に広がることはありません。胞子が芽の近くで越冬し、翌春再び被害をもたらします。発病した葉は黒く変色して腐敗し、やがて落葉します。新梢は先端に感染し、発病すると赤みを帯びた黄白色となってふくれあがります。花や果実に発生することもあります。

対処・予防方法

🌿 **日常管理による防除**

被害を受けた葉や落ち葉は速やかに除去し、茎や葉が茂りすぎた場合は適宜、剪定して通風をよくします。

💊 **効果のある薬品**

モモ→ビスダイセン水和剤を規定倍率に水で希釈して、萌芽前に芽によく付着するようにていねいに散布します。

白絹病 ［しらきぬびょう］

アツモリソウの白絹病。

いつ 主な発生時期 … 6〜9月

| 3 | 4 | 5 | 6 | 7 | 8 | 9 | 10 | 11 | 12 | 1 | 2 (月) |

どこに 主な発生部位 … 茎　　**病気の種類** カビ（糸状菌）による伝染性の病気

発生しやすい植物　花木・庭木／クレマチスなど　草花／スターチス、クンシラン、チューリップ、カンパニュラなど　野菜／エダマメ、ピーマン、トマト、ネギ、イチゴ、キュウリ、ナス、ラッカセイなど

被害状況　根や茎を侵して腐敗させる病原菌で、はじめ地ぎわ部に褐色の斑点ができ、被害が進むと地ぎわの周りの土の表面が白いカビで覆われ、株は腐敗して枯死し、倒れます。カビ（糸状菌）による伝染性の病気で、被害株のカビの中に1〜2mmの茶色の粒（菌核）が多数できます。病原菌は、植物残渣とともに土の中で越冬し、春になって暖かくなると活動を開始し、胞子が風で周囲に飛散していきます。

対処・予防方法

🌿 **日常管理による防除**

水はけをよくして栽培することが予防につながります。発病した株は周りの土とともに掘り上げて処分します。地ぎわに多い茶色の粒（菌核）が伝染源となるので、残さずに除去します。

💊 **効果のある薬品**

エダマメ、ピーマン、ネギ、草花・観葉植物全般、庭木類全般→モンカットフロアブル40。できるだけ発生初期に、植物だけでなく、周囲の土壌にも薬液が行き渡るように散布します。

3章＊どんな病気や害虫がいるか｜病気を知ろう

白さび病 ［しろさびびょう］

キクの白さび病（葉表）。 　　ダイコンの白さび病。

いつ 主な発生時期 … キク：6〜11月
野菜：3〜6月、10〜11月

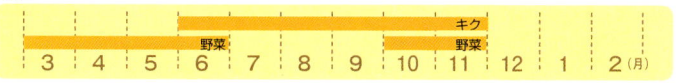

| 3 | 4 | 5 | 6 | 7 | 8 | 9 | 10 | 11 | 12 | 1 | 2 (月) |

野菜／キク／野菜

どこに 主な発生部位 … 葉　　**病気の種類** カビ（糸状菌）による伝染性の病気

発生しやすい植物 草花／キク、イソギク、コハマギクなどのキク類　野菜／カブ、コマツナ、チンゲンサイ、ダイコン、ハクサイなどアブラナ科の野菜

被害状況 キクでは、葉に黄緑色の斑点ができ、葉の裏に盛り上がったいぼ状の斑点がつきます。多発すると葉が変形し、よじれたり巻いたりします。野菜では、アブラナ科の野菜に発生し、淡黄色でぼやけた斑点が葉の表につきます。裏返すとやや隆起した乳白色の斑点がついています。多く発病すると葉の全体が斑点で覆われ、黄色く変色してやがて枯れます。雨の日が続いて湿度が高い場合に発生しやすくなります。

対処・予防方法 🌿 日常管理による防除

被害葉や落ち葉は早めにとり除きます。株の間隔をあけて、日当たりや風通しをよくします。野菜では連作を避け、アブラナ科以外の野菜と輪作します。

📦 効果のある薬品

キク→ベニカXスプレー、ベンレート水和剤。カブ、コマツナ、チンゲンサイ→ランマンフロアブルを、ダイコン、ハクサイ→ダコニール1000。

つる割病 ［つるわれびょう］

キュウリのつる割病。

いつ 主な発生時期 … 5〜10月

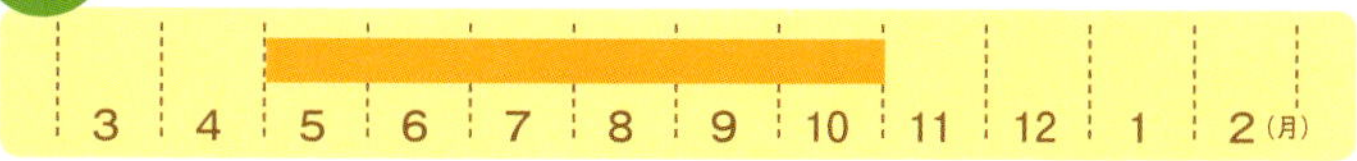

| 3 | 4 | 5 | 6 | 7 | 8 | 9 | 10 | 11 | 12 | 1 | 2 (月) |

どこに 主な発生部位 … 葉、根、茎　　**病気の種類** カビ（糸状菌）による伝染性の病気

発生しやすい植物 草花／アサガオなど　野菜／キュウリ、メロン、スイカ、トウガン、ヘチマ、ユウガオなど

被害状況 葉が下方から黄変して枯れ、やがて被害が全体に及び、株がしおれて枯れます。発病初期は、葉の一部や茎がしおれる程度ですが、進行すると茎の基部が黄褐色に変色してヤニが出て、地面に近い茎から白いカビが生えます。病原菌は土の中にいて、根から侵入し、侵された根は褐色に変色して腐敗します。ウリ科の植物を同じ土で繰り返し栽培すると発生が多くなります。苦土石灰を施して土壌を中性から弱アルカリ性（pH7〜8）にすると発生が軽減されます。

対処・予防方法 🌿 日常管理による防除

抵抗性品種や耐病性のある台木の接ぎ木苗を利用します。窒素肥料を一度に与えると発生を促すので注意します。

📦 効果のある薬品

キュウリ→ベンレート水和剤。株の周りの土にしみ込ませます。周囲の土壌に薬剤を行き渡らせることが大切です。

すす病 [すすびょう]

ウメのすす病。

トベラの葉についたアブラムシの排泄物（甘露）。これにすす病菌が繁殖する。

ガーベラのすす病。

サルスベリのすす病。

ゲッケイジュのすす病。

サルスベリのすす病（冬季の樹幹）。

シェフレラのすす病。

トベラのすす病。

いつ　主な発生時期 … 周年
（特にアブラムシ、カイガラムシの発生時期）

| 3 | 4 | 5 | 6 | 7 | 8 | 9 | 10 | 11 | 12 | 1 | 2 |(月)

どこに　主な発生部位 …
葉、枝、幹、果実

病気の種類　カビ（糸状菌）による伝染性の病気

> **発生しやすい植物**　**花木・庭木**／シャリンバイ、ツバキ、サザンカ、サルスベリ、ゲッケイジュ、ヒイラギなど　**観葉植物**／アナナス類、クロトン、ゴムノキ、シュロチク、ドラセナ類、ベンジャミン、ヤシ類など　**その他**／果樹、洋ラン、草花、野菜など、ほとんどの植物

被害状況　果実や葉、枝の表面にすす状のカビがついて黒く汚れます。アブラムシ、カイガラムシなどの排泄物を栄養にして、空気中のすす病菌が増殖したもので、多く発生すると光合成が抑えられ、植物の生育が妨げられます。サルスベリでは生育期間中はもとより、落葉後の冬季では樹幹が黒いカビで覆われるため、著しく美観がそこなわれます。観葉植物では、ホコリやアブラムシの排泄物などが原因で発生することがあり、葉や幹が黒く汚れます。日当たりや通気性が悪く、湿度が高い環境で栽培すると、発生しやすくなります。

対処・予防方法

日常管理による防除

日当たり、風通しをよくして、葉のほこりはとります。すす状のカビや光沢のある排泄物を見つけたら、その上部の葉や茎に寄生した害虫を見つけて捕殺します。黒いカビは発生初期であれば薄めの石けん水でふきとれます。幹のすすは、のちにはがれ落ちます。

効果のある薬品

主原因の害虫を退治します。草花・観葉植物全般のアブラムシ、サザンカのロウムシ→ベニカXファインスプレー。樹木類のアブラムシ→スミチオン乳剤。クロトンのコナカイガラムシ→ベニカDスプレー。サルスベリのフクロカイガラムシ→ベニカX乳剤。
＊上記以外の植物は147ページの表を参照。

3章＊どんな病気や害虫がいるか｜病気を知ろう

炭そ病 [たんそびょう]

アジサイの炭そ病。

ヒイラギナンテンの炭そ病。

ポトスの炭そ病。

いつ 主な発生時期 … 4〜11月

| 3 | 4 | 5 | 6 | 7 | 8 | 9 | 10 | 11 | 12 | 1 | 2 (月) |

どこに 主な発生部位 …
葉、茎、果実

病気の種類 カビ（糸状菌）による伝染性の病気

発生しやすい植物 **花木・庭木**／ヒイラギナンテン、ツバキ、アジサイなど **草花**／ベゴニア、ニチニチソウ、スズラン、シンビジウム、カトレヤなど **観葉植物**／アイビー、ポトス、ドラセナ、ゴムノキ、ディフェンバキアなど **野菜**／イチゴ、キュウリ、スイカ、ホウレンソウなど **果樹**／カキ、ウメ、サクランボ、イチジクなど

被害状況 庭木や観葉植物では、葉に円形で褐色の病斑ができ、葉が古くなると穴があきます。被害部分の病斑には黒い粒やピンク色の胞子のかたまりができ、雨のはね返りで周りに飛散して伝染します。カキなどの果実では黒色の小さな斑点がつき、徐々に拡大して円形の病斑になります。枝にはへこんだ暗褐色の斑点がつきます。周囲のほかの植物にも伝染する可能性があるので、病変を見つけたら注意が必要です。胞子は冬になると被害を受けた病斑の中や土の上で越冬し、翌春に再び増殖して伝染源になります。日当たりや風通し、土壌の水はけが悪かったり、湿度が高いと発病しやすくなります。茎や葉の茂りすぎは発病を促します。

対処・予防方法

日常管理による防除

密植を避け、風通しや日当たりをよくします。鉢物では、灌水は株元へ行い、屋外では軒下など雨を避けて育てます。被害部分は早めに除去します。

効果のある薬品

キュウリ、イチゴ、庭木、ドラセナ、ゴムノキなどの観葉植物→ベンレート水和剤。シンビジウム→モスピラン・トップジンMスプレー。植物全体に散布します。＊上記以外の植物は147ページの表を参照。

キュウリの炭そ病。被害が進行して病斑部に穴があいた様子。

苗立枯病 [なえたちがれびょう]

ナスの苗立枯病。

いつ 主な発生時期 … 5～8月

3 4 5 6 7 8 9 10 11 12 1 2 (月)

どこに 主な発生部位…発芽後の苗、幼苗

病気の種類 カビ（糸状菌）による伝染性の病気

発生しやすい植物 草花／インパチエンス、デルフィニウム、アスター、ダリアなど　野菜／トマト、キュウリ、ネギ、コマツナ、カボチャ、キャベツ、タマネギ、ナス、ピーマンなど

被害状況 発芽直後から本葉が2～3枚までの生育初期の苗、植えつけたばかりの生育初期の苗の茎が、地ぎわから細くくびれて倒れ、枯死します。土の中の病原菌によって伝染する病気で、雨が多かったり、水はけが悪かったりすると発生しやすくなります。また、苗立枯病が発生しやすい植物を、同じ場所や土で連続栽培すると発生しやすいので、注意します。

対処・予防方法

🍃 日常管理による防除

連作を避けて、違う科の作物を栽培するようにします（輪作）。土壌を改良して水はけをよくします。

💊 効果のある薬品

草花全般、野菜類全般（サヤインゲンを除く）→オーソサイド水和剤を、タネにまぶしてからまきます。キュウリ、トマト、ネギ→ダコニール1000を散布します。

軟腐病 [なんぷびょう]

ハクサイの軟腐病。

セルリーの軟腐病。引っ張ると容易に株元から抜け、腐敗して悪臭を放つ。

いつ 主な発生時期 … 5～10月

3 4 5 6 7 8 9 10 11 12 1 2 (月)

どこに 主な発生部位…葉、根、球根

病気の種類 細菌による伝染性の病気

発生しやすい植物 草花／シクラメン、プリムラ、ユリ、カラー、ジャーマンアイリス、クリスマスローズ、カトレヤなど　野菜／ハクサイ、キャベツ、セルリー、ダイコン、ジャガイモなど

被害状況 野菜や花の地ぎわ部分や根などが、とろけたようにやわらかくなって腐敗します。被害部分は茶色くなり、強い悪臭を放つことが特徴です。細菌が原因で起こる病気で、梅雨の終わりや夏の高温多湿時に発生します。病原菌は土の中に生存し、植物が植えつけられると傷口から侵入します。害虫の食害痕からも侵入します。

対処・予防方法

🍃 日常管理による防除

抵抗性のある品種を利用し、定植時は畝を高くして水はけをよくします。発病株や植物の残渣、雑草は早めに抜きとって処分します。組織についた傷から病原細菌が侵入するため、植物を傷つけないようにします。

💊 効果のある薬品

ハクサイ→ヤシマストマイ液剤20。セルリー、ジャガイモ→ビスダイセン水和剤。

3章＊どんな病気や害虫がいるか ｜ 病気を知ろう

根こぶ病 ［ねこぶびょう］

ニンジンの根こぶ病。

いつ 主な発生時期 … 5～11月

| 3 | 4 | 5 | 6 | 7 | 8 | 9 | 10 | 11 | 12 | 1 | 2 (月) |

どこに 主な発生部位 … 根

病気の種類 カビ（糸状菌）による伝染性の病気

発生しやすい植物 野菜／キャベツ、ハクサイ、カブ、コマツナ、ダイコン、チンゲンサイ、ブロッコリーなどのアブラナ科の野菜など

被害状況 キャベツ、ダイコンなどアブラナ科の野菜などに発生します。地上部の葉の生育が悪くなり、緑色がなくなって晴天の日中にしおれるようになると、感染の可能性があります。根の全体に大小のふぞろいのこぶが多数でき、葉色が悪くなり、生育が妨げられます。土中の病原菌が水を媒介にして根から侵入し、伝染します。水はけの悪い、酸性の土壌で発生しやすくなります。土の中では長期間生存できるため、一度発生した場所では再び発生することが多くなります。

対処・予防方法

🌿 **日常管理による防除**

同じ場所にアブラナ科の野菜を連作しないようにします。土壌の酸度を調整し、水はけをよくします。根こぶ病に抵抗性がある品種（タネの袋にCRと表示）を選んで育てます。

💊 **効果のある薬品**

キャベツ、ハクサイ、カブ、コマツナ、ダイコン、チンゲンサイ、ブロッコリー→**ネビジン粉剤**をタネまき前、または定植前に土に混ぜ込みます。

半身萎凋病 ［はんしんいちょうびょう］

半身萎凋病のナス。

いつ 主な発生時期 … 5～7月（トマト、ナス）

| 3 | 4 | 5 | 6 | 7 | 8 | 9 | 10 | 11 | 12 | 1 | 2 (月) |

どこに 主な発生部位 … 葉、根、株全体

病気の種類 カビ（糸状菌）による伝染性の病気

発生しやすい植物 草花／キク、ストックなど　野菜／トマト、ナス、イチゴ、ハクサイ、オクラなど

被害状況 カビが原因で発生する病気で、特にナス科の野菜に発生します。病原菌は土の中にいて根から侵入します。ナスやトマトでは、はじめは葉の半分や、株の片側が黄色に変色してしおれますが、被害が進むと株全体に及んで落葉し、株は枯死します。初夏から夏にかけての時期で、22～24度の比較的低温になったときに発生しやすく、被害を受けた株では茎や葉柄の導管部が侵されて褐色に変色します。放置すると、被害が株全体に及びます。

対処・予防方法

🌿 **日常管理による防除**

発生しやすい作物を連作しないようにします。抵抗性のある品種や耐病性のある台木の接ぎ木苗を利用します。感染が疑われる場合や、一度発病した場所では、土壌消毒をしてから植えつけたほうが安心です。

💊 **効果のある薬品**

ナス→**ベンレート水和剤**を、発生初期に速やかに散布します。

83

灰色かび病 [はいいろかびびょう]

ペチュニアの灰色かび病。

トマトの灰色かび病。

ゼラニウムの灰色かび病。

シクラメンの灰色かび病（葉柄）。

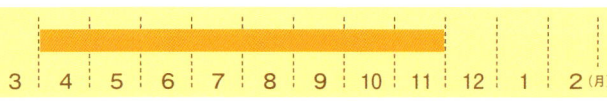

パンジーの灰色かび病。

シクラメンの灰色かび病（花弁）。

いつ 主な発生時期 … 4～11月（梅雨期に多い）

| 3 | 4 | 5 | 6 | 7 | 8 | 9 | 10 | 11 | 12 | 1 | 2 (月) |

どこに 主な発生部位 … 花弁、つぼみ、茎、葉

病気の種類 カビ（糸状菌）による伝染性の病気

発生しやすい植物 花木・庭木／バラ、ツツジ、サツキなど **草花**／キンギョソウ、シクラメン、ゼラニウム、ニチニチソウ、パンジー、プリムラ、ベゴニア、ペチュニア、洋ランなど

被害状況 ボトリチス病とも呼ばれ、特に梅雨の時期に多く発生します。花弁に褐色の小さなしみ状の斑点がついたり、茎や葉に灰色のカビが生えます。野菜では、果実が侵されると、カビが生えて腐敗します。20～25度の、冷涼で雨や曇天が続く湿度が高い環境で発生が促されます。開花が終わった花がらを残しておくと、腐敗してカビが増殖し、周囲へ伝染します。バラでは、白色の花弁には赤い斑点、赤色の花には褐色の斑点がつきます。ツツジの花にも発病しやすく、花弁にしみや斑点がつきます。栄養状態が悪かったり、日当たりや風通しが不十分で弱っている植物には、病原菌が侵入しやすくなるので気をつけます。

対処・予防方法

日常管理による防除

密植を避け、日当たり、風通し、水はけをよくし、栽培管理を充実させて株を丈夫に育てます。特に水はけと風通しには十分に配慮します。発病した花、カビが生えた茎や葉、花がらは早めにとり除きます。窒素肥料を一度に施しすぎると発病しやすくなるので注意します。

効果のある薬品

プリムラ→ベニカXファインスプレー。トマト、キュウリ、ナス→ダコニール1000。ハーブ・野菜類全般→カリグリーン。植物全体にていねいに散布します。

＊上記以外の植物は147ページの表を参照。

3章＊どんな病気や害虫がいるか｜病気を知ろう

斑点細菌病 [はんてんさいきんびょう]

キュウリの斑点細菌病。

いつ 主な発生時期 … 4～11月

どこに 主な発生部位 … 葉、茎

病気の種類 細菌による伝染性の病気

発生しやすい植物 草花／ベゴニア、カーネーション、ポインセチア、ホオズキなど　野菜／キュウリ、カボチャ、スイカ、メロン、ユウガオなどのウリ科の野菜、レタス、エダマメなど

被害状況 キュウリでは、葉に葉脈に囲まれた約5mmの黄褐色の斑点ができ、葉が古くなると被害部分が破れて穴があきます。細菌による病気で、湿度が高いと果実にもへこんだ斑点がつき、白いヤニが出てきます。日照不足で雨が多いと発生しやすくなります。ベゴニアでは、葉の縁に褐色の病斑があらわれ、放置すると被害部分が乾燥して枯れます。

対処・予防方法

📗 **日常管理による防除**

日当たり、風通しをよくし、被害を受けた葉は早めに除去します。窒素肥料を一度に与えすぎると発生しやすいので注意します。

💊 **効果のある薬品**

キュウリ、メロン、レタス→ビスダイセン水和剤。ハーブ、野菜類全般→コサイドボルドー。できるだけ発生初期に、ていねいに散布することが大切です。

斑点性の病気 [はんてんせいのびょうき]

クリスマスローズの斑点性の病気。　プリムラの斑点病。

いつ 主な発生時期 … 3～11月

どこに 主な発生部位 … 葉、茎

病気の種類 カビ（糸状菌）による伝染性の病気

発生しやすい植物 花木・庭木／バラ、ツツジ、アジサイ、クチナシなど　草花／プリムラ、アスター、インパチエンス、カーネーション、クリスマスローズなど　野菜／セルリー、ピーマンなど　果樹／ブルーベリーなどのベリー類

被害状況 プリムラ、アスターでは葉に褐色の斑点ができます。斑点は下の葉からあらわれ、徐々に上の葉に伝染します。被害が進むと葉が枯れ、株は衰弱していきます。カビが原因で発生する病気で、被害部分にできる胞子が風で飛ばされて、周囲に伝染します。日当たりや風通しが悪く、雨が続いて空中湿度が高いと発生が促されます。

対処・予防方法

📗 **日常管理による防除**

発病した葉は、放置するとほかの植物に伝染する原因となるので、速やかにとり除いて処分します。密植を避け、風通しをよくします。

💊 **効果のある薬品**

カーネーション、宿根アスター、ピーマン→ダコニール1000。ブルーベリー、ラズベリー、ブラックベリー、スグリなどのベリー類→オキシラン水和剤。セルリー→トップジンM水和剤。
＊上記以外の植物は147ページの表を参照。

べと病 [べとびょう]

キュウリのべと病。
黄色い斑紋がついた
被害葉。

キュウリのべと病。

いつ 主な発生時期 … 6～7月、9～10月

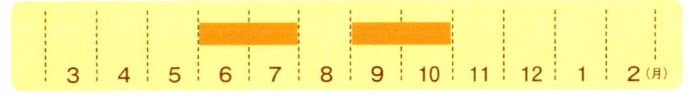

| 3 | 4 | 5 | 6 | 7 | 8 | 9 | 10 | 11 | 12 | 1 | 2 (月) |

どこに 主な発生部位 … 葉、茎

病気の種類 カビ（糸状菌）による伝染性の病気

発生しやすい植物 野菜／キュウリ、カボチャ、シロウリ、スイカ、トウガン、ニガウリ、ヘチマ、メロン、ユウガオなどのウリ科の野菜、キャベツ、ハクサイ、ダイコン、カブ、コマツナ、チンゲンサイ、ブロッコリーなどのアブラナ科の野菜

被害状況 キュウリなどのウリ科の野菜では、葉の表に葉脈に囲まれた黄色い斑紋ができます。梅雨時や秋の長雨の時期に発生し、被害が進むと下葉から枯れ上がります。葉の裏には灰黒色のカビが生え、飛び散った胞子は水を媒介にして周囲の植物の気孔から侵入します。キャベツなどアブラナ科の野菜では、葉の表にぼんやりした黄緑色の斑点ができ、葉の裏には葉脈に囲まれた淡褐色の斑紋がついて、白色で霜状のカビが生えます。肥料が不足して、株が衰弱していると発病しやすくなります。病原菌は水分が多い環境で活発に繁殖します。

対処・予防方法

日常管理による防除

日当たりや風通しをよくします。菜園では畝を高くして水はけをよくし、株の間隔をあけて植えます。発病した葉や落ち葉、植物の残渣は早めに除去します。

効果のある薬品

キュウリ、ニガウリ、メロン、カボチャ、ユウガオ、キャベツ、ハクサイ、ブロッコリー→ダコニール1000。発生初期に発見し、速やかに、葉の裏側や茎までていねいに散布することが大切です。

3章＊どんな病気や害虫がいるか｜病気を知ろう

もち病 [もちびょう]

サザンカのもち病。 　サザンカのもち病。 　ツツジのもち病。

いつ 主な発生時期 … 5〜6月

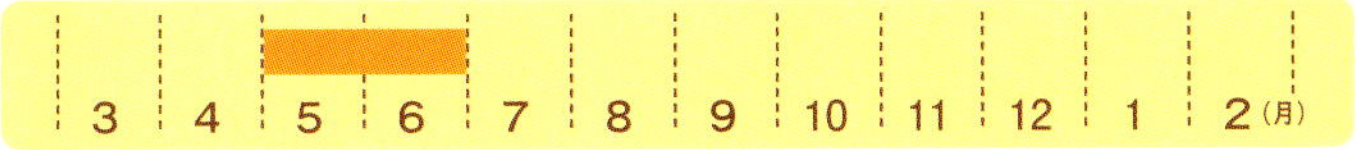

| 3 | 4 | 5 | 6 | 7 | 8 | 9 | 10 | 11 | 12 | 1 | 2 (月) |

どこに 主な発生部位 … 葉、新梢

病気の種類 カビ（糸状菌）による伝染性の病気

発生しやすい植物 花木・庭木／ツツジ、サツキ、シャクナゲなどのツツジ類、ツバキ、サザンカ、チャなどのツバキ類

被害状況 古い葉には感染せず、若葉や新梢にのみ発病します。新しい葉が、もちを焼いたように袋状にふくらみます。その後、被害を受けた葉は白い粉に覆われ、褐色に変色して干からびて枯れていきます。放置すると白い粉から病原菌が飛散して被害が拡大するため、できるだけ早期に発見することが大切です。雨が多く日照不足になると発生しやすくなります。また、土壌の水はけが悪く、湿気が多いと発生が促される傾向にあります。

対処・予防方法

📄 日常管理による防除

もち状にふくらんだ葉は、速やかにとり除いて処分します。湿度が高いと発生しやすいため、日当たりや風通しをよくして予防します。

📦 効果のある薬品

チャ→ダコニール1000、サンボルドー、ビスダイセン水和剤。発生初期の薬剤散布が効果的です。

◆ その他の病気

病気名：読み方	主な発生時期	主な発生部位	発生しやすい植物	被害状況	対処・予防方法
かいよう病 かいようびょう	2〜10月	果実、茎、葉	トマト、ウメ、柑橘、キウイフルーツ、チューリップなど	柑橘では葉に淡黄色でしみ状の斑点ができ、果実に淡黄色でコルクのような斑点がつく。	被害を受けた葉、落ち葉をとり除く。柑橘ではミカンハモグリガを防除して、葉を傷つけないようにする。
菌核病 きんかくびょう	3〜10月	茎、葉	グラジオラス、キンギョソウ、キンセンカ、宿根カスミソウ、デージー、ストック、ペチュニアなど	茎がカビに侵され、腐敗するように軟化し、そこから先が枯れる。多湿条件では病斑部に白いカビが生え、のちに黒いかたまりができる。	風通しをよくし、窒素肥料を控える。草花ではトップジンM水和剤を発生初期に散布する。
茎枯病 くきがれびょう	6〜10月	茎	アスパラガス、サボテンなど	茎に斑点が生じ、腐敗したり枯れたりする病気の総称で、植物により被害の症状は異なる。特にアスパラガスでは主要病害のひとつ。	土の水はけをよくし、密植を避け、健全な苗を選んで、丈夫に育てる。発生初期に薬剤を散布する。
白紋羽病 しろもんぱびょう	4〜11月	葉、根、枝、株全体	ウメ、クリ、ツバキ、リンゴ、サザンカ、ジンチョウゲ、ヤマモモ、ミズキ類など	新梢が出なくなり、葉が小さくなったり、変色したりする。根は腐敗して表面に白いカビが生えて、生長を妨げる。	リンゴでは苗木の植えつけ直前にベンレート水和剤の希釈液に10〜30分間根部を浸漬して予防する。
そうか病	6〜7月	葉、茎、枝、幼枝、果実	柑橘、スミレ類	柑橘では、葉に灰黄色から橙黄色のかさぶた状の斑点があらわれ、果実にもいぼ状の斑点ができる。	雨によって広がるため、雨よけをすると発病が軽減される。被害を受けた葉、落ち葉、果実をとり除く。
てんぐ巣病 てんぐすびょう	周年	枝、葉	アスナロ、キリ、サクラ、ツツジ類、クリ、ミツバ、ゼラニウムなど	枝の一部にこぶができ、そこから多数の小枝が発生してほうき状になったり、枝先から茎葉が無数に叢生したりする。	サクラでは枝を健全部で切除し、その切り口にトップジンMペーストを十分塗布する。野菜は早めに発病株を抜きとる。
胴枯病 どうがれびょう	5〜10月	枝、幹	カエデ・モミジ類、サクラ、クリ、イチジク、ナシ、モモなど	糸状菌の一種が原因で、幹や枝の樹皮に凹凸ができ、内部が褐色に腐敗して陥没する。ひどくなると枝や幹が枯れる。	被害部位の樹皮を少し深めに削りとり、その直後に、クリやナシではトップジンMペーストを塗布して殺菌する。
根腐病 ねぐされびょう	4〜10月	根、茎、葉、株全体	ポインセチア、ガーベラ、トルコギキョウ、イチゴ、ホウレンソウなど	葉の緑色が抜け、黄色くなってしおれ、落葉が進む。症状が進行すると株全体が衰弱して枯死する。根は黒褐色に腐り、地ぎわの茎も黒褐色になる。	水はけをよくし、マルチングで泥水のはね返りを抑える。発病したら早めに抜きとる。イチゴでは、定植時にリドミル粒剤2を土に混ぜ込んでから植える。
灰星病 はいほしびょう	3〜10月	葉、花、新梢、果実	アンズ、ウメ、サクランボ、スモモ、プルーン、モモ、リンゴなど	アンズ、ウメなどがかかりやすく、水がにじんだような淡黄色の病斑ができる。侵された果実は表面に斑点が急速に広がり、灰色で粉状のカビが生える。	病斑が出た花や葉、梢を早期に発見し、切除する。枝枯れを起こした患部も随時切除し、風通しをよくする。

害虫を知ろう

植物の生育に被害を及ぼす害虫たちの中で、代表的なものを紹介します。初期症状や発生時期を知れば、防除がしやすくなります。

アオバハゴロモ

アオバハゴロモの幼虫がついたツバキの枝。
ツバキについたアオバハゴロモの幼虫。
マサキの枝のアオバハゴロモの成虫。

いつ 主な発生時期 … 5～9月

| 3 | 4 | 5 | 6 | 7 | 8 | 9 | 10 | 11 | 12 | 1 | 2 (月) |

どこに 主な被害部位… 枝、葉　**害虫のタイプ** 吸汁する害虫

発生しやすい植物　花木・庭木／アオキ、アジサイ、カナメモチ、コデマリ、サンショウ、シャリンバイ、ツバキ類、バラ、ユキヤナギなど　果樹／柑橘

被害状況　枝や新梢に白色の綿のようなもので覆われた幼虫がついて、植物の汁を吸います。緑白色の成虫も同様に吸汁加害しますが、幼虫とともに、実害はそれほど多くはありません。幼虫が分泌する綿状物が枝に付着して残るため、付着した植物の美観をそこないます。枝葉が込み合って、風通しや日当たりが悪くなると発生しやすくなります。

この害虫の仲間　なし

対処・予防方法

日常管理による防除

綿状物に覆われた幼虫を見つけて捕殺します。枝を揺らしたり、手でさわるとすばやく移動するため、逃がさないように注意します。枝が茂りすぎると発生しやすくなるので、剪定して風通しをよくします。

効果のある薬品

マサキ→ベニカDスプレーを被害部分に直接散布します。薬剤散布は7月までの幼虫期に行うと効果的です。
＊上記以外の植物は148ページの表を参照。

アオムシ（モンシロチョウ）

キャベツについたモンシロチョウの幼虫。
キャベツの葉裏についたモンシロチョウの卵。
キャベツについた蛹。

いつ 主な発生時期 … 4～6月、9～11月

| 3 | 4 | 5 | 6 | 7 | 8 | 9 | 10 | 11 | 12 | 1 | 2 (月) |

どこに 主な被害部位… 葉　**害虫のタイプ** 食害する害虫

発生しやすい植物　草花／クレオメ、ストック、ナスタチウム、ハボタン、ムラサキハナナなど　野菜／カブ、ダイコン、チンゲンサイ、ハクサイ、ブロッコリーなど

被害状況　アブラナ科の野菜の主要害虫で、モンシロチョウの幼虫です。葉を食害するので、葉にたくさん穴があきます。緑色でこまかい毛のあるイモムシで、成長すると約3cmになります。摂食量が多く、放置すると葉脈を残して株全体が食べ尽くされてしまいます。暖地では春（4～6月）と秋（9～11月）、寒冷地では夏に多く発生します。

この害虫の仲間　モンキチョウ

対処・予防方法

日常管理による防除

モンシロチョウを見かけたら、幼虫が発生する可能性があるため、日ごろから葉の表や裏をよく確認します。葉に卵を産んでいる可能性があるので、卵や幼虫を見つけて捕殺します。株全体を防虫ネットで覆い、チョウの産卵を防ぐ方法もあります。

効果のある薬品

野菜類、ハーブ→ゼンターリ顆粒水和剤。キャベツ、コマツナ→パイベニカスプレー。葉の裏までていねいに散布します。
＊上記以外の植物は148ページの表を参照。

3章＊どんな病気や害虫がいるか｜害虫を知ろう

アゲハチョウ類

柑橘の葉についたアゲハの若齢幼虫。

サンショウについたアゲハの成熟した幼虫。

いつ 主な発生時期 … 4〜10月

| 3 | 4 | 5 | 6 | 7 | 8 | 9 | 10 | 11 | 12 | 1 | 2 (月) |

どこに 主な被害部位… 葉

害虫のタイプ 食害する害虫

発生しやすい植物 ◎アゲハ：**花木・庭木**／カラタチ、サンショウなど **果樹**／ミカン、キンカン、ナツミカンなど ◎キアゲハ：**野菜**／パセリ、セルリー、ニンジン、ミツバ、アシタバ、ディル、フェンネルなど

被害状況 アゲハはミカン、キンカンなどの柑橘類やサンショウを、キアゲハはパセリ、セルリーなど主にセリ科の野菜を食害します。食害されて葉に穴があいたら、周囲に幼虫がいないかを確認します。成長した幼虫ほど、食害による被害は大きくなります。多くは1カ所に単独で発生します。

この害虫の仲間 アゲハ、キアゲハ、クロアゲハ、モンキアゲハなど

対処・予防方法

日常管理による防除

見つけたら速やかに捕殺します。幼虫は成長とともに摂食量がふえるため、小さいうちに退治することが重要です。冬は蛹（さなぎ）で越冬します。

効果のある薬品

柑橘のアゲハ→ダントツ水溶剤。パセリのキアゲハ→ゼンターリ顆粒水和剤。

ミツバについたキアゲハの若齢幼虫。

アザミウマ

チャノキイロアザミウマに寄生されたアジサイの葉。

巻いた葉の中の、カキクダアザミウマの幼虫と成虫（体色の黒いもの）。

カキクダアザミウマの被害で褐色になり巻いた葉。

いつ 主な発生時期 … 5〜11月

| 3 | 4 | 5 | 6 | 7 | 8 | 9 | 10 | 11 | 12 | 1 | 2 (月) |

どこに 主な被害部位… 花、葉

害虫のタイプ 群生して吸汁する害虫

発生しやすい植物 **花木・庭木**／アジサイ、モッコク、ツバキ、サザンカ、バラなど **草花**／カーネーション、ナデシコ類、ガーベラ、バラ、キク、トルコギキョウなど **野菜**／ネギ、ニラ、タマネギ、トマト、ナス、キュウリ、ピーマン、ジャガイモなど

被害状況 スリップスとも呼ばれ、羽をもって飛ぶ成虫や幼虫が、集団で植物の汁を吸って加害します。ウイルスを媒介することもあります。体長は1〜2mmで見つけにくく、被害が進んでから気づくことが多い害虫です。被害にあった花弁や葉は、傷がついてカスリ状に色が抜けます。アジサイでは葉が縮れて変形し、ネギでは葉全体が白っぽくなります。

この害虫の仲間 カキクダアザミウマ、クロトンアザミウマ、チャノキイロアザミウマ、ネギアザミウマ、ミカンキイロアザミウマ、ミナミキイロアザミウマなど

対処・予防方法

日常管理による防除

被害部分や花がらは、害虫のすみかになることがあるので速やかに除去します。雑草や枯れ葉なども早めに処分します。

効果のある薬品

バラ、草花・観葉植物→オルトラン粒剤やオルトラン水和剤。庭木→オルトラン水和剤。キュウリ、ナス、ネギ→ベストガード粒剤。カキ→オルトラン水和剤やダントツ水溶剤。

89

アブラムシ類

ソラマメの新芽についたソラマメヒゲナガアブラムシ。

バラの開花前のつぼみに寄生するバラミドリアブラムシ。

トマトのアブラムシ。

バラのつぼみに寄生するバラミドリアブラムシ。

マーガレットについたユキヤナギアブラムシの有翅成虫。アブラムシの仲間は生息数が多くなると翅をもつ個体があらわれ、別の植物へ移動する。

パンジーのアブラムシ。

いつ 主な発生時期 … 4〜11月

| 3 | 4 | 5 | 6 | 7 | 8 | 9 | 10 | 11 | 12 | 1 | 2 (月) |

どこに 主な被害部位… 新芽、花、つぼみ、茎

害虫のタイプ 群生して吸汁する害虫

発生しやすい植物 草花／キンギョソウ、チューリップ、デージー、ナデシコ、パンジー、プリムラなど 野菜／イチゴ、カブ、キャベツ、キュウリ、コマツナ、チンゲンサイ、トマト、ハクサイ、ナスなど 果樹／ウメ、アンズ、モモ、スモモ、ナシ、リンゴ、ミカン類など 花木・庭木／バラなど 洋ラン 観葉植物

被害状況 枝や新芽、葉、つぼみに2〜4mm程度の小さい虫が群生して汁を吸い、生育を阻害します。体色は黒色から黄色までさまざまです。繁殖力が旺盛で、春から秋、特に春の新芽伸長期に発生が目立ちます。夏の発生は減少します。ウイルス病を媒介し、排泄物がアリを誘引したり、すす病が発生するなど、二次的な被害もあります。ウメでは、春の葉の展開期に葉の裏に寄生して吸汁するため、葉が縮れて巻き込みます。

この害虫の仲間 ニセダイコンアブラムシ、ネギアブラムシ、クリオオアブラムシ、モモアカアブラムシ、ワタアブラムシ、チューリップヒゲナガアブラムシ、サクラコブアブラムシ、ムギワラギクオマルアブラムシ、バラミドリアブラムシなど

対処・予防方法

日常管理による防除

日ごろからよく観察し、見つけしだいつぶして退治します。野菜や草花は、株の間隔をあけて植え、風通しをよくします。窒素肥料を一度に施しすぎると発生しやすいので注意します。キラキラ光るものを嫌がる習性を利用し、定植前にシルバーマルチを敷いたり、プランターや鉢などはアルミ箔を近くに敷くと発生を軽減できます。

効果のある薬品

バラ、草花・観葉植物→ベニカXファインスプレー、オルトランDX粒剤。野菜・ハーブ→ベニカマイルドスプレー。ブロッコリー→マラソン乳剤、ダントツ水溶剤。果樹→粘着くん水和剤。薬液は葉の裏や茎のつけ根などにもていねいに散布しましょう。

＊上記以外の植物は148ページの表を参照。

3章＊どんな病気や害虫がいるか｜害虫を知ろう

アワフキムシ

アジサイについたアワフキムシの幼虫。

泡の中に赤褐色の幼虫がいる。

いつ 主な発生時期 … 5〜9月

3 4 5 6 7 8 9 10 11 12 1 2 (月)

どこに 主な被害部位 … 枝、葉　　**害虫のタイプ** 吸汁する害虫

発生しやすい植物　花木・庭木／マツ、ツツジ、ヤマブキ、アベリア、エゴノキ、マサキ、サツキ、シャリンバイなど、多くの種類　野菜　果樹

被害状況　枝や新梢に泡状のかたまりがついて、中に赤褐色の幼虫がいます。幼虫は5〜7月に、泡を分泌しながら植物の汁を吸って加害しますが、美観をそこねる程度で、実害はそれほど深刻ではありません。幼虫は、泡の中で成長します。成虫は体長が約10mmで、セミを小型にしたような姿で、すばやく動き回ります。

この害虫の仲間　なし

対処・予防方法

日常管理による防除

被害は軽微ですが、泡が見苦しい場合は見つけしだい捕殺します。幼虫は動作が鈍く、容易に捕殺できます。

効果のある薬品

発生が多い場合は樹木類に登録がある殺虫剤を散布します。スプレーや希釈した液剤は、泡の中にいる幼虫に、泡のかたまりの上から十分に散布します。
＊148ページの表を参照。

イラガ

ロウバイについたヒロヘリアオイラガの幼虫。

サクラの枝についたイラガの繭。

いつ 主な発生時期 … 6〜9月

3 4 5 6 7 8 9 10 11 12 1 2 (月)

どこに 主な被害部位 … 葉　　**害虫のタイプ** 群生して食害する害虫

発生しやすい植物　花木・庭木／カエデ類、ケヤキ、サクラ、サルスベリ、カナメモチ、プラタナス、ヤナギなど　果樹／ウメ、アンズ、カキ、クリ、ザクロ、ビワ、ナシ、リンゴなど

被害状況　6〜9月に発生する黄緑色のケムシです。背中に大きな模様があり、毛には毒があるのでさわらないように注意します。初期の幼虫は葉の表面を残して食害するため、被害を受けた葉は白く透かし状になり、よく目立ちます。放置すると約25mmまで成長した幼虫が激しく食害し、木全体の葉が食べ尽くされることもあります。秋には枝にウズラの卵に似た繭（まゆ）をつくって越冬します。

この害虫の仲間　テングイラガ、ヒロヘリアオイラガなど

対処・予防方法

日常管理による防除

白く透かし状になった葉から幼虫を見つけて捕殺します。群生している葉を枝ごと切りとり、手でふれないように注意して処分します。冬季は、枝に繭がついていないか日ごろからよく観察し、見つけしだい、木づちなどでたたきつぶして退治し、翌年の発生源を少なくします。

効果のある薬品

カキ→スミチオン乳剤。ブルーベリー→デルフィン顆粒水和剤。サクラ→トアロー水和剤CT。庭木→ベニカDスプレー。発生初期に散布します。
＊上記以外の植物は148ページの表を参照。

オオタバコガ

オオタバコガに食害されたトマト。実に穴があき、周りにふんがついている。

トマトに寄生したオオタバコガの幼虫。

いつ 主な発生時期 … 6～10月

| 3 | 4 | 5 | 6 | 7 | 8 | 9 | 10 | 11 | 12 | 1 | 2 (月) |

どこに 主な被害部位… 果実、茎葉、つぼみ

害虫のタイプ 食害する害虫

発生しやすい植物　**野菜**　ナス、トマト、ピーマン、キュウリ、トウガラシ、ジャガイモ、カボチャ、オクラ、トウモロコシ、エンドウなど

被害状況　年3～4回発生します。若齢幼虫は新芽やつぼみを食べ、成長すると果実の中に入って食害します。幼虫は成長すると約4cmになり、次々と実を食害するため、数匹でも被害が甚大です。トマト、ピーマンなどでは、幼虫が果実を食害し、5mmくらいの穴をあけて暗褐色のふんを出します。体色は緑色から茶褐色までさまざまです。幼虫は土の中で蛹になり越冬します。翌年6月に約1.5cmの灰黄褐色のガがあらわれて葉裏や新芽などに産卵し、孵化した幼虫が再び被害を与えます。

この害虫の仲間　タバコガ

対処・予防方法　🌿 日常管理による防除

被害を受けた果実はすぐに切りとり、中にいる幼虫を退治します。中に幼虫がいない場合は、新しい果実に入っている可能性があるので、周りの果実を注意して調べます。

📋 効果のある薬品

野菜類→ゼンターリ顆粒水和剤。幼虫が若い時期（6月）に散布します。幼虫が果実の中に入ってからでは、薬剤がかかりにくく効果が劣ります。

＊上記以外の植物は149ページの表を参照。

オンブバッタ

キクの葉を食害するオンブバッタ。

サツマイモの葉の上の幼虫。

いつ 主な発生時期 … 6～10月

| 3 | 4 | 5 | 6 | 7 | 8 | 9 | 10 | 11 | 12 | 1 | 2 (月) |

どこに 主な被害部位… 葉、つぼみ

害虫のタイプ 食害する害虫

発生しやすい植物　**草花**／アサガオ、アスター、インパチエンス、キク、ケイトウ、コリウス、サルビア、ジニア、スミレ、ゼラニウム、ダリア、ナデシコ、ベゴニア、ペチュニアなど　**野菜**／インゲンマメ、オクラ、シソ、チンゲンサイ、ブロッコリー、ホウレンソウ、バジル、ハクサイ、ミント、キャベツ、ロケットなど

被害状況　前年の秋に土中に産卵された卵から、6月に幼虫が孵化します。発生初期の幼虫は約1cmですが、成長につれて食害も増加し、葉に穴をあけます。発生が多い場合には株全体の葉が食べ尽くされることもあります。ヨトウムシの若齢幼虫の被害に似ていますが、オンブバッタは葉の表から食害し、ヨトウムシは葉の裏から食害します。大きいほうが雌、上にのる小さいほうが雄です。

この害虫の仲間　なし

対処・予防方法　🌿 日常管理による防除

成虫や幼虫を見つけしだい捕殺します。葉に傷や穴があいていないか、周辺の植物までよく確認します。体色が緑色で見逃しやすいので、じっくり確認します。周辺の除草を徹底して、虫のすみかをなくします。

📋 効果のある薬品

草花、スミレ→スミチオン乳剤を、葉が傷つき始めた幼虫の発生初期に散布します。周辺の雑草にも散布しておきます。
＊上記以外の植物は149ページの表を参照。

食害されて穴のあいたスミレの葉と幼虫。

3章＊どんな病気や害虫がいるか｜害虫を知ろう

カイガラムシ類

柑橘の枝についたイセリアカイガラムシ。

モチノキについたカメノコロウムシをブラシでこすりとる。

ウメの枝についたタマカタカイガラムシ。白いものは雄の繭。

バラの枝についたバラシロカイガラムシ。

オカメヅタの葉についたルビーロウムシ。

カイガラムシの排泄物に誘引されたアリ。

いつ 主な発生時期 … 周年

3　4　5　6　7　8　9　10　11　12　1　2 (月)

どこに 主な被害部位… 枝、幹、葉

害虫のタイプ 群生して吸汁する害虫

発生しやすい植物　◎**バラシロカイガラムシ**：バラ、ハマナス、キイチゴなど　◎**コナカイガラムシ類**：室内栽培の観葉植物、洋ラン、柑橘、熱帯果樹など　◎**サルスベリフクロカイガラムシ**：サルスベリ、ザクロ、アカメガシワなど　◎**カメノコロウムシ**：カナメモチ、クチナシ、シャリンバイ、ツバキ、マサキ、モッコクなど　◎**イセリアカイガラムシ**：ギンヨウアカシア、カキ、ミカン類、キングサリ、トベラ、ナシ、ナンテンなど　◎**ルビーロウムシ**：ヒイラギ、アイビー、ツバキ、クチナシ、マサキ、ミカン類、カキ、ナシなど　◎**サボテンシロカイガラムシ**：シャコバサボテン、クジャクサボテン、ウチワサボテン、ハナスベリヒユなど

被害状況　アブラムシと近縁の昆虫で、日本には約400種が知られています。終生、自由に移動できるのはコナカイガラムシなどの一部の種類だけで、多くの種類の雌の成虫は脚が退化し、貝殻に似たロウ質物で覆われて植物に固着し、吸汁します。多発すると寄生された植物は衰弱し、排泄物にすす病が発生して枝葉が黒色になり、アリを誘引して二次的な被害を受けます。成虫は同じ場所で動かずに一生を過ごしますが、かえったばかりの幼虫には脚があり、外に這い出して数時間〜1日程度は動き回り、その後、寄生場所に定着します。寿命は大部分が1年以下です。雌だけでふえる種類もいますが、多くの種類には雄がいます。雄成虫は羽をもち、交尾後2〜3日で一生を終えます。

この害虫の仲間　ウメシロカイガラムシ、ツノロウムシ、ミカンコナカイガラムシ、ツバキクロホシカイガラムシ、マツモグリカイガラムシ、タマカタカイガラムシなど

対処・予防方法

🌿 **日常管理による防除**

固着した成虫は移動できないので、見つけしだいブラシでこすり落とすか、被害枝を切りとって処分します。枝葉が茂りすぎて風通しが悪いと発生しやすいため、密植を避け、適宜、剪定を行います。室内では鉢の間隔をあけて風通しをよくします。購入時は葉裏や茎をよく確認してから購入しましょう。

💊 **効果のある薬品**

バラ、ツバキ→**アクテリック乳剤**。クロトン、カトレヤ→**ベニカDスプレー**。モモ、ナシ、カキ、柑橘→**スミチオン乳剤**。ウメ→**マラソン乳剤**。ゲッケイジュ→**ボルン**。冬季・柑橘→**キング95マシン、特製スケルシン95**。薬剤はロウ質物で覆われている成虫には効きにくく、まだ覆われていない幼虫の時期に散布すると効果的です。幼虫の発生時期の確認はなかなか難しいのですが、4〜6月には多くの種類の幼虫があらわれます。ルーペで見て、ダニのような小さな虫が這い出してきた時期に、殺虫剤を植物全体にむらなく、数回散布します。体が殻で覆われないコナカイガラムシは散布時期を問わずに薬剤が効きます。

＊上記以外の植物は148ページの表を参照。

カミキリムシ類

キクスイカミキリに産卵されてしおれたキクの茎。

キクの葉の上のキクスイカミキリ。

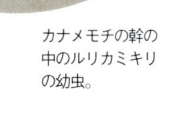

カナメモチの幹の中のルリカミキリの幼虫。

ルリカミキリに幹内を食害され、繊維状の木くずを出しているカナメモチ。

いつ 主な発生時期…
◎キクスイカミキリ：4月下旬～5月
◎ゴマダラカミキリ：7月～翌年4月(幼虫)、5月下旬～7月(成虫)
◎ルリカミキリ：4～10月(幼虫)、5月下旬～6月(成虫)

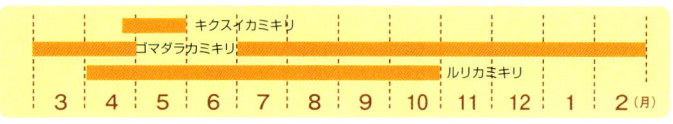

	キクスイカミキリ										
ゴマダラカミキリ											
				ルリカミキリ							
3	4	5	6	7	8	9	10	11	12	1	2(月)

どこに 主な被害部位…
◎キクスイカミキリ：茎
◎ゴマダラカミキリ：枝、幹
◎ルリカミキリ：枝、幹

害虫のタイプ 食害する害虫

発生しやすい植物 ◎**キクスイカミキリ**：シャスターデージー、マーガレット、ミヤコワスレ、キク、ヤグルマギクなど ◎**ゴマダラカミキリ**：バラ、カエデ類、ミカン類、イチジク、サクラ、サルスベリ、リンゴなど ◎**ルリカミキリ**：カイドウ、ボケ、ピラカンサ、カナメモチ、カマツカ、リンゴ、ナシ、モモ、アンズなど

対処・予防方法

日常管理による防除

成虫が茎や幹にとまっていないか、茎や枝がしおれていないか、つきやすい植物を日ごろから確認し、見つけしだい成虫を捕殺します。被害を受けて枯れた木は、虫のすみかになるので、早めに処分します。

効果のある薬品

カエデ、イチジク、柑橘→園芸用キンチョールE。ノズルを穴に差し込み、薬剤を噴射して幼虫を退治します。＊上記以外の植物は148ページの表を参照。

被害状況 草花類では、キク科の植物に、キクスイカミキリが4月下旬～5月に寄生します。黒色で背中に赤褐色の斑紋がある約1cmの成虫が、茎に傷をつけながら産卵するため、被害部分から先へ水が上がらなくなって首が垂れてしおれます。カエデ、イチジク、柑橘やバラではゴマダラカミキリの幼虫（通称・テッポウムシ）が幹の中を食害し、幹の穴から木くずやふんを出します。幼虫は乳白色で摂食量も多く、被害が多いと枝が途中で折れたり、枯死したりします。成虫も新しい枝を環状に傷つけて食害し、枝先をしおれさせます。カナメモチ、カイドウではルリカミキリが寄生し、約2.5cmの幼虫が幹内を食害して繊維状の木くずを出します。被害が多いと枝が折れたり、枯死する場合もあります。

バラの根元に出たカミキリムシのふん。

ゴマダラカミキリの成虫。

この害虫の仲間 キクスイカミキリ、キボシカミキリ、ゴマダラカミキリ、センノカミキリ、マツノマダラカミキリ、ルリカミキリなど

グンバイムシ類

葉裏に寄生したツツジグンバイの成虫。黒いものは排泄物。

ツツジグンバイに寄生されて白いカスリ状になったツツジの葉。

サツマイモの葉についたアワダチソウグンバイ。

キクの葉裏に群生したアワダチソウグンバイの幼虫。

いつ 主な発生時期… ◎ツツジグンバイ：4～10月
◎アワダチソウグンバイ：6～10月

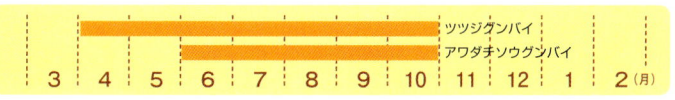

3	4	5	6	7	8	9	10	11	12	1	2 (月)

ツツジグンバイ / アワダチソウグンバイ

どこに 主な被害部位…
◎ツツジグンバイ：葉
◎アワダチソウグンバイ：葉
◎プラタナスグンバイ：葉

害虫のタイプ 吸汁する害虫

発生しやすい植物 ◎**ツツジグンバイ**：ツツジ、サツキ、シャクナゲなど ◎**アワダチソウグンバイ**：アスター、ガザニア、シオン、ジニア、ノコンギク、ヒマワリ、ミヤコワスレ、ユリオプスデージー、ルドベキアなどのキク科の草花、アメリカンブルー、サツマイモ、ナスなど ◎**プラタナスグンバイ**：プラタナス

被害状況 ツツジ類にツツジグンバイ、キク科の草花にアワダチソウグンバイ、プラタナスにプラタナスグンバイが寄生します。相撲で行司が使う軍配によく似た形の羽をもつ成虫や、紡錘形の幼虫が葉裏につき、植物の汁を吸って生長を阻害します。成虫は体長が3mmほどと小さく、幼虫はさらに小さくて体長約2mmで、羽がなく体にトゲのような突起がたくさんあります。被害部分は葉の緑色が抜け、株全体は白っぽくかすり状になります。一見、ハダニやアザミウマの被害症状と類似していますが、葉裏に斑点状にたくさんつく黒いタール状の排泄物の有無で見分けられます。ツツジグンバイは年間に3～5回、アワダチソウグンバイは3～4回、発生を繰り返します。

この害虫の仲間 アワダチソウグンバイ、ツツジグンバイ、トサカグンバイ、ナシグンバイ、プラタナスグンバイなど

対処・予防方法

日常管理による防除

ツツジや草花では、白い小さな斑点があらわれたら、葉裏に生息する成虫や幼虫をつぶして退治します。風通しが悪いと発生しやすいため適宜、剪定をします。冬季は落ち葉の除去など庭の清掃に努め、越冬場所をなくします。アワダチソウグンバイでは周辺のキク科雑草の除草を徹底します。

効果のある薬品

ツツジやサツキなどのツツジグンバイ→スミチオン乳剤、オルトラン液剤、ベニカグリーンVスプレー。プラタナスグンバイ→スミチオン乳剤。＊上記以外の植物は148ページの表を参照。

アワダチソウグンバイの越冬場所になるセイタカアワダチソウ。

カメムシ類

エダマメに寄生したマルカメムシ。黄褐色で光沢があるのが特徴。

ホソヘリカメムシ

クサギカメムシ

いつ 主な発生時期… ◎アオクサカメムシ、ホソヘリカメムシ：5～10月
◎クサギカメムシ：5～11月

| 3 | 4 | 5 | 6 | 7 | 8 | 9 | 10 | 11 | 12 | 1 | 2 (月) |

アオクサカメムシ、ホソヘリカメムシ
クサギカメムシ

どこに 主な被害部位… ◎アオクサカメムシ、ホソヘリカメムシ：新芽、葉、サヤ ◎クサギカメムシ：果実

害虫のタイプ 吸汁する害虫

発生しやすい植物 野菜／エダマメ、エンドウ、ソラマメ、トウモロコシなど
果樹／ウメ、カキ、モモ、サクランボ、ナシ、柑橘、リンゴ、プルーンなど

被害状況 アオクサカメムシ、ホソヘリカメムシは多くの野菜に寄生し、特にエダマメではサヤに口針を差し込んで豆の汁を吸うため、サヤが黄色くなって落ちます。多発すると収穫が激減します。クサギカメムシはウメ、カキなどの果実の汁を吸い、被害果には凹凸ができます。カメムシの仲間はさわると嫌なにおいを出し、ヘッピリムシと呼ばれることもあります。日本に1000種以上が生息します。

対処・予防方法 🌿 **日常管理による防除**

成虫を見つけて捕殺します。エダマメでは梅雨明け～8月下旬が発生のピークであり、害虫のすみかとなる除草を徹底します。果樹類では袋がけを行います。

📋 **効果のある薬品**

エダマメ、エンドウ、ソラマメ、トウモロコシ→スミチオン乳剤。インゲン→マラソン乳剤。ウメ、柑橘、ナシ、リンゴ、カキ、モモ、サクランボ→ダントツ水溶剤。

この害虫の仲間 アオクサカメムシ、イチモンジカメムシ、クサギカメムシ、ナガメ、ホソヘリカメムシ、マルカメムシなど

コガネムシ類

土に中にいるコガネムシの幼虫。

バラの花弁を食害しているマメコガネの成虫。

いつ 主な発生時期… 5～9月（成虫）、6～9月（幼虫）

| 3 | 4 | 5 | 6 | 7 | 8 | 9 | 10 | 11 | 12 | 1 | 2 (月) |

成虫
幼虫

どこに 主な被害部位…成虫：花、つぼみ、葉
幼虫：根

害虫のタイプ 食害する害虫

発生しやすい植物 花木・庭木／バラ、アジサイ、ツバキ、エンジェルストランペットなど 草花／ダリア、グラジオラス、ベゴニア、スターチスなど 果樹／柑橘、ネクタリンなど

被害状況 成虫は周辺から飛来して、バラ、庭木、果樹などの花弁やつぼみ、葉を食害し、ぼろぼろになるまで食い荒らします。バラでは特に白色や黄色系の花が被害を受けやすいようです。幼虫は土の中に生息し、イチゴ、サツマイモなどの野菜やベゴニアなど草花の根を食害します。鉢植えでは特に被害が大きく、庭木や花木、果樹などの苗木の根を食い尽くして枯死させることもあります。

対処・予防方法 🌿 **日常管理による防除**

成虫発生期は周辺植物も含め、成虫を見つけしだい捕殺します。有機物を多く混入した土地や砂質の土壌は、成虫が好んで産卵するので注意します。土を耕す際に幼虫を見つけたら捕殺します。

📋 **効果のある薬品**

幼虫：ベゴニア→オルトランDX粒剤を生育期に株元に散布します。トマト、キュウリ、ナス、ネギ→ダイアジノン粒剤3を植えつけ時に土に混ぜてから定植します。
成虫：柑橘→スミチオン乳剤。ネクタリン→ダントツ水溶剤。
＊上記以外の植物は149ページの表を参照。

この害虫の仲間 オオクロコガネ、ドウガネブイブイ、マメコガネなど

3章＊どんな病気や害虫がいるか｜害虫を知ろう

コナジラミ類

トマトの葉裏に寄生したオンシツコナジラミの白色の成虫。ホワイトフライとも呼ばれる。

いつ 主な発生時期 … 5〜10月

| 3 | 4 | 5 | 6 | 7 | 8 | 9 | 10 | 11 | 12 | 1 | 2 (月) |

どこに 主な被害部位 … 葉裏　　**害虫のタイプ** 吸汁する害虫

発生しやすい植物　草花／ゼラニウム、ハイビスカス、ランタナ、ガーベラ、キク、アブチロンなど　野菜／トマト、ナス、キュウリ、ピーマンなど

被害状況 野菜、花など多くの植物の葉裏に、約1mmの白い小さな虫が寄生して汁を吸い、生育を阻害します。繁殖力が旺盛で、卵は短期間で幼虫をへて成虫になり、再び産卵を始めるので、短期間で被害が拡大します。ウイルス病を媒介したり、排泄物がすす病を誘発したりすることがあります。オンシツコナジラミの場合、屋外では主に卵や蛹の状態で雑草の上で越冬します。暖冬だと翌春の発生も多くなります。

この害虫の仲間　オンシツコナジラミ、シルバーリーフコナジラミ、タバココナジラミなど

対処・予防方法

🍃 **日常管理による防除**

冬場も含め、周辺の除草を徹底し害虫のすみかをなくします。野菜では収穫終了後、植物の残渣を早めに処分します。定植前に光反射マルチを張って忌避します。

💊 **効果のある薬品**

トマト、キュウリ、ナス→オルトラン粒剤を、植えつけ時に植え穴の土に混ぜて定植します。ガーベラ→ベニカDスプレーを散布します。

＊149ページの表を参照。

シャクトリムシ類

いつ 主な発生時期 … ◎ユウマダラエダシャク：4〜10月
　　　　　　　　　　◎ヨモギエダシャク：5〜10月

| 3 | 4 | 5 | 6 | 7 | 8 | 9 | 10 | 11 | 12 | 1 | 2 (月) |
ユウマダラエダシャク
ヨモギエダシャク

ユウマダラエダシャク

どこに 主な被害部位 … 葉　　**害虫のタイプ** 食害する害虫

発生しやすい植物　◎**ユウマダラエダシャク**：マサキ
◎**ヨモギエダシャク**：アスパラガス、コスモスなど

被害状況 体を伸縮させながら移動するシャクガの仲間の幼虫です。マサキのユウマダラエダシャクは年3回発生します。幼虫は成長すると3cmまで大きくなります。成長した幼虫は摂食量も多く、すべての葉を食い尽くすこともあります。ヨモギエダシャクはマメ科の野菜やバラ、リンゴ、柑橘などの新葉を好んで食害します。花やつぼみも食害します。年3〜4回発生し、蛹で越冬します。

この害虫の仲間　マエキオエダシャク、ユウマダラエダシャク、ヨモギエダシャクなど

対処・予防方法

🍃 **日常管理による防除**

枯れ木や枝になりすましている幼虫を見つけしだい、捕殺します。雑草が繁茂していると発生しやすくなるので、周辺の下草などの管理を徹底します。

💊 **効果のある薬品**

庭木→トレボン乳剤。果樹類→エスマルクDF。

スカシバガ類

サクラの幹に見られるコスカシバの虫ふんの混じったヤニの漏出。

ヤニをとり去ったあとに出てきたコスカシバの幼虫。

いつ 主な発生時期…◎コスカシバ：3〜12月
◎ブドウスカシバ：6〜8月

| 3 | 4 | 5 | 6 | 7 | 8 | 9 | 10 | 11 | 12 | 1 | 2 (月) |

コスカシバ：3〜12月
ブドウスカシバ：6〜8月

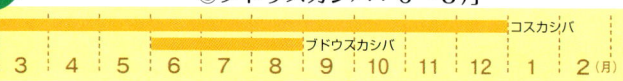

どこに 主な被害部位…◎コスカシバ：枝、幹
◎ブドウスカシバ：新梢

害虫のタイプ 食害する害虫

発生しやすい植物 ◎**コスカシバ**：ウメ、サクラ、サクランボ、ネクタリン、ハナモモ、プルーン、モモなど ◎**ブドウスカシバ**：ブドウ

被害状況 コスカシバはバラ科の樹木の樹皮下にもぐり込んで食害します。サクラ、ウメ、ハナモモなどの幹の表面にふんやヤニを出すのが特徴で、被害部分を削ると中に乳白色の幼虫がいます。被害が度重なると樹皮があらくなって凹凸が目立つようになり、多発すると木が弱り枯死することもあります。ブドウスカシバは幼虫が新梢の中を食害するため、先端の葉がしおれます。

この害虫の仲間 コスカシバ、ブドウスカシバなど

対処・予防方法 🍃 **日常管理による防除**

コスカシバは、虫ふんだけが出ている場合は表皮を木づちでたたいて退治し、虫ふんとヤニが出ている場合は、降雨直後にやわらかくなった樹皮をナイフで削って、中にいる幼虫を捕殺します。ブドウスカシバは、新梢をナイフで切り裂き、中の幼虫を捕殺して、幹をテーピングしておきます。

📋 **効果のある薬品**

ウメ、モモ、プルーン→ガットキラー乳剤を休眠期（落葉後〜萌芽前）に、樹幹部の加害部分に、虫ふんをとり除いてから十分散布します。ブドウ→スミチオン乳剤を5月中旬〜6月中旬の成虫発生期に散布します。

ネコブセンチュウ類

寄生によってこぶができたクレマチスの根。

いつ 主な発生時期…5〜10月

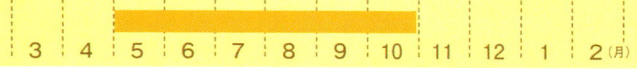

| 3 | 4 | 5 | 6 | 7 | 8 | 9 | 10 | 11 | 12 | 1 | 2 (月) |

どこに 主な被害部位…根

害虫のタイプ 土壌害虫、根に寄生する害虫

発生しやすい植物 **花木・庭木**／クレマチスなど **草花**／インパチエンスなど **野菜**／トマト、ナス、ピーマン、キュウリ、ニンジン、スイカ、メロン、カボチャ、サツマイモなど

被害状況 株が下葉から枯れ上がり、株を引き抜くと根にこぶができています。土中に生息する体長1mm以下のセンチュウで、根に侵入して養分を吸い、大小のこぶをつくります。被害が進むと寄生された植物は枯死します。被害を受けやすい植物を連作した場合や、水はけがよい砂質土壌で栽培すると発生が促されます。肉眼での確認は難しく、被害が進んでから気づくことが多いようです。

この害虫の仲間 サツマイモネコブセンチュウなど

対処・予防方法 🍃 **日常管理による防除**

根にこぶがついていない健全な苗を植えつけます。連作を避け、被害株は早めに根を残さないように掘りとって処分します。プランターの土はビニール袋に入れ真夏の太陽熱を利用して消毒します。数年に1回、クロタラリア（コブトリソウ）を植えるとセンチュウの密度低下に役立ちます。

📋 **効果のある薬品**

トマト、ナス、ピーマン、キュウリ、ニンジン、スイカ、メロン、サツマイモ→ネマトリン粒剤をタネまきや植えつけ前の土に混ぜます。

3章＊どんな病気や害虫がいるか｜害虫を知ろう

ゾウムシ類

クロケツツブチョッキリの被害を受けたバラの新梢。

クロケツツブチョッキリに加害されて首を垂れたバラのつぼみ。

バラのつぼみを食害しているクロケツツブチョッキリの成虫。

いつ 主な発生時期 … 4～8月

3　4　5　6　7　8　9　10　11　12　1　2 (月)

どこに 主な被害部位… つぼみ、新芽

害虫のタイプ 食害する害虫

発生しやすい植物 花木・庭木／バラ、サルスベリ、ウバメガシ、クヌギなど

被害状況 バラのつぼみができ始めたころ、しおれて黒くなって枯れたり、新芽の先端が褐色にしおれて枯死するのは、ゾウムシの仲間のクロケツツブチョッキリが原因です。年2～3回発生し、約3mmの甲虫がつぼみや新芽に穴をあけて食害したり、傷をつけながら産卵するため被害部分が枯れます。放置するとまったく花が咲かないこともあります。

この害虫の仲間 クロケツツブチョッキリ、クリシギゾウムシ、ハイイロサビヒョウタンゾウムシ、フラーバラゾウムシ、モモチョッキリゾウムシなど

対処・予防方法 🌿 日常管理による防除

被害症状が出たら成虫を見つけて捕殺します。葉を揺らしたりするとすぐ地面に落ちる習性があるため、捕り逃がさないように注意します。被害部位は地面に落下したものも含め、早めに処分します。

📋 効果のある薬品

バラのフラーバラゾウムシ→住化スミチオン乳剤。周囲から移動してくることも多いので、周辺にもていねいに薬剤を散布します。

＊149ページの表を参照。

ダンゴムシ

ダンゴムシ

いつ 主な発生時期 … 4～10月

3　4　5　6　7　8　9　10　11　12　1　2 (月)

どこに 主な被害部位… 根、若芽、茎、葉

害虫のタイプ 食害する害虫

発生しやすい植物 草花／パンジー、ペチュニアなど　野菜／キャベツ、ハクサイなど

被害状況 黒灰色の甲羅に覆われた小さな虫で、刺激すると体を丸めるのが特徴です。甲殻類という、エビやカニの仲間です。落ち葉や腐葉土の下などの湿気のある場所を好みます。雑食性で主に夜間に活動し、若い芽や根、発芽後の幼苗を食害します。卵からかえった幼虫は、小さくても成虫と姿が似ていて、成虫と同様に植物を加害します。蒸し暑い時期を中心に年間4～5回は不規則に発生し、成虫で冬越しします。

この害虫の仲間 オカダンゴムシなど

対処・予防方法 🌿 日常管理による防除

幼虫や成虫を見つけたら捕殺します。周囲の清掃を行い、落ち葉や堆肥、腐葉土などの有機物はできるだけ除去します。過度の水やりを避け、特に高温期には多湿にしないように注意します。

📋 効果のある薬品

キャベツ、ハクサイ→グリーンベイト、デナポン5％ベイトを株の周囲に散布します。

＊上記以外の植物は149ページの表を参照。

99

ドクガ類

群生してツバキの葉を食害するチャドクガの幼虫。毒があるので直接ふれないこと。

ツバキの葉に群生するチャドクガの若齢幼虫。

ツバキの葉裏に産みつけられたチャドクガの卵塊。卵塊を覆う毛にも毒があるので注意する。

ベニバスモモの幹に寄生するマイマイガの老齢幼虫。マイマイガは、孵化したばかりの幼虫には毒があるが、大きくなると毒がなくなる。

いつ 主な発生時期 … ◎チャドクガ：4月中旬～6月、7月下旬～9月
◎モンシロドクガ：4～9月

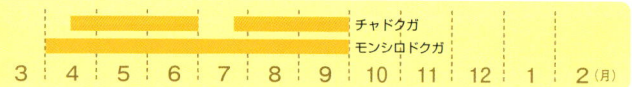

3	4	5	6	7	8	9	10	11	12	1	2 (月)

チャドクガ
モンシロドクガ

どこに 主な被害部位 … 葉

害虫のタイプ 群生して食害する害虫

発生しやすい植物 ◎**チャドクガ**：チャ、ツバキ、サザンカ ◎**モンシロドクガ**：ウメ、リンゴ、ナシ、カキなどの果樹類、サクラ、サルスベリ、ニセアカシア、フジなどの庭木類

被害状況 ケムシの仲間で、毒をもつチャドクガ、モンシロドクガが代表的なドクガです。チャドクガはチャ、ツバキ、サザンカに限って発生し、幼虫の毛はもとより成虫、脱皮殻、卵塊にふれると激しくかぶれ、炎症を起こすことで有名です。秋に葉裏に産みつけられた卵で越冬し、翌春に孵化する幼虫が葉を食害します。年2回発生します。モンシロドクガはかなりの雑食性で、ウメやリンゴなど果樹類からサクラ、サルスベリなど庭木類まで幅広く寄生します。幼虫、成虫の毛に毒があり、チャドクガほどではありませんが、さわるとかぶれます。年2～3回発生し、幼虫または蛹で越冬します。これらのドクガの幼虫は、若齢のうちは1枚の葉に群生し、成長すると周囲に分散します。

この害虫の仲間 スギドクガ、チャドクガ、ヒメシロモンドクガ、マイマイガ、モンシロドクガなど

対処・予防方法

日常管理による防除

幼虫の発生を見つけしだい、群生する葉を枝ごと切りとってビニール袋などに入れて処分します。作業の際は幼虫や脱皮殻などに気をつけ、植物に付着した毒毛に直接ふれないように十分注意します。

効果のある薬品

庭木類→ベニカDスプレー　ブルーベリー→住友サイアノックス水和剤。
＊上記以外の植物は149ページの表を参照。

ツバキの葉に群生するチャドクガの幼虫。大きくなるに従って黒い斑点が多くなる。

3章＊どんな病気や害虫がいるか｜害虫を知ろう

ニジュウヤホシテントウ（テントウムシダマシ類）

ナスの葉についたニジュウヤホシテントウ。全身にこまかい毛が生えているのが特徴。

いつ 主な発生時期 … 5〜10月

3 4 5 6 7 8 9 10 11 12 1 2 (月)

どこに 主な被害部位… 葉　**害虫のタイプ** 食害する害虫

発生しやすい植物　草花／ホオズキなど　野菜／インゲン、トウガラシ、トマト、ナス、ピーマンなど

被害状況　ナス、ジャガイモなど、主にナス科の野菜の主要害虫です。赤褐色の体に多くの黒斑がある成虫と、体に枝分かれした多数のトゲをもつ幼虫が、葉裏から食害して生育を妨げます。年2〜3回発生し、食害されると葉が葉脈を残して網の目状になるのが特徴です。多発すると収量が大きく減少します。冬は落ち葉の下や樹皮の割れめなどにひそみ、成虫で越冬します。

この害虫の仲間　オオニジュウヤホシテントウ

対処・予防方法

日常管理による防除
成虫や幼虫を見つけて捕殺します。収穫終了後は植物の残渣を早めに処分し、増殖するすみかをなくします。冬は越冬場所になる落ち葉を除去するなど、庭や畑の清掃を心がけます。

効果のある薬品
ジャガイモ、トマト→スミチオン乳剤。ナス→パイベニカスプレー。
＊149ページの表を参照。

ジャガイモの葉裏にいたニジュウヤホシテントウの幼虫。

ナメクジ類

チャコウラナメクジ

土の中に産みつけられたチャコウラナメクジの卵。

いつ 主な発生時期 … 4〜6月、9〜11月

3 4 5 6 7 8 9 10 11 12 1 2 (月)

どこに 主な被害部位… 花、つぼみ、新芽、新葉、果実　**害虫のタイプ** 食害する害虫

発生しやすい植物　花木・庭木／クレマチスなど　草花／ペチュニア、マリーゴールド、パンジー、ベゴニア、キンギョソウ、サルビア、洋ランなど　野菜／イチゴ、ナス、キャベツ、ハクサイ、レタス、チンゲンサイなど

被害状況　花や葉に穴があいて不規則になめるように食べられ、這ったあとに光沢のある筋が残ります。草花や野菜、洋ランまで幅広く寄生します。梅雨時や多湿の条件を好み、昼は鉢底や落ち葉の下などにひそんで夜間に活動するため、被害はあっても見つけにくい厄介な害虫です。曇りや雨の日には、日中でも活動して食害します。イチゴは果実が地ぎわに生長するため、穴をあけたように被害が出ます。

この害虫の仲間　チャコウラナメクジ、フタスジナメクジ、カタツムリ類

対処・予防方法

日常管理による防除
昼は鉢底などをよく確認して見つけ、夜は活動する20時以降に見回って出没したナメクジを捕殺します。すみかになる株元の落ち葉は、できるだけとり除きます。風通しをよくして水の与えすぎを避け、多湿状態にならないようにします。

効果のある薬品
草花、観葉植物、野菜→ナメトックス。夕方に植物の周辺に散布します。
＊上記以外の植物は149ページの表を参照。

ルピナスの葉を食害するカタツムリ。ナメクジの仲間で似た習性をもつ。

ネキリムシ

ハクサイの結球部に生息するカブラヤガの幼虫。

土の中にいるネキリムシの幼虫。

いつ 主な発生時期 … 3〜6月、8〜11月

| 3 | 4 | 5 | 6 | 7 | 8 | 9 | 10 | 11 | 12 | 1 | 2 (月) |

どこに 主な被害部位 … 葉、茎

害虫のタイプ ガの幼虫、食害する害虫

発生しやすい植物 **野菜**／エンドウ、カブ、キャベツ、キュウリ、ダイコン、トマト、ナス、ネギ、ハクサイ、ピーマン、レタスなど

被害状況 ネキリムシの代表がカブラヤガの幼虫で、関東以西では年3〜4回発生します。「ネキリ」という名前から、根を食害すると誤解されがちですが、実際は地ぎわの茎を食害します。昼間は土中に隠れていて夜に出没し、植えて間もない苗の茎を食害して倒します。1匹でも株を次々に食害するので、生息数が少なくても被害は大きくなります。成虫は雑草などの地ぎわの枯れ葉に産卵します。

この害虫の仲間 カブラヤガ、タマナヤガ

対処・予防方法 🌿 **日常管理による防除**

定植後に倒れている苗を見つけたら、株元の土を軽く掘って土の中の幼虫をさがしだして捕殺します。畑の中や周辺の除草を徹底します。

効果のある薬品

キャベツ、ハクサイ、ダイコン→デナポン5％ベイトを定植後の株元にまいて、誘引して食べさせて退治します。

ハダニ類

ハダニに寄生されて白っぽくなったサルビアの葉裏。

シソの葉裏に寄生する成虫。

ハダニに寄生されたシソの葉。

いつ 主な発生時期 … 5〜10月

| 3 | 4 | 5 | 6 | 7 | 8 | 9 | 10 | 11 | 12 | 1 | 2 (月) |

どこで 主な被害部位 … 葉裏

害虫のタイプ 群生して吸汁する害虫

発生しやすい植物 **草花**／ガーベラ、キク、サルビア、バラ、パンジー、プリムラなど　**観葉植物**／クロトン、シダ類、ドラセナ、ヤシ類など　**野菜**／イチゴ、エダマメ、オクラ、キュウリ、ピーマン、シソ、トウモロコシ、トマトなど

被害状況 葉に白い小さな斑点がつき、緑色が抜けて白くカスリ状になります。葉裏には0.5mmくらいの微小な黄緑色や暗赤色の虫がいます。クモの仲間で、草花や観葉植物、野菜、洋ラン、果樹、庭木まで幅広く寄生し、植物の汁を吸って生育を阻害します。繁殖スピードが速く、高温乾燥した環境を好みます。特に梅雨明け以降の被害が多くなり、被害が進むと葉にクモの巣状の網が張ることもあります。

対処・予防方法 🌿 **日常管理による防除**

湿気が苦手で、ときどき葉裏に霧吹きすると発生を軽減できます。株の間隔をあけて風通しをよくします。夏季は乾燥しすぎないよう、適度な水やりをします。一年をとおして、乾燥しやすい室内や雨が当たらない軒下などでは、日ごろの確認を心がけます。

効果のある薬品

草花、観葉植物、洋ラン、庭木→バロックフロアブル。野菜類、ハーブ→アーリーセーフ。

＊上記以外の植物は149ページの表を参照。

この害虫の仲間 カンザワハダニ、スギノハダニ、ナミハダニ、ビャクシンハダニ、ミカンハダニ、モッコクハダニなど

3章＊どんな病気や害虫がいるか｜害虫を知ろう

ハバチ類

ツツジの葉を食害するルリチュウレンジの幼虫。

スイートアリッサムの葉を食害するカブラハバチの幼虫。

バラの若い枝に止まって産卵中のアカスジチュウレンジの成虫。

バラの葉に群生するチュウレンジハバチの幼虫。

バラの葉に止まるアカスジチュウレンジ。

いつ 主な発生時期… ◎アカスジチュウレンジ：5～11月
◎ルリチュウレンジ：5～10月

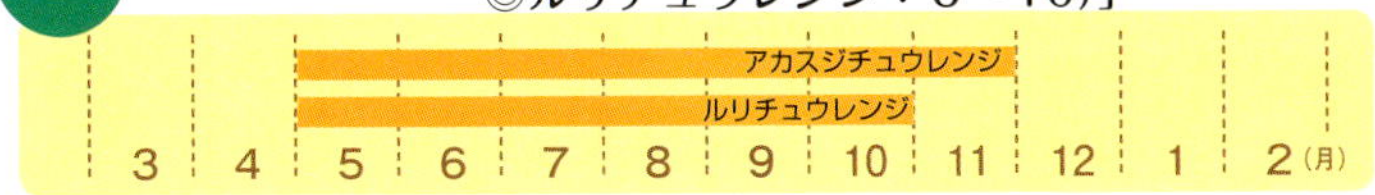

| 3 | 4 | 5 | 6 | 7 | 8 | 9 | 10 | 11 | 12 | 1 | 2 (月) |

アカスジチュウレンジ
ルリチュウレンジ

どこに 主な被害部位… 葉

害虫のタイプ 群生して食害する害虫

発生しやすい植物　◎アカスジチュウレンジ：バラ
◎ルリチュウレンジ：ツツジ類

対処・予防方法

🌿 日常管理による防除

産卵中の成虫を捕まえて退治します。卵を産みつけられたところは切りとって処分します。幼虫は見つけしだい捕殺します。群生している葉ごと剪定し、除去すれば効率的です。

📗 効果のある薬品

バラ→ベニカXファインスプレー、ベニカXスプレー、園芸用キンチョールE、オルトラン液剤。ツツジ類→オルトランC。幼虫は薬剤に弱いので、比較的簡単に駆除できます。
＊上記以外の植物は149ページの表を参照。

被害状況 アカスジチュウレンジはバラの主要害虫です。橙色の体で黒い羽をもつ成虫は、ギザギザの産卵管をもち、若い枝に傷をつけながら産卵するため、傷が植物の生育に伴って裂けめとなり、枝が折れたりして衰弱します。幼虫は緑色でアオムシに似ており、群生して葉を縁側から食害します。年3～4回発生し、多く発生するとすべての葉が食べ尽くされることもあります。冬は土の中で蛹になって越冬します。ツツジ類にはルリチュウレンジが寄生します。黒色の成虫は葉の中に卵を産みつけ、孵化した幼虫が群生してツツジやサツキの葉を食害します。年3回発生し、冬は土の中に繭をつくり、幼虫で越冬します。ハバチの成虫には毒針はなく、人を刺しません。

この害虫の仲間　アカスジチュウレンジ、ルリチュウレンジ、カブラハバチ、チュウレンジハバチなど

アカスジチュウレンジの産卵痕（バラ）。

103

ハムシ類

キュウリの葉についたウリハムシの成虫。

キキョウにつくクロウリハムシの成虫。

サンゴジュの葉を食害するサンゴジュハムシの幼虫。

ヘリグロテントウノミハムシの被害にあったヒイラギモクセイの葉。

ヒイラギモクセイの葉の中を食害するヘリグロテントウノミハムシの幼虫。

いつ 主な発生時期 … ◎クロウリハムシ：5～6月
◎ウリハムシ：5～8月
◎サンゴジュハムシ：4～9月
◎ヘリグロテントウノミハムシ：5～7月

3	4	5	6	7	8	9	10	11	12	1	2 (月)

クロウリハムシ / ウリハムシ / サンゴジュハムシ / ヘリグロテントウノミハムシ

どこに 主な被害部位 … ◎クロウリハムシ：花弁、新葉　◎ウリハムシ：葉　◎サンゴジュハムシ：葉　◎ヘリグロテントウノミハムシ：葉

害虫のタイプ 食害する害虫

発生しやすい植物　◎**クロウリハムシ**：ナデシコ、キキョウ、センノウ、カーネーション、フジ、バイカウツギなど　◎**ウリハムシ**：キュウリ、スイカ、カボチャ、メロンなどウリ科の野菜　◎**サンゴジュハムシ**：サンゴジュ、ガマズミ、ニワトコなど　◎**ヘリグロテントウノミハムシ**：ヒイラギモクセイ、キンモクセイ、ギンモクセイ、イボタノキ、ネズミモチなど

被害状況　クロウリハムシは背中が黒色で頭と胸、腹が橙黄色の甲虫で、飛来して草花の花弁、新葉を食害します。ウリハムシは8mmほどの甲虫で、ウリ類の葉をリング状に食害し穴をあけます。サンゴジュハムシは体長が約1cmで黄褐色のウジ状の幼虫や、6月にあらわれる成虫（淡褐色の甲虫）がサンゴジュの葉を食害して穴をあけます。ヘリグロテントウノミハムシは、約5mmの扁平で黄白色の幼虫が5月初旬にあらわれ、モクセイ類の葉の中にもぐって食害し、葉がやけどのように褐色にただれて変色します。

この害虫の仲間　ウリハムシ、キスジノミハムシ、クロウリハムシ、サンゴジュハムシ、ダイコンサルハムシ、ヘリグロテントウノミハムシ、ナノミハムシ、ニレハムシなど

対処・予防方法

🍃 **日常管理による防除**

食害する幼虫や成虫は速やかに捕殺します。葉に群生する場合は、枝ごと剪定して処分します。

📦 **効果のある薬品**

コマツナのキスジノミハムシ→**スタークル粒剤**。カーネーションのクロウリハムシ→**スミチオン乳剤**。キュウリのウリハムシ→**マラソン乳剤**。サンゴジュのサンゴジュハムシ→**オルトラン液剤**。ヒイラギモクセイのヘリグロテントウノミハムシ→**ベニカXファインスプレー**。

ヒイラギモクセイの葉を食害するヘリグロテントウノミハムシの幼虫。

3章＊どんな病気や害虫がいるか｜害虫を知ろう

ハマキムシ類

モッコクヒメハマキの被害を受けたモッコクの葉。

カイドウの葉に寄生するチャハマキの幼虫。

チャハマキの被害を受けたカイドウの葉。

モッコクの葉に寄生するモッコクヒメハマキ。

いつ 主な発生時期… 5〜10月

3 4 5 6 7 8 9 10 11 12 1 2 (月)

どこに 主な被害部位… 葉　　**害虫のタイプ** 食害する害虫

発生しやすい植物　**花木・庭木**／カイドウ、シャクナゲ、ツツジ類、ツバキ、モチノキ、モッコクなど　**果樹**／ウメ、ブドウ、リンゴ、カキ、柑橘、キウイフルーツなど

対処・予防方法　日常管理による防除

巻いた葉をそのまま押しつぶすか、葉を開いて幼虫を捕殺します。機敏に動くため捕り逃がさないように注意します。

効果のある薬品

果樹類→ゼンターリ顆粒水和剤。サツキ→スミチオン乳剤。

被害状況　庭木や果樹の葉が巻いたり、つづり合わされ、中を見るとイモムシ状の虫がいます。チャハマキはその代表で、年3〜4回発生します。幼虫は成長すると25mmほどになり、春から秋まで葉を食害します。つづられた葉の中で、幼虫のまま越冬します。5〜7月にモッコクに寄生するモッコクヒメハマキは赤褐色の幼虫で、つづられた葉は茶褐色に変色します。幼虫はすばやく移動します。

この害虫の仲間　クロネハイイロハマキ、チャノコカクモンハマキ、チャハマキ、モッコクヒメハマキなど

ハモグリガ類

ミカンハモグリガに食害されたキンカンの葉。葉の中に幼虫がいる。

ミカンハモグリガの被害葉。

いつ 主な発生時期… 6〜10月

3 4 5 6 7 8 9 10 11 12 1 2 (月)

どこに 主な被害部位…新葉、果実　　**害虫のタイプ** 葉肉に食入して食害する害虫

発生しやすい植物　**花木・庭木**／サクラ、ハナモモ、カイドウなど　**果樹**／柑橘類、モモ、リンゴ、ナシなど

対処・予防方法　日常管理による防除

日ごろから植物をよく確認し、白い線を見つけしだい、線の先端部分にいる幼虫を指でつぶして退治します。被害が多い場合は葉ごと除去します。落ちた葉の中にも幼虫がいることがあるので、集めて処分します。

効果のある薬品

柑橘類→アディオン乳剤、ダントツ水溶剤を散布します。

被害状況　柑橘類に寄生するミカンハモグリガは、エカキムシとも呼ばれ、葉面に絵を描いたように白い線があらわれ、被害が進むと葉が湾曲して変形します。葉の中にもぐった幼虫が葉肉を食害して進むため、被害部分は半透明になり、生育が阻害されます。果実も食害されることがあります。成長した幼虫は葉の縁を曲げた中で蛹になります。成虫は開張が約5mmの小型のガです。

ハモグリガの被害を受けた柑橘の葉。

この害虫の仲間　ミカンハモグリガ、モモハモグリガ、ギンモンハモグリガなど

ハモグリバエ類

ダイコンの葉についた、ハモグリバエの成虫の摂食痕と産卵痕。

ムラサキハナナの葉に見られる、ハモグリバエの幼虫の食害痕。

いつ 主な発生時期 … 4～11月

3 4 5 6 7 8 9 10 11 12 1 2 (月)

どこに 主な被害部位 … 葉

害虫のタイプ 葉に寄生して食害する害虫

発生しやすい植物 野菜／トマト、ナス、キュウリ、カボチャ、エンドウ、インゲン、レタス、コマツナなど 草花／マリーゴールド、ナスタチウム、ペチュニア、キク、ガーベラなど

被害状況 葉に曲がりくねった白い線が、絵を描くようにあらわれるので、「エカキムシ」とも呼ばれます。2～3mmほどの幼虫が表皮と葉裏を残して葉肉を食害して進むため、被害部分が半透明になります。エンドウ、コマツナや草花にはナモグリバエ、トマト、ナス、キュウリにはトマトハモグリバエ、そして広範囲の野菜にマメハモグリバエが寄生します。成虫は体長約2mmの小さなハエです。

対処・予防方法

日常管理による防除

日ごろから植物をよく確認し、白線を見つけしだい、線の先端部分にいる幼虫を指でつぶします。被害が多い場合は葉ごと処分します。

効果のある薬品

トマト→オルトラン水和剤。ダイコン、ネギ、エンドウマメ→マラソン乳剤。キク→ベニカDスプレー。ガーベラ→オルトランDX粒剤を発生初期に株元へ散布します。

この害虫の仲間 キツネノボタンハモグリバエ、トマトハモグリバエ、ナモグリバエ、ネギハモグリバエ、マメハモグリバエなど

ホコリダニ類

ホコリダニに寄生されたインパチエンスの芽。

ホコリダニに寄生されて奇形となったナスの新葉。

ホコリダニに寄生され、表面が褐色になって変形したナス。

いつ 主な発生時期 … 5～10月

3 4 5 6 7 8 9 10 11 12 1 2 (月)

どこに 主な被害部位… 新葉、茎、蕾、果実

害虫のタイプ 群生して吸汁する害虫

発生しやすい植物 草花／インパチエンス、ガーベラ、ベゴニアなど 野菜／ナス、ピーマン、イチゴなど 果樹／キウイフルーツなど

被害状況 チャノホコリダニがナスに寄生すると、新芽は伸びが止まり、新葉は小型化して奇形となります。果実の表面やへたの部分は褐色に傷つきます。インパチエンスでは先端が芯止まりとなり、開花しなくなります。クモの仲間で、小さくて肉眼では確認できません。みずから移動もしますが、風で運ばれることもあります。サザンカやチャ、雑草の上で主に成虫で越冬します。

対処・予防方法

日常管理による防除

周辺の除草を徹底して害虫のすみかをなくします。被害を受けて枯れた株、落ち葉は早めに処分し、冬場は越冬場所になる雑草を除去します。新たに植物などを購入するときに、持ち込まないことも大切です。

効果のある薬品

ナス→オサダン水和剤25。キウイフルーツ→ダニトロンフロアブル。シソ→コロマイト乳剤。新芽の萎縮、新葉の奇形などの症状があらわれたら、速やかに散布します。

この害虫の仲間 シクラメンホコリダニ、チャノホコリダニなど

3章＊どんな病気や害虫がいるか｜害虫を知ろう

ミノガ類

ブルーベリーの葉裏を食害しているミノガの若い幼虫。

マサキの葉についたチャノミガの蓑。中に幼虫が入っている。

いつ 主な発生時期 … ◎チャミノガ：4～5月、7～10月
◎オオミノガ：4月、6月中旬～10月

| 3 | 4 | 5 | 6 | 7 | 8 | 9 | 10 | 11 | 12 | 1 | 2 (月) |
チャミノガ／オオミノガ

どこに 主な被害部位 … 葉　　**害虫のタイプ** 食害する害虫

発生しやすい植物　花木・庭木／ハナミズキ、カナメモチ、カエデ類、カシ類、ヒイラギ、キンモクセイ、ゲッケイジュ、サクラ、サルスベリ、ツバキ、サザンカ、フジ、ボケ、マサキなど　果樹／カキ、ナシ、ウメ、スモモ、柑橘、イチジク、ビワなど

被害状況　チャミノガは成虫が産んだ卵から7～8月に幼虫が孵化し、蓑（みの）から出て葉の表面を盛んに食害します。幼虫は小枝を縦にすき間なくつづり合わせた細長い3～4cmの蓑の中で越冬し、翌春4月に再び葉を食害します。そのため、被害は9～10月と翌年の4～5月に目立ちます。オオミノガは6月中旬～7月に孵化した幼虫が葉を食害し、葉をつづり合わせた蓑の中で越冬し、春4月に再び食害します。

この害虫の仲間　オオミノガ、チャミノガなど

対処・予防方法

日常管理による防除

冬季は蓑を見つけやすいので、見つけしだいハサミで切り離して処分します。幼虫の発生期は、群生している葉を切りとって枝ごと処分します。

効果のある薬品

庭木類→**ディプテレックス乳剤10**。カキ→**スミチオン乳剤**。発生初期の幼虫が小さい時期に散布します。＊上記以外の植物は149ページの表を参照。

カナメモチについた蓑の中の、オオミノガの越冬幼虫。

メイガ類

マエアカスカシノメイガに葉をつづられたトウネズミモチ。

トウネズミモチに寄生する、マエアカスカシノメイガの幼虫。

ツゲの葉を食害する、ツゲノメイガの幼虫。

いつ 主な発生時期 … ◎ベニフキノメイガ、マエアカスカシノメイガ：5～10月
◎ツゲノメイガ：4～8月

| 3 | 4 | 5 | 6 | 7 | 8 | 9 | 10 | 11 | 12 | 1 | 2 (月) |
ツゲノメイガ／ベニフキノメイガ／マエアカスカシノメイガ

どこに 主な被害部位 … 葉　　**害虫のタイプ** 食害する害虫

発生しやすい植物　◎**メイガ類**：ネズミモチ、ヒイラギ、キンモクセイ、ライラック、イボタノキ、ツゲなど　◎**ベニフキノメイガ**：シソ、ミント、エゴマなど

被害状況　シソのベニフキノメイガは、黄緑色で体側面に帯状で赤緑色の線がある15mmほどの幼虫が、葉や枝を糸でつづって巣をつくり、葉を食害します。ツゲノメイガは緑色の幼虫が新葉や小枝を糸でつづり、周囲と比べて白っぽく見え、特に新葉に被害があります。マエアカスカシノメイガはネズミモチ、ヒイラギなどの葉をつづり、春から秋まで食害します。被害部分の周辺には多くのふんが見つかります。

対処・予防方法

日常管理による防除

つづられた葉をそのまま押しつぶすか、葉を開いて幼虫を捕殺します。幼虫は機敏に動くため、捕り逃がさないように注意します。

効果のある薬品

庭木→**ベニカDスプレー**。キュウリなどのウリ科の野菜のウリノメイガ→**ゼンターリ顆粒水和剤**。
＊上記以外の植物は149ページの表を参照。

この害虫の仲間　アワノメイガ、ウリノメイガ、シロオビメイガ、ベニフキノメイガ、ワタノメイガ、ツゲノメイガ、マエアカスカシノメイガなど

モンクロシャチホコ

カリンの枝につくモンクロシャチホコの成熟した幼虫。

いつ 主な発生時期 … 7月下旬～9月

| 3 | 4 | 5 | 6 | 7 | 8 | 9 | 10 | 11 | 12 | 1 | 2 (月) |

どこに 主な被害部位 … 葉

害虫のタイプ 群生して食害する害虫

発生しやすい植物 花木・庭木／カエデ、サクラ、サンザシ、ニレ、ユスラウメなど　果樹／アンズ、ウメ、カリン、スモモ、ナシ、リンゴ、モモ、マルメロなど

被害状況 年1回発生するサクラの主要害虫です。若い幼虫は暗赤褐色で、群生して葉を食害します。被害がひどい場合は、木の葉をすべて食べ尽くし、枝を枯死させることもあります。成長すると幼虫は50mmくらいになり、黄白色の長毛で覆われた紫黒色となります。警戒すると頭と尾を反らすので、別名シリアゲムシとも呼ばれます。晩秋には木をおり、土の中で蛹になって越冬します。

この害虫の仲間 なし

対処・予防方法

🍃 **日常管理による防除**

葉の裏に数百個の卵をまとめて産むので、卵や、若い幼虫が群生した葉を枝ごと剪定して処分すると効率的です。食害する幼虫は見つけて捕殺します。

📦 **効果のある薬品**

庭木→ベニカDスプレー。ウメ、ナシ、リンゴ→ダントツ水溶剤。

◆その他の害虫

害虫名	主な発生時期	主な被害部位	発生しやすい植物	被害状況	対処・予防方法
マツカレハ	4～6月、9～11月	葉	マツ、カラマツ、ヒマラヤシーダーなど	マツケムシとも呼ばれ、秋に発生した幼虫が落ち葉の下で越冬し、翌年4月ごろから食害を始める。	10月初旬ごろまでに幹にムシロを巻きつけ、越冬幼虫を集め、2月上旬にとり外して、もぐり込んだ幼虫を捕殺する。
ケラ	周年	根、芽など	野菜、草花など	地中にトンネルを掘って根や発芽直後の芽を食害し、根を浮かせたり、根を切ったりして、枯死させる。	水はけをよくする。トマト、ナス、キュウリでは植えつけ時にダイアジノン粒剤を土に混和する。
コウモリガ	4～5月	幹、枝	カイドウ、クリ、ブドウ、ヤナギ、ムクゲ、プラタナスなど	体長5cmほどのイモムシで、樹木の幹に食入し、内部を食い荒らしてトンネル状にする。生育が悪くなり、枯れることもある。	幹や枝に袋状のふんと木くずのかたまりがあったらとり除き、穴を見つけて針金をさし込んで殺す。
コナガ	4～7月、9～11月	葉	キャベツ、コマツナ、ダイコン、ブロッコリー、カブ、ハクサイなど	ガの仲間の害虫で、キャベツなどのアブラナ科の野菜に寄生。幼虫は葉裏から表皮を残して食べるため、半透明の斑点ができる。	食害部分の近くにいる幼虫を捕殺する。寒冷紗で覆って成虫の産卵を防ぐ。若齢幼虫にはゼンターリ顆粒水和剤を散布する。
シンクイムシ類	年数回発生	果実、子実、新梢など	ウメ、モモ、スモモ、エダマメ、マメ類など	ナシヒメシンクイ、モモシンクイガ、マメシンクイガの幼虫がマメや果実を食害する。マメ類ではサヤが落ちる。	果樹では新梢が食害されるので、見つけしだい、被害部分を剪定して処分する。
ネギコガ	5～11月(7～8月に多い)	葉	アサツキ、タマネギ、ニラ、ニンニク、ラッキョウ、ワケギなどユリ科の野菜	幼虫は約1cmのイモムシで、ネギのほかユリ科の野菜の葉を食べ、白い小さな斑点や筋状の跡や穴をあける。	白い筋のある葉は株元からとり除き、幼虫や蛹は捕殺する。スミチオン乳剤やアディオン乳剤を散布する。
ダイズサヤムシガ	4～10月	新葉、芽、サヤ	エダマメ、ダイズなどマメ類	幼虫が先端の葉をつづり合わせ、食害して穴をあける。茎の生長が妨げられ、サヤにも食入して収穫にも影響を及ぼす。	つづり合わされた被害部分を早めに見つけてとり除く。
タテハチョウ類	6～8月、10月	葉裏	ユリ、ホトトギスなど	幼虫が葉を食害する。ルリタテハは、ユリの主要害虫。	幼虫は大きくよく目立つので捕殺する。
タネバエ	3～12月	発芽前後の種子	ダイズなどマメ科、キュウリ、カボチャなどウリ科の野菜、タマネギなど	水分を含んで外皮がやわらかくなった種子に幼虫が侵入し、内部を食害したり、幼苗の根を食害したりする。	成虫を寄せつけないようにする。未熟堆肥や鶏ふんなど臭気の強い有機質肥料は、タネまき時に使用しないようにする。

ヨトウムシ類

ハクサイの葉を食害する、ハスモンヨトウの幼虫。

ハクサイの地ぎわの落ち葉の下に隠れていた、ヨトウガの成熟した幼虫。

ハクサイの葉の上に残された、ヨトウガのふん。

キャベツの葉裏に産みつけられた、ヨトウガの卵塊。

ゼラニウムについた、ヨトウガの幼虫。

いつ 主な発生時期 … 5～11月

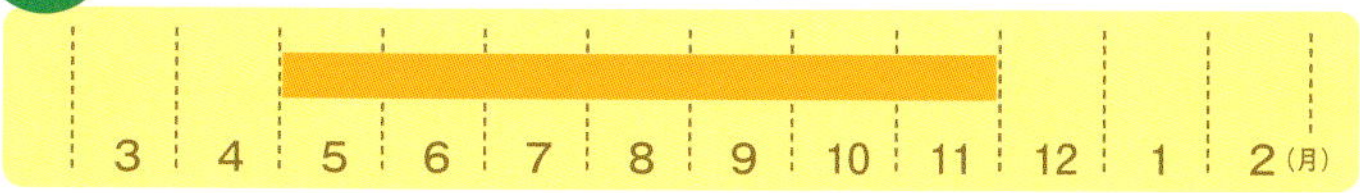

3 | 4 | 5 | 6 | 7 | 8 | 9 | 10 | 11 | 12 | 1 | 2 (月)

どこに 主な被害部位… 葉、花弁、つぼみ

害虫のタイプ 食害する害虫

発生しやすい植物 草花／キク、ゼラニウム、パンジー、プリムラ、マーガレット、マリーゴールドなど　花木・庭木／バラ、クレマチスなど　野菜／キャベツ、ハクサイ、ブロッコリー、エダマメ、ダイコン、ホウレンソウ、ナス、ジャガイモ、イチゴ、レタスなど

被害状況 ガの幼虫のイモムシで、野菜、草花、バラなどを食害します。成長した幼虫が、主に夜に活動するためヨトウムシ（夜盗虫）と呼ばれます。葉の裏に産卵された卵から孵化した若い幼虫は、葉の表を残して裏のみを食べるため、食害部分は半透明になり、葉全体がカスリ状に見えます。幼虫は若齢のころは群生しますが、しだいに分散していきます。成長するにつれて摂食量も多くなり、葉や花を激しく食害して穴をあけ、キャベツ、ハクサイでは株全体が食べ尽くされることがあります。ナスの葉に多くの穴があくのは、多くの場合、ヨトウムシ類が原因です。葉の上にはふんが見られます。昼は葉の裏、地ぎわや土の中に隠れ、主に夜間に活動するようになるため、被害が進んでも発見できないことが多いようです。

この害虫の仲間 シロイチモジヨトウ、ハスモンヨトウ、ヨトウガなど

対処・予防方法

日常管理による防除

カスリ状の葉を見つけたら、葉裏に群生する若い幼虫を葉ごと処分すると効率的です。幼虫が見つからない場合は株元の土の中、葉の裏を確認し、注意深く見つけて捕殺します。

効果のある薬品

バラ、草花、観葉植物全般、キャベツ、ハクサイ、ブロッコリー、エダマメ→オルトラン粒剤、オルトラン水和剤。野菜類全般、ハーブ→ゼンターリ顆粒水和剤。

＊上記以外の植物は149ページの表を参照。

群生してキャベツの葉裏を食害するヨトウガの若い幼虫。

column

手強い！モグラの仕業

　ガーデニングにおける害獣の中で、野良ネコと並んで忌避が難しいのがモグラです。野菜や草花の根元にトンネルを掘って植物を倒したり、芝生に穴をあけたりします。どこにいるのかわかりにくく、捕まえることも困難です。風車や、音による物理的な刺激を与える電動グッズはもとより、各種の忌避剤も販売されていますが、残念ながら、決め手になるものはありません。

　忌避剤は、植栽地の周囲に定間隔に埋め込んで使用します。しかし、それらの位置より深くからトンネルを掘って侵入する場合は、確実には避けられません。

　隣が畑地である場合などは、特にモグラの被害を受けやすいので、境界にある程度の深さの溝を掘って、地中にしっかりした網を張っておくとよいでしょう。

モグラはトンネルを掘り、根を浮かしてしまったりするのが悩みのタネ。

column

不快害虫の駆除

不快害虫粉剤
ふたをあけてパウダーをまくだけ。アリ、ムカデ、ヤスデ、ダンゴムシなどの気になる不快害虫を退治する。植物には直接かけないようにする。

ムカデ、ヤスデ、ダンゴムシはジメジメした落ち葉や鉢の下などにいる。

　植物に直接被害を与えるわけではありませんが、人を刺したり、間接的に害を与えたり、見た目が気持ち悪いために不快害虫と呼ばれるのがムカデ、ヤスデ、アリ類、ダンゴムシなどです。

　ダンゴムシは根や地ぎわの葉などを食害するので、害虫としても扱われます。ムカデは雑草や瓦礫などの陰に隠れていることが多いので、すみかをなくすことが必要です。かまれると激痛があり、腫れることがあります。ヤスデは250種以上があり、体にある分泌腺から嫌なにおいの液を出します。暗くてジメジメした場所をつくらないことが予防につながります。

　アリ類が運び、集めたものに含まれる甘いものはアブラムシを呼び寄せてしまい、間接的に植物に被害を与えます。種類にもよりますがひとつの巣には1万匹を超えるアリがいるため、巣の奥のアリまで退治することが必要です。

4章
薬品の種類とじょうずな使い方

植物が病気や害虫の被害を受けてしまったら、適用登録のある薬剤を正しく効果的な方法で使ってやりましょう。薬剤は安全性が確認され、国の登録を受けて製造、販売されています。正しい使い方で散布しましょう。薬剤の性質と使い方のコツを知れば、グッと効果が上がります。

天然成分と化学合成成分

殺虫剤と殺菌剤

主な薬品の種類と特徴

薬品の効果・作用による分類

薬品のとかし方、混ぜ方

薬品の散布の仕方

農薬のいろいろ

殺虫殺菌剤

殺虫剤

殺菌剤

肥料

その他の主な農薬一覧

天然成分と化学合成成分

園芸薬品（農薬）とは？

　植物を保護するために使用する薬剤で、主に植物に害を及ぼすケムシ、うどんこ病などの病害虫を防除する殺虫剤や殺菌剤、植物の生育を阻害する雑草を防除するための除草剤、ハダニ、センチュウなどを防除するための専門薬、植物の生理機能を増進、または制御したりする植物成長調整剤、さらに病害虫防除の目的で使用される天敵を使った製剤も農薬です。

　日本では、江戸時代にクジラの油でウンカを退治した記録があり、大正期から化学薬品が輸入されるようになりました。1948年に農薬取締法が制定され、1971年と2003年に大きく改正され、安全性が高められています。

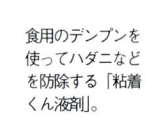

ジョチュウギクのピレトリンを有効成分とする「バイベニカスプレー」。

食用のデンプンを使ってハダニなどを防除する「粘着くん液剤」。

より安全性が高い天然成分の薬剤

　自然界に存在する物質や植物由来の成分を抽出してつくった薬剤が開発され、従来の化学合成成分の薬剤と合わせて、選択肢が広がっています。野菜や草花の栽培に取り入れたいものです。

　せんべいなどに使われる食用のデンプンを使った薬品は、害虫の気門をふさぎ、呼吸できなくさせて死滅させます。蚊取り線香でおなじみのジョチュウギク（除虫菊）から抽出されるピレトリンを主成分としたもの、シイタケ菌の菌糸から抽出される殺菌成分や納豆菌の仲間（*B.t.菌*）がつくる成分を利用したものなどがあります。

園芸薬品には対象植物がある

　農薬取締法では、登録を受けた薬品ごとに「使用できる作物」が決められています。薬剤を使用する際は製品のラベルの「作物名」欄に、自分が栽培する植物の名前が記されていることを必ず確認します。ラベルに記載のある登録作物に対し、書かれている使用方法を守って使用することで、安全性が確保されるからです。

野菜類、花き類・観葉植物などに登録のある製品ラベル。（ベニカマイルドスプレー）

作物にはグループ名の表示もある

　「作物名」欄に栽培している植物が書かれていないときはどうしたらよいのでしょうか。

　ラベルを見ると、植物の個別の名前ではなく、「野菜類」「果樹類」などのグループとして記載されている場合があります。これは、該当するグループに含まれる作物なら、その薬品を使えるということです。観賞用の花などは、「花き類・観葉植物」「樹木類」などのグループ名の登録で見つけることができます。

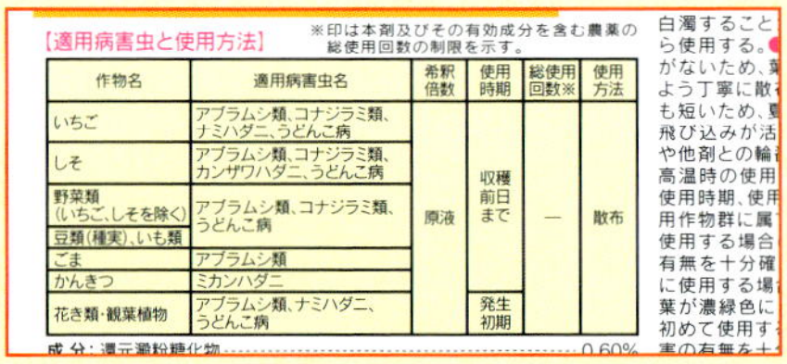

「野菜類」登録のある主な家庭園芸薬品

有効成分	薬品名	効果のある主な病害虫
デンプン	粘着くん液剤	アブラムシ類、ハダニ類
還元澱粉糖化物	ベニカマイルドスプレー	アブラムシ類、コナジラミ類、ハダニ類、うどんこ病
BT	ゼンターリ顆粒水和剤	アオムシ、コナガ、ヨトウムシ
炭酸水素カリウム	カリグリーン	うどんこ病、さび病、灰色かび病

＊「野菜類」登録のある薬品は、ハーブを含むさまざまな野菜に使用可能（ただし、イモ類、雑穀類（トウモロコシ、ソバなど）、マメ類（アズキなど種実として収穫するもの）は除く）

殺虫剤と殺菌剤

🍃 原因が病気か害虫かで使い分ける

防除したい原因が、病気なのか害虫なのかで選択肢が分かれます。害虫を防除するなら「殺虫剤」、病気の場合は「殺菌剤」を選びましょう。

害虫の発生は目で見て確認できますが、病気は植物が病原菌に感染しても発病するまではわかりません。どちらかわからないときは、殺虫成分と殺菌成分を配合した「殺虫殺菌剤」を選ぶといいでしょう。

1. 殺虫剤

殺虫剤は作用性により、①接触剤、②浸透移行性剤、③食毒剤、④誘殺剤に分けられます。

①接触剤…害虫の体に薬剤を接触させたり、または散布した茎葉と接触させて退治する薬剤です。
②浸透移行性剤…あらかじめ株元や植物に散布しておき、有効成分を根や葉から吸収させることで、植物全体に移行した成分を害虫に吸わせたり、葉ごと食べさせて退治します。
③食毒剤…薬剤の付着した葉や茎を害虫に食べさせて退治する薬剤です。
④誘殺剤…害虫の好む餌などに殺虫剤を混ぜて誘引し、食べさせて退治します。

2. 殺菌剤

殺菌剤は、病原菌が細胞膜や細胞壁をつくるのに必要な成分の合成や、エネルギーの代謝にかかわる酵素の働きを阻害することで、病原菌の繁殖を抑える薬剤です。

防除効果によって、①保護殺菌剤、②直接殺菌剤、③浸透性殺菌剤、④拮抗菌剤の4つに分けられます。

①保護殺菌剤…発生しやすい病気を予想して、薬剤をあらかじめ散布して植物体を覆い、病原菌の侵入を防ぎます。多くの殺菌剤にはこの効果があります。
②直接殺菌剤…病原菌が植物内に侵入し、増殖したあとに散布しても、有効成分が植物の中に浸透、移行して組織内部の病原菌に作用します。
③浸透性殺菌剤…植物の体内に成分が浸透するため、植物の中にいる病原菌にも作用して生育を阻害する薬剤です。
④拮抗菌剤…菌の働きを利用して、病原体の活動を押さえ込む作用があります。

3. 殺虫殺菌剤

殺虫成分と殺菌成分を配合した便利な園芸薬品です。害虫の防除に使った薬剤が、その時点ではまだ症状を確認できない病気の予防にも役立ちます。

ハダニ類の生活サイクル 生息する葉の裏を中心に殺ダニ剤を散布すると、効果が高い。

雌の成虫は雄に比べて大きい。
雌　雄
葉の裏に透明な卵をひとつずつ産む。
多発すると葉が白くかすれたようになる。
幼虫は葉の裏に寄生している。

薬剤に強い害虫

同じ薬剤を使い続けることで、抵抗性をもつ害虫だけが生き残り、増加した結果、殺虫剤が効きにくい（「殺虫剤抵抗性」が発達した）害虫がいます。

代表的なのは、多くの植物に寄生するワタアブラムシやハダニ類で、近年、地域によっては従来の薬剤では効果が劣ることがあります。

その場合は新しい成分の薬剤を利用し、作用性の異なる複数の薬剤を交互に使用します。また、できるだけ早期発見に努め、発生初期のうちに防除を開始するとよいでしょう。

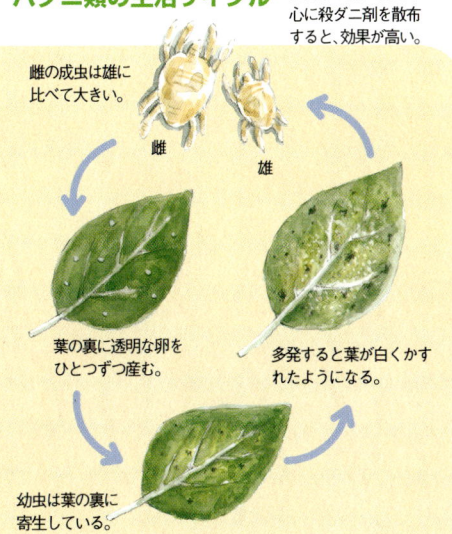

主な薬品の種類と特徴

散布面積と植物の数

散布場所の広さ、栽培している植物の数によって適するタイプが異なります。散布する面積が広い場合や、植物が多い場合は「乳剤」「水和剤」「液剤」が適し、噴霧器が必要です。水で薄める手間はありますが、少量の薬品で大量の散布液ができるので経済的です。

面積が狭かったり、植物が少ないとき、応急処置的に散布したい場合は、そのまますぐに使えるので「エアゾール剤」「スプレー剤」が便利です。

薬剤散布の初心者か、経験者か

初心者には、すぐに散布できるエアゾール剤、スプレー剤や、土にぱらぱらとまくだけの「粒剤」「ペレット剤」が便利です。

薬剤散布に慣れ、自分で薬品を希釈して散布液がつくれる場合は、経済的な乳剤、水和剤、液剤が向きます。植物、対象の病気や害虫に応じた散布液を使い分ければ、より効果的な防除ができます。

防除したい病気や害虫と専門薬

病気や害虫の種類がわかったら、効果のある薬剤を選びます。製品のラベルには「適用病害虫名」の欄があり、その薬品がどんな病気や害虫に対して効果があるのかがわかります。また、ラベルの目立つ部分にある「ケムシ退治に」「うどんこ病の予防に」などの表示も参考にします。また、カイガラムシ、ハダニ、ナメクジ、センチュウなど一部の害虫、うどんこ病などの病気、細菌、ウイルスにはそれぞれ専門薬があります。

目的、面積、使いがってで選ぶ製品タイプ(剤型)

タイプ	使用方法	特徴	使用上のポイント
水和剤(中・上級者)	水で薄め、噴霧器でまく	●少量の薬品で大量の散布液がつくれる ●広い面積の散布に向く	●水で薄める手間がかかる ●散布には噴霧器が必要 ●薄める際は展着剤が必要 ●希釈倍数を必ず守る
乳剤、液剤(中・上級者)	水で薄め、噴霧器でまく	●少量の薬品で大量の散布液がつくれる ●広い面積の散布に向く	●水で薄める手間がかかる ●散布には噴霧器が必要 ●希釈倍数を必ず守る
粒剤(初心者)	そのまま株元にまく	●手間がかからない ●株元にまいて根から吸わせる ●浸透移行性剤なら長期間効果が続く ●周囲に飛散しにくい	●むらなく均一にまく ●土に湿りけを与えてからまく ●浸透移行性剤は高さ1mまでの植物向き
ペレット剤(初心者)	そのままく	●害虫が見えなくても、おびき寄せて退治できる	●雨の降らないときにまく ●散布後に水やりしない ●ペットが食べないように注意
エアゾール剤(初心者、応急処置)	薄めずにそのまま散布	●ボタンを押すだけで手軽に散布できる ●手間がかからない ●応急処置として必要なときにすぐに使える	●冷害が起きないように、植物から30cm以上離して散布する ●霧がうっすらとかかる程度に散布する。かけすぎは薬害を起こす ●狭い範囲の散布に向く
スプレー剤(初心者、応急処置)	薄めずにそのまま散布	●植物に近づけて使える ●手間がかからない ●ピンポイント散布に向く ●必要なときにすぐに使える	●長時間の散布には不向き ●葉先から薬液が滴り落ち始めるまでかける ●狭い範囲の散布に向く

殺虫剤の作用性や使い方

接触剤　食毒剤　浸透移行性剤　誘殺剤

タイプ	主な剤型	使用方法	メリット	主な対象害虫(商品により対象害虫は異なる)
接触剤	スプレー剤、エアゾール剤、乳剤、液剤、水和剤	害虫に直接散布する	かかった害虫を速やかに退治できる	アオムシ、アザミウマ類、アブラムシ類、カイガラムシ類、カメムシ類、グンバイムシ類、ケムシ類、コガネムシ類(成虫)、コナジラミ類、ハダニ類、ハバチ類、ヨトウムシ類
食毒剤	スプレー剤、エアゾール剤、乳剤、液剤、水和剤	薬剤が付着した葉などを食べさせて退治	多くはガやチョウが対象	アオムシ、コナガ、ケムシ類、ヨトウムシ類、ネキリムシ類、ハマキムシ類など
浸透移行性剤	粒剤、スプレー剤、液剤、水和剤	株元にまいたり、土に混ぜる。植物全体に散布する	散布後も効果が持続し、害虫の発生を予防できる	アオムシ、アザミウマ類、アブラムシ類、カイガラムシ類、グンバイムシ類、ケムシ類、コナジラミ類、ハバチ類、ハモグリバエ類、ヨトウムシ類
誘殺剤	ペレット剤	生息地にまいておく	夜行性の害虫をおびき寄せて退治できる	ダンゴムシ、ナメクジ類、ネキリムシ類、ヨトウムシ類など

薬品の効果・作用による分類

同じ園芸薬品でも「商品名」と「種類名」がある

　園芸薬品のラベルを見ると、商品名のほかにも、「アセフェート液剤」などと、薬品の名前が書いてあります。その薬品の有効成分と剤型（製品のタイプ）をあらわすのが「種類名」で、たとえば商品名「オルトラン粒剤」の場合は、「アセフェート粒剤」が種類名、「アセフェート」が有効成分名、「粒剤」が剤型（製品のタイプ）となります。

　「アセフェート」は、有機リン系の殺虫成分のひとつで、毒性が低い部類の化学薬品です。つまり「オルトラン粒剤」は、「アセフェートを成分とする粒剤」であるとわかります。同じ種類名（有効成分、剤型）の薬品でも、商品名が異なる場合もあるので、ラベルの有効成分などを確認するとよいでしょう。

「有効成分」が同じでも「剤型」の違う薬品

　有効成分が同じでも、製品のタイプ（剤型）が違う薬品があります。たとえば、「アセフェート」を有効成分とするものには「オルトラン液剤」「オルトラン水和剤」「オルトラン粒剤」「オルトランS（エアゾール）」などがあります。同じ「アセフェート」なので殺虫作用は似ていますが、製品タイプが違うと対象の植物が変わります。また、エアゾールは狭い面積や応急処置に向き、粒剤は草丈の低い植物に、花木などの広範囲の散布には水和剤や液剤が適しているので、使い分けができます。用途や使いたい植物によって、適する薬品を選びましょう。

オルトラン粒剤、水和剤、液剤の適用作物の違い（2010年3月1日現在）

家庭園芸用GFオルトラン粒剤	花き類・観葉植物、キク、宿根スターチス、カーネーション、芝、トマト、ミニトマト、ピーマン、ナス、キュウリ、ダイコン、ハツカダイコン、カブ、キャベツ、ハクサイ、ブロッコリー、ジャガイモ、エダマメなど
家庭園芸用GFオルトラン水和剤	花き類・観葉植物、樹木類、サクラ、ツバキ類、ツツジ類、キク、宿根アスター、カーネーション、ヒマワリ、リアトリス、オンシジウム、グラジオラス、芝、トマト、ミニトマト、ナス、ダイコン、ハツカダイコン、トウモロコシ、レタス、非結球レタス、インゲンマメ、ダイズ、オクラ、タマネギ、ニンニク、ショウガ、キャベツ、ハクサイ、ブロッコリー、ジャガイモ、エダマメ、ブドウ、カキ、イチジクなど
GFオルトラン液剤	キク、バラ、サクラ、クチナシ、サンゴジュ、ツバキ類、ツツジ類、マサキ

ラベルやパッケージには、その薬品の成分とその含有量が表示されている。（ベニカXファインスプレー）

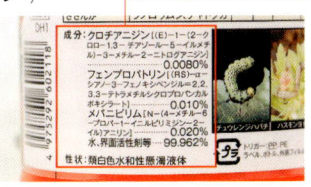

パッケージの目立つ場所に、どんな病気や害虫に効果があるのか表示がある。（ベニカマイルドスプレー）

ラベルで安全な使用方法を確認

　園芸薬品のラベルには使用方法が書かれており、「適用病害虫名」に書かれた病気や害虫に効果があり、「作物名」に書かれた植物に薬害が出ないように設定されています。

　野菜、果樹などの食用作物では、希釈倍数や使用時期（収穫何日前まで使えるか）、総使用回数（播種から収穫終了までに使える回数）、注意事項などが表示されており、使用方法を守って使えば、健康に影響がなく、収穫物や自然環境にも安全です。また、「最終有効年月」を確認して、必ず有効期限内の薬剤を使うようにしましょう。

ベニカマイルドスプレーのボトルの裏面

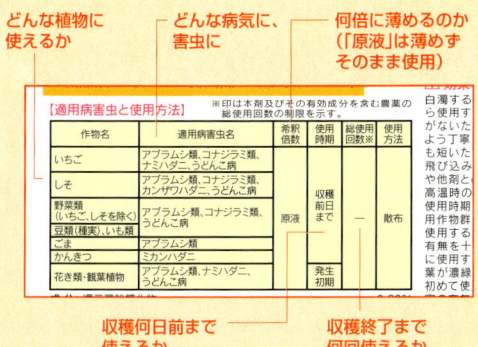

- どんな植物に使えるか
- どんな病気に、害虫に
- 何倍に薄めるのか（「原液」は薄めずそのまま使用）
- 収穫何日前まで使えるか
- 収穫終了まで何回使えるか

薬品のとかし方、混ぜ方

🌿 安全に使うためには まず、ラベルをよく読む

ラベルには植物名と病気、害虫の名前だけではなく、使用方法（希釈倍数、使用時期、使用回数など）、使用上の注意点などが詳細に書かれています。希釈倍数や散布の仕方によっては薬害が出たり、効果を左右することがあります。安全に、効果的に使用するために、必ずラベルをよく読んでから使用します。

水和剤のとかし方

1. 計量した水に所定量の展着剤を加えて混ぜる。
2. 水和剤を入れてよくかき混ぜ、スプレーや噴霧器に入れて散布。

乳剤、液剤のとかし方

1. 計量した水に所定量の展着剤を加えて混ぜる。
2. 乳剤または液剤を入れてよくかき混ぜ、スプレーや噴霧器に入れて散布。

🌿 乳剤、液剤や水和剤の とかし方、混ぜ方

水で薄める薬剤は、所定の濃度より濃いと植物に薬害が出たり、反対に薄いと十分な効果が発揮できません。濃いほうがよく効くとか、薄いほうが安全ということはありません。表示された希釈倍数で薄めることで、効果と安全性が確保されるので、ラベルをよく確認して記載された希釈倍数を守ります。

希釈倍数と加える水量（実際に散布する散布液の量）から、必要な薬剤の量を確認します。薄めた散布液は保存がきかないため、必要な量を散布のつどつくりましょう。

希釈早見表

（単位は、乳剤はmℓ、水和剤はg）

希釈倍数 水量	100倍	250倍	500倍	1000倍	1500倍	2000倍
500mℓ	5.0	2.0	1.0	0.5	0.3	0.25
1ℓ	10.0	4.0	2.0	1.0	0.7	0.5
2ℓ	20.0	8.0	4.0	2.0	1.3	1.0
3ℓ	30.0	12.0	6.0	3.0	2.0	1.5
4ℓ	40.0	16.0	8.0	4.0	2.7	2.0
5ℓ	50.0	20.0	10.0	5.0	3.3	2.5
10ℓ	100.0	40.0	20.0	10.0	6.7	5.0

表の見方（例）1000倍の散布液を3ℓつくる場合、乳剤3.0mℓ、または水和剤3.0gを、3ℓの水にとかす。

展着剤をじょうずに利用する

薬剤を水で薄めて散布液をつくる際、展着剤を加えると多くの利点があります。展着剤は散布液を植物の葉や茎、害虫の体につきやすくします。また、付着してから広がりやすくし、さらに落ちにくくする効果もあります。希釈する薬剤の有効成分を、水の中で均一にする働きもあり、防除効果を安定させます。このひと手間で、さらに防除効果がアップします。水和剤や水溶剤を水で薄める際には必ず加えましょう。

ツバキなどの光沢がある葉は水をはじきやすいので、展着剤を加えないと薬効を十分発揮できない。展着性が高いと、散布液をはじきやすい植物の葉にも薬液がよく付着する。

展着剤の「ダイン」。散布液を虫や葉につきやすくする効果がある。

ダインの添加量

作物	散布液1ℓあたりの薬量
野菜、果樹などで展着しにくい作物	0.1～0.3mℓ
比較的、展着の容易な作物	0.05～0.1mℓ

薬品の散布の仕方

体調、天候の確認と散布する時間帯

　体調が悪く気分がすぐれないときや、飲酒後や疲労を感じているときなどは、散布を避けましょう。
　雨が降りそうなときや風が強い日の散布もやめます。また、日中の高温時は薬害が発生しやすく、上昇気流で散布した薬剤が空気中に舞い上がりやすくなるので、できるだけ朝夕の涼しい時間帯を選んで散布を行いましょう。

風向き→
←後退

散布は後退しながら

前進しながら散布すると、散布液の霧の中に自分が入っていくことになります。必ず後退しながら散布しましょう。微風があるときなら、風下に向かって（風上に背を向け）後退しながら散布していきます。

粒剤は高さ1mまでの植物に

粒剤（浸透移行性剤）は水にとけて根から吸収されるため、土に湿りけのあるときに散布すると効果的。背の高い植物には不向きで、高さ約1mまでの植物を目安にします。まきすぎに注意し、株元から少し離れたところに、むらなく均一にばらまきます。

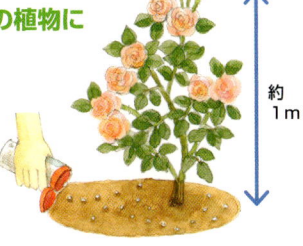

約1m

近隣や周辺環境への配慮

　住宅地周辺で使用する場合は、粒剤など飛散しにくい製品タイプを選んだり、風のない日に散布します。時間帯を選び、近隣に影響が少なく、子どもがいないときに散布します。散布前に周辺へお知らせする配慮があれば、トラブルも少なくなるでしょう。
　散布者以外の人が近づかないように注意し、風向きを考えて子どもや通行人、ペット、洗濯物などに気をつけます。窓も閉め、最小限の場所に絞って行います。
　薬品によっては魚に影響を与えることがあるので、魚に対する影響が強い薬剤（ラベルに記載がある）は河川、池などの近くでの散布を控えます。

散布する際、散布後の注意

　乳剤やエアゾール剤は自動車、壁などの塗装面を変色させるおそれがあるので、かからないように注意しましょう。
　計画的な散布を心がけ、短時間で終えるようにします。途中で食事や喫煙などはせずに、効率よく作業します。散布後はうがいをして手足、顔など露出していた部分を石けんでよく洗い、目も水で洗いましょう。
　使用した噴霧器などの器具は、よく洗浄し、ホースの中に水を通してから保管します。散布液を浴びたときは着がえ、ほかの洗濯物と別に洗います。

散布液が余ってしまったら？

　乳剤、水和剤などを水で薄めた散布液は、放置すると分解が進み効果が落ちるので保存がききません。薬剤散布のつど、必要量をつくって使いきるのが原則です。
　余ってしまったときは、かけ忘れ部分や散布むらをなくすように有効利用して、残りは川や池、排水溝などに捨てずに、土に浅く穴を掘って注ぎます。成分は土に吸着されたのち、土壌微生物によって分解されます。

散布液を浴びない装備

　農薬用マスク、メガネ、手袋を利用し、長袖、長ズボンを着用してできるだけ皮膚の露出部分を少なくします。背の高い植物に散布する場合や散布面積が広い場合には、薬剤を吸い込んだり浴びたりすることがあるので十分に気をつけましょう。

薬剤散布を安全に行うために、農薬用マスク、メガネ、手袋を用意したい。

農薬のいろいろ　殺虫殺菌剤

害虫を防除する殺虫剤と、病気を防除する殺菌剤の成分を配合した農薬が、殺虫殺菌剤です。害虫と病気を同時に防除できます。

殺虫殺菌剤　ベニカ®X乳剤

取扱い／住友化学園芸

- 化学系
- 剤型：乳剤
- 作用：接触（殺虫）、予防・治療（殺菌）
- 成分：ペルメトリン、ミクロブタニル

効果のある害虫、病気　アブラムシ類、サルスベリフクロカイガラムシ、アメリカシロヒトリ、チャドクガ、うどんこ病、白さび病など

特徴　草花・庭木に発生しやすい害虫と病気を同時に防除します。ケムシ類などを退治し、アブラムシには忌避作用もあります。浸透移行する殺菌成分で病気の予防と治療に効果的です。植物への展着性がよく、すぐれた安定性があります。殺虫殺菌剤には、害虫退治の目的で散布された薬液が、散布した時点では目に見えて発病していない病気の進行を抑えて、同時に予防もできるという利点があります。

使い方　水で500倍に希釈し、噴霧器やスプレーに入れて植物に散布します。害虫や病気の発生時期に、被害部位を中心に葉の裏まで散布しましょう。

使用できる主な植物
非食用／サルスベリ、ハナミズキ、ツバキ、サザンカ、キク

同様の作用があるもの
ベニカX、ベニカXスプレー、ベニカグリーンVスプレー、ベニカDX

殺虫殺菌剤　サンヨール®

取扱い／エムシー緑化、米澤化学など

- 化学系
- 剤型：乳剤
- 作用：接触（殺虫）、予防（殺菌）
- 成分：DBDEC

効果のある害虫、病気　アブラムシ類、コナジラミ類、ハダニ類、チュレンジハバチ、ナメクジ類、サルスベリヒゲマダラアブラムシ、ツツジグンバイ、ツツジコナジラミ、うどんこ病、赤かび病、灰色かび病、すすかび病、葉かび病、葉腐病（ラージパッチ）、さび病、べと病、褐斑病、白さび病、黒斑病、黒星病など

特徴　野菜と花の病気や害虫の防除に適し、広範囲の作物や病害虫に効果があります。薬害が少なく、1本でアブラムシ類、コナジラミ類の殺虫と、うどんこ病などの殺菌ができる殺虫殺菌剤。特に、うどんこ病、べと病、灰色かび病、葉かび病、コナジラミ類、アブラムシ類、ハダニ類に効果があります。**注意**　高温時の使用は避けます。イチゴの灰色かび病には発生初期に予防的に使用。パンジー、ペチュニア、プリムラなど開花中は使用しません（花弁への薬害）。

使い方　水で250～1000倍（植物により異なる）に希釈し、噴霧器やスプレーに入れて病害虫の発生初期に5～7日間隔で作物全体に散布します。

使用できる主な植物　食用／麦類、小麦、サヤエンドウ、実エンドウ、ナス、トマト、ミニトマト、ピーマン、甘長トウガラシ、キュウリ、スイカ、メロン、カボチャ、ウリ類（漬物用）、ニガウリ、イチゴ　非食用／キク、バラ、ペチュニア、スターチス、プリムラ、パンジー、サルスベリ、ツツジ類、花き類・観葉植物、タバコ、日本芝

同様の作用があるもの
サンヨール液剤ALなど

4章＊薬品の種類とじょうずな使い方｜殺虫殺菌剤

殺虫殺菌剤　アーリーセーフ®

取扱い／サンケイ化学、住友化学園芸

- 天然系
- 剤型：乳剤
- 作用：物理的防除
- 成分：脂肪酸グリセリド

効果のある害虫、病気
アブラムシ類、コナジラミ類、ハダニ類、ミカンキジラミ、うどんこ病など

特徴　天然ヤシ油に由来する有効成分で、有機農産物栽培にも使用できます。においも少なく、収穫前日まで使用できるため家庭菜園に便利です。ハーブや野菜類のアブラムシ、ハダニ、うどんこ病が同時に防除できます。使用回数の制限もありません。**注意**　散布液は調製後、すぐに散布します。害虫の防除では、数日間隔で連続散布するのがおすすめです。ナス、ピーマン、ハクサイ、チンゲンサイなどの幼苗期での使用は、葉先枯れを生じることがあるので避けてください。

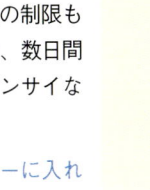

使い方　水で300〜600倍（植物により異なる）に希釈し、噴霧器やスプレーに入れて植物に散布します。被害部位を中心に、葉の裏までていねいに。

使用できる主な植物
食用／野菜類、イチジク、柑橘類
非食用／花き類・観葉植物、ゲッキツ

同様の作用があるもの
サンクリスタル乳剤など

殺虫殺菌剤　兼商 モレスタン®水和剤

取扱い／住友化学園芸、アグロカネショウ

- 化学系
- 剤型：水和剤
- 作用：接触（殺虫）、予防・治療（殺菌）
- 成分：キノキサリン系

効果のある害虫、病気　オンシツコナジラミ、タバココナジラミ類（シルバーリーフコナジラミを含む）、ハダニ類、トマトサビダニ、チャノホコリダニ、うどんこ病など

特徴　庭木・花のうどんこ病の予防と治療効果があります。また、ハダニ、ホコリダニ、コナジラミなどの害虫の防除もできます。トマト、ナス、キュウリ、ピーマン、イチゴ、オクラ、ニガウリでは、収穫前日まで使用できます。**注意**　ボルドー液などのアルカリ性薬剤との混用は避けてください。盛夏の高温時および高温の場所では所定の範囲内での低濃度で使用します。ミカンの盛夏高温時、イチゴの収穫間近での散布は避けてください。オンシツコナジラミには発生初期に散布します。

使い方　水で1000〜4000倍（植物により異なる）に希釈し、噴霧器やスプレーに入れて植物にていねいに散布します。

使用できる主な植物　食用／キュウリ、トマト、スイカ、メロン、マクワウリ、カボチャ、ピーマン、ナス、シソ、ニガウリ、オクラ、イチゴ、カキ、ミカン、ミョウガ、ハスイモ（葉柄）、食用サクラ（葉）
非食用／コデマリ、ポインセチア、ヤナギ、樹木類、カーネーション、花き類・観葉植物、クワ

同様の作用があるもの
——

殺虫殺菌剤 ベニカX®ファインスプレー

取扱い／住友化学園芸

- 化学系
- 剤型 スプレー
- 作用 接触・浸透移行性（殺虫）、予防（殺菌）
- 成分 クロチアニジン、フェンプロパトリン、メパニピリム

効果のある害虫、病気 アブラムシ類、ツツジグンバイ、チャドクガ、チュウレンジハバチ、ツノロウムシ、ハダニ類、ハスモンヨトウ、うどんこ病、黒星病、灰色かび病など

特徴 花や緑の幅広い植物に使える殺虫殺菌剤です。害虫に対しては速効性と持続性があり、アブラムシで約1カ月有効です。殺菌成分は葉の表面から裏面に浸透するため、葉裏に薬液がかからなくても、裏面についた病原菌の侵入を防ぎます。容器を逆さにしても散布ができます。 **注意** 使用する際は容器をよく振ってください。花き類に使用する場合、花弁に薬液が飛散するとシミなどの症状が出る恐れがあるので、花にかからないように注意してください。

使い方 容器をよく振って、噴射口の「出」を上部に合わせ、トリガーをまっすぐ引いて薬液を直接、植物に散布します。散布量は葉先から滴り落ち始める程度が効果的です。

使用できる主な植物
非食用／バラ、マリーゴールド、プリムラ、ポトス、花き類・観葉植物、オオムラサキ、ツバキ類、サザンカ

同様の作用があるもの
——

殺虫殺菌剤 ベニカX®スプレー

取扱い／住友化学園芸

- 化学系
- 剤型 スプレー
- 作用 接触（殺虫）、予防・治療（殺菌）
- 成分 ペルメトリン、ミクロブタニル

効果のある害虫、病気 アブラムシ類、チュウレンジハバチ、チャドクガ、タバココナジラミ類（シルバーリーフコナジラミを含む）、うどんこ病、黒星病、白さび病など

特徴 草花・庭木の害虫と病気を同時に防除します。害虫はすばやく退治し、アブラムシには殺虫と同時に忌避作用があります。浸透移行する殺菌成分で、病気の予防と治療に効果的です。植物への展着性がよいため、効果の安定性にもすぐれた殺虫殺菌剤です。逆さ散布ができます。 **注意** すでに散布した場所に、同じ日に重複して散布したり、多量にかけすぎると、薬害が出ることがあるので注意します。

使い方 噴射口の「出」を上部に合わせ、トリガーをまっすぐ引いて直接、植物に散布します。葉裏までていねいに散布しましょう。散布量は葉先から滴り落ち始める程度が効果的です。

使用できる主な植物
非食用／バラ、キク、サルビア、ツバキ、サザンカ、花き類・観葉植物

同様の作用があるもの
ベニカX、ベニカX乳剤など

4章＊薬品の種類とじょうずな使い方｜殺虫殺菌剤

殺虫殺菌剤　ベニカマイルド®スプレー

取扱い／住友化学園芸

- 天然系
- 剤型／スプレー
- 作用／物理的防除
- 成分／還元澱粉糖化物

効果のある害虫、病気　アブラムシ類、コナジラミ類、ナミハダニ、カンザワハダニ、ミカンハダニ、うどんこ病など

特徴　食品から作られているので、野菜や花に安心して使える自然派志向のスプレー剤です。有効成分がアブラムシ、コナジラミ類、ハダニ類、うどんこ病菌を包み込んで退治し、薬剤抵抗性がつきやすい害虫にも効果があります。においがなく、野菜類には収穫前日まで使え、しかも使用回数の制限はありません。容器を逆さにしても散布ができます。**注意** 凍結した場合、解凍後、白濁することがありますが、よく振り混ぜてから使用してください。

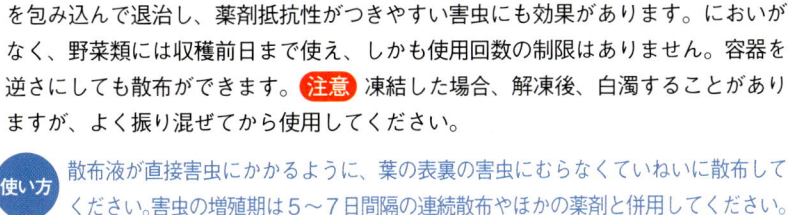

使い方　散布液が直接害虫にかかるように、葉の表裏の害虫にむらなくていねいに散布してください。害虫の増殖期は5～7日間隔の連続散布やほかの薬剤と併用してください。

使用できる主な植物
食用／イチゴ、シソ、野菜類、豆類（種実）、イモ類、ゴマ、柑橘　非食用／花き類・観葉植物

同様の作用があるもの
粘着くん液剤、アーリーセーフなど

殺虫殺菌剤　ベニカグリーン®Vスプレー

取扱い／住友化学園芸

- 化学系
- 剤型／スプレー
- 作用／接触（殺虫）、予防・治療（殺菌）
- 成分／フェンプロパトリン、ミクロブタニル

効果のある害虫、病気　アオムシ、アブラムシ類、アメリカシロヒトリ、コナジラミ類、ハダニ類、チュウレンジハバチ、ツノロウムシ、ハスモンヨトウ、チャドクガ、ツツジグンバイ、うどんこ病、黒星病、白さび病、葉かび病など

特徴　野菜、草花・観葉植物、花木など幅広い植物の病気や害虫を防除します。トマト、キュウリ、ナス、イチゴでは、散布翌日に収穫できます。害虫は速効性の殺虫成分ですばやく退治し、病気には浸透移行する殺菌成分で、予防と治療に効果があります。アブラムシ、コナジラミ、ハダニ類、ツノロウムシなどの吸汁性害虫から、ヨトウムシ、チャドクガなどの食害性害虫まで退治できます。容器を逆さにしても散布ができます。

使い方　噴射口の「出」を上部に合わせ、トリガーをまっすぐ引いて薬液を直接、植物に散布します。散布量は葉先から滴り落ち始める程度が効果的です。

使用できる主な植物　食用／トマト、キュウリ、ナス、イチゴ
非食用／バラ、キク、ハボタン、マリーゴールド、カーネーション、花き類・観葉植物、ツバキ類、ツツジ類、サクラ

同様の作用があるもの
ベニカX、ベニカXスプレー、ベニカX乳剤など

殺虫剤

害虫を防除する殺虫剤には、害虫の体に直接働きかける接触剤、有効成分を植物に吸収させる浸透移行性剤、食べさせて作用する食毒剤、おびき寄せて退治する誘殺剤などがあります。

殺虫剤　家庭園芸用マラソン®乳剤

取扱い／住友化学園芸、日産化学、日本農薬など

化学系　**剤型** 乳剤　**作用** 接触　**成分** マラソン

効果のある害虫　アブラムシ類、ハダニ類、アザミウマ類、ヨトウムシ類、オンブバッタ、ハモグリバエ類、ウリハムシ、アオムシ、カブラハバチ、ナモグリバエ、ハモグリバエ、キアゲハ、ヤサイゾウムシ、コガネムシ類、インゲンテントウ、カメムシ類、マメシンクイガ、ハマキムシ類、カイガラムシ類、イラガ類など

特徴　植物への薬害が少なく、広範囲の害虫に効果を発揮する代表的な園芸用殺虫剤です。**注意** アルカリ性薬剤、銅剤との混用は避けてください。衛生害虫の駆除には使用しないでください。ミカンキイロアザミウマに使用する場合、多発時には効果が劣ることがありますので、発生を見たら直ちに散布してください。

使い方　水で1000倍または2000倍（植物により異なる）に希釈し、噴霧器やスプレーに入れて植物に散布します。被害部位を中心に葉の裏までていねいに散布します。

使用できる主な植物　食用／食用プリムラ、食用キンギョソウ、トマト、キュウリ、ナス、ピーマン、カボチャ、スイカ、シロウリ、メロン、ニガウリ、イチゴ、セルリー、レタス、キャベツ、ハクサイ、カリフラワー、ブロッコリー、ダイコン、ネギ、タマネギ、ニンジン、ホウレンソウ、カブ、豆類（未成熟）、ダイズ、アズキ、エンドウマメ、インゲンマメ、ブドウ、ビワ、サクランボ、ウメ、リンゴ、モモ、柑橘（ナツミカンを除く）、カキ　非食用／花き類・観葉植物、キク、サルビア、マリーゴールド

同様の作用があるもの　アクテリック乳剤、スミソン乳剤、スミチオン乳剤など

殺虫剤　家庭園芸用スミチオン®乳剤

取扱い／住友化学園芸

化学系　**剤型** 乳剤　**作用** 接触　**成分** MEP

効果のある害虫　アオムシ、バッタ類、ハマキムシ類、アブラムシ類、カメムシ類、ヨトウムシ類、グンバイムシ類、アザミウマ類、クロウリハムシ、ハモグリバエ類、ウリハムシ、コガネムシ類、コウモリガ、アメリカシロヒトリ、カイガラムシ類、ケムシ類、ワタノメイガ、コガネムシ類幼虫、テントウムシダマシ類、ネギコガ、カキノヘタムシガ、フジコナカイガラムシ、イラガ類、ミノガ類若齢幼虫、ブドウスカシバ、ブドウトラカミキリ、モモハモグリガ、オリーブアナアキゾウムシ、センノカミキリ幼虫など

特徴　草花、庭木、野菜や果樹などの、広範囲の害虫に効果のある代表的な園芸用殺虫剤です。**注意** アルカリ性の強い農薬との混用はしないでください。アブラナ科作物には薬害が出るので、かからないようにしてください。

使い方　水で50～2000倍（植物により異なる）に希釈し、噴霧器やスプレーに入れて植物に散布します。被害部位を中心に葉の裏までていねいに散布しましょう。

使用できる主な植物　食用／トマト、ナス、ジャガイモ、キュウリ、メロン、シロウリ、スイカ、カボチャ、タマネギ、イチゴ（露地栽培）、ホウレンソウ、モロヘイヤ、ネギ、未成熟ソラマメ、マメ類（未成熟、ただしサヤインゲンを除く）、ダイズ、インゲンマメ、エンドウマメ、ラッカセイ、アズキ、トウモロコシ、サツマイモ、カキ、ウメ、サクランボ、大粒種ブドウ、柑橘、モモ、リンゴ、ナシ（無袋栽培）、オリーブ、ウド、タラノキ　非食用／花き類・観葉植物、樹木類、芝、バラ、キク、ツツジ、カーネーション、宿根カスミソウ、アスター、ソリダゴ、シネラリア、スターチス、キキョウ、リンドウ、センリョウ、コデマリ、シキミ、ニシキギ、シャリンバイ、ダイオウショウ、サカキ、サツキ、サンゴジュ

同様の作用があるもの　スミチオンスプレー、マラソン乳剤など

4章＊薬品の種類とじょうずな使い方　｜　殺虫剤

殺虫剤　アディオン®乳剤

取扱い／住友化学、協友アグリ、三井化学アグロ、サンケイ化学、北興化学など

化学系　剤型 乳剤　作用 接触　成分 ペルメトリン

効果のある害虫 アブラムシ類、シンクイムシ類、ハマキムシ類、カメムシ類、モモハモグリガ、カキノヘタムシガ、カキクダアザミウマ、クリタマバチ、クリシギゾウムシ、ミカンハモグリガ、オンシツコナジラミ、ヨトウムシ類、マメシンクイガ、タバコガ、アオムシ、コナガ、ネギコガ、ハモグリバエ類、ナモグリバエ、テントウムシダマシ類、アワノメイガ、イモコガ、チャノミドリヒメヨコバイ、ダイコンハムシ、ヤサイゾウムシ

特徴 果樹、野菜の害虫防除に有効です。吸汁性害虫から食害性害虫まで幅広く効果があります。**注意** 柑橘、チャでの散布は、場合によりハダニ類がふえることがあるので注意します。ネギのシロイチモジヨトウの防除に使用する場合は、食入前の若齢幼虫期に散布します。

使い方 水で1000～4000倍（植物により異なる）に希釈し、噴霧器やスプレーに入れて植物に散布します。被害部位を中心に葉の裏まで、ていねいに散布しましょう。

使用できる主な植物 食用／ウメ、ナシ、モモ、カキ、キウイフルーツ、クリ、柑橘、イチジク、ハマナス（果実）、ネクタリン、キュウリ、ズッキーニ、ニガウリ、スイカ、メロン、カボチャ、イチゴ、ダイズ、ピーマン、トウガラシ類、キャベツ、ハクサイ、ダイコン、ブロッコリー、カリフラワー、レタス、リーフレタス、タマネギ、ネギ、アスパラガス、マメ類（未成熟）、サヤエンドウ、ホウレンソウ、シュンギク、シソ、オクラ、トマト、ミニトマト、ナス、ジャガイモ、トウモロコシ、サトイモ、サツマイモ、チャ、ソラマメ、ミズナ、ツルムラサキ、食用ユリ、ゴマ　非食用／花き類・観葉植物、ハボタン、クチナシ

同様の作用があるもの トレボン乳剤など

殺虫剤　STアクテリック®乳剤

取扱い／住友化学園芸

化学系　剤型 乳剤　作用 接触　成分 ピリミホスメチル

効果のある害虫 アブラムシ類、ケムシ類、カイガラムシ類、オンシツコナジラミ、ツツジグンバイ、チューリップサビダニ、ネダニ、アオムシ、コナガ、ヨトウムシ、キスジノミハムシ、ジュウシホシクビナガハムシ、コミカンアブラムシ、カンザワハダニ、ツマグロアオカスミカメなど

特徴 植物に対する薬害の心配が少ない代表的な園芸用殺虫剤です。広範囲の害虫に効果がありますが、特に防除の難しいカイガラムシ類の幼虫やオンシツコナジラミにもすぐれた効果があります。接触作用で害虫を退治しますが、温室などの密閉できる場所ではガス作用も期待できるため、薬剤のかかりにくい場所にいる害虫まで退治します。**注意** ボルドー液などアルカリ性薬剤との混用は避けます。カイガラムシ類には、若齢幼虫のうちに使用します。

使い方 水で500～2000倍（植物により異なる）に希釈し、噴霧器やスプレーに入れて植物に散布します。被害部位を中心に葉の裏まで、ていねいに散布しましょう。

使用できる主な植物 食用／ニンニク、ニラ、コマツナ、キャベツ、カリフラワー、ミズナ、ナス、アスパラガス、チャ　非食用／バラ、サクラ、ツバキ類、マサキ、ゼラニウム、ポインセチア、ホクシャ、ツツジ類、チューリップ

同様の作用があるもの ──

殺虫剤　ダントツ®水溶剤

取扱い／住友化学、協友アグリなど

- 化学系
- 剤型　水溶剤
- 作用　浸透移行性
- 成分　クロチアニジン

効果のある害虫　カメムシ類、シンクイムシ類、アブラムシ類、コナカイガラムシ類、アカマルカイガラムシ、ケムシ類、コガネムシ類、シンクイムシ類、ミカンハモグリガ、アザミウマ類、ケシキスイ類、ツノロウムシ、ゴマダラカミキリ、アゲハ類、カキノヘタムシガ、ハモグリバエ類、コナジラミ類、アオムシ、コナガ、フタスジヒメハムシ、ウリハムシ、ツツジグンバイ

特徴　アブラムシ、コナカイガラムシ、コナジラミ、カメムシなどの吸汁性害虫から、ケムシ、コガネムシ、ハモグリガ、カミキリムシなどの食害性害虫まで幅広く防除します。有効成分は茎葉から植物体内に吸収され、植物全体へ浸透移行し、効果は長く持続します。抵抗性の発達したアブラムシ類にも効果があります。トマト、キュウリ、ナス、ピーマン、リンゴ、ブドウ、ナシ、サクランボは収穫前日まで使用できます。

使い方　粉立ちが少なく、とけやすい顆粒水溶剤で、水で20〜4000倍（植物により異なる）に希釈し、噴霧器やスプレーに入れて植物に散布します。

使用できる主な植物　食用／トマト、キュウリ、ナス、ピーマン、ダイコン、キャベツ、レタス、ブロッコリー、ジャガイモ、ネギ、ニガウリ、エダマメ、リンゴ、モモ、ブドウ、ナシ、ウメ、柑橘、カキ、イチジク、ブルーベリー　非食用／バラ、キク、ユリ、チューリップ、カーネーション、ツツジ類

同様の作用があるもの　家庭園芸用オルトラン水和剤、オルトラン液剤、モスピラン液剤、ベニカXファインスプレー、ベニカDスプレーなど

殺虫剤　モスピラン®液剤

取扱い／住友化学園芸、日本曹達

- 化学系
- 剤型　液剤
- 作用　浸透移行性
- 成分　アセタミプリド

効果のある害虫　アブラムシ類、ツツジグンバイ、チャドクガ、カキノヘタムシガ、アオムシなど

特徴　殺虫成分が茎葉から植物に吸収され、植物全体に浸透移行し、効果が持続する殺虫剤です。薬剤が害虫の体に直接かからなくても、葉に散布された成分は葉裏まで浸透するため、ウメの葉裏に寄生して葉を巻くアブラムシなどにも有効です。カキの実が落ちる原因のカキノヘタムシガなども効果的に防除します。

注意　花き類に使用する場合、誤って高い濃度で使用すると薬害が生じる恐れがあるので、希釈倍数を厳守します。

使い方　水で250倍または500倍（植物により異なる）に希釈し、噴霧器やスプレーに入れて害虫の発生初期に、被害部位を中心に作物全体に散布します。

使用できる主な植物　食用／柑橘、ウメ、カキ、トマト、ナス、キュウリ、ハクサイ、キャベツ　非食用／バラ、キク、ペチュニア、ユリ、イヌマキ、ツツジ類、ツバキ類

同様の作用があるもの　家庭園芸用オルトラン水和剤、オルトラン液剤、ベニカXファインスプレー、ベニカDスプレーなど

4章＊薬品の種類とじょうずな使い方 | 殺虫剤

殺虫剤　GFオルトラン®液剤

取扱い／住友化学園芸

- 化学系
- 剤型 液剤
- 作用 接触・浸透移行性
- 成分 アセフェート

効果のある害虫　アブラムシ類、チュウレンジハバチ、アメリカシロヒトリ、ツツジグンバイ、ベニモンアオリンガ、チャドクガ、オオスカシバ、ミノウスバ、サンゴジュハムシなど

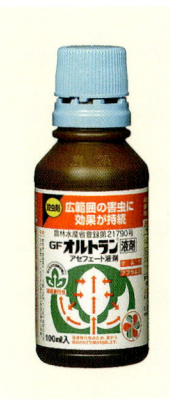

特徴　有効成分が葉から吸収されて植物体内に行き渡り、広範囲の害虫に対して効果が持続するすぐれた浸透移行性殺虫剤で、害虫防除薬として適しています。アブラムシ、グンバイムシなどの吸汁性害虫はもとより、ケムシ、ハバチ、ハムシなどの食害性害虫にも効果があります。注意 使用量に合わせて薬液を調製し、使いきってください。サクラに使用する場合、夏季高温時の使用は薬害が出やすいので避けてください。

使い方　水で250～500倍（植物により異なる）に希釈し、噴霧器やスプレーに入れて植物に散布します。被害部位を中心に葉の裏までていねいに散布しましょう。

使用できる主な植物
非食用／バラ、キク、サクラ、ツツジ類、ツバキ類、クチナシ、マサキ、サンゴジュ

同様の作用があるもの
オルトラン水和剤、モスピラン液剤、ベニカXファインスプレー、ベニカDスプレーなど

殺虫剤　家庭園芸用オルトラン®水和剤

取扱い／住友化学園芸、北興産業

- 化学系
- 剤型 水和剤
- 作用 接触・浸透移行性
- 成分 アセフェート

効果のある害虫　アザミウマ類、アブラムシ類、アオムシ、ヨトウムシ類、マメハモグリバエ、オオタバコガ、コナガ、コアオハナムグリ、ハイマダラノメイガ、ハマキムシ類、カイガラムシ類、ミカントゲコナジラミ、タマナヤガ、アメリカシロヒトリ、ツツジグンバイ、チャドクガ、カブラハバチ、テントウムシダマシ幼虫など

特徴　葉や茎から吸収されて植物体内に行き渡り、広範囲の害虫に対して効果が持続する浸透移行性殺虫剤です。目につく害虫退治だけでなく、薬剤散布後に発生したり飛来した害虫にも効果があるので、害虫防除薬としても適します。葉を巻いている害虫や、散布液がかかりにくい場所に生息している害虫にも効果があります。植物の汁を吸う害虫（アブラムシ、カイガラムシなど）や、葉を食い荒らす害虫（アオムシ、ハマキムシなど）にも防除効果があります。

使い方　水で1000～2000倍（植物により異なる）に希釈し、噴霧器やスプレーに入れて植物に散布します。被害部位を中心に葉の裏までていねいに散布しましょう。

使用できる主な植物　食用／ミニトマト、トマト、ナス、キャベツ、ハクサイ、レタス、ブロッコリー、ダイコン、ハツカダイコン、ジャガイモ、エダマメ、カキ、イチジク　非食用／花類・観葉植物、キク、ストック、宿根アスター、カーネーション、ヒマワリ、リアトリス、オンシジウム、グラジオラス、芝、樹木類、サクラ、ツツジ類、ツバキ類

同様の作用があるもの　オルトラン液剤、モスピラン液剤、ベニカXファインスプレー、ベニカDスプレーなど

殺虫剤　粘着くん®液剤

取扱い／住友化学園芸、住友化学

- 天然系
- 剤型：液剤
- 作用：物理的防除
- 成分：デンプン

効果のある害虫　ハダニ類、アブラムシ類、タバココナジラミ類（シルバーリーフコナジラミを含む）、ミカンハダニ、カンザワハダニなど

特徴　有効成分にデンプンを使用した、環境にやさしい殺虫・殺ダニ剤です。においは少なく、野菜類では収穫前日まで使用できます。物理的作用（粘着性）で退治するので薬剤抵抗性がつきにくい。**注意** 粘性が高いので、計量にはスポイト以外の目盛りつき容器、計量スプーンなどをおすすめします。低温度（0度以下）では保管しないでください。凍結し、溶解後は効果が低下します。使用前に容器をよく振ります。

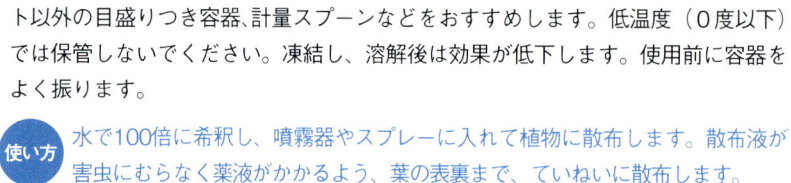

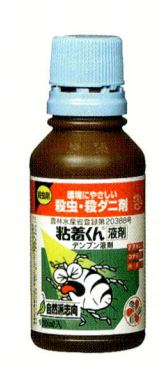

使い方　水で100倍に希釈し、噴霧器やスプレーに入れて植物に散布します。散布液が害虫にむらなく薬液がかかるよう、葉の表裏まで、ていねいに散布します。

使用できる主な植物
食用／野菜類、トマト、食用アジアンタム、サツマイモ、ラッカセイ、柑橘、リンゴ、モモ、チャ　非食用／花き類・観葉植物

同様の作用があるもの
アーリーセーフ、ベニカマイルドスプレーなど

殺虫剤　STゼンターリ®顆粒水和剤

取扱い／住友化学園芸

- 天然系
- 剤型：水和剤
- 作用：食毒
- 成分：BT（バチルス チューリンゲンシス菌の生芽胞および産生結晶）

効果のある害虫　アオムシ、コナガ、ヨトウムシ、オオタバコガ、シロイチモジヨトウ、ウリノメイガ、キアゲハ、ハスモンヨトウ、シロイチモジマダラメイガ、タバコガ、ハマキムシ類、シイタケオオヒロズコガ、チャノコカクモンハマキ、チャハマキ、ヨモギエダシャク、スジキリヨトウ、シバットガ、タマナヤガなど

特徴　野菜類、果樹類、イモ類、マメ類に収穫前日まで使用できます。天然成分を使用し、環境への悪影響がなく、有機農産物栽培（有機JAS）や芝生の害虫退治にも使えます。天然微生物が作る有効成分が、アオムシ、ヨトウムシ、ハマキムシなどチョウ目害虫に効果をあらわします。ほかの殺虫剤に抵抗性のついたコナガ、従来のBT剤で効きにくかったヨトウムシにも高い効果があります。粉立ちがなく、水にとけやすく扱いやすい。**注意** アルカリ性の強い葉面散布施用の肥料などとの混用は避けます。

使い方　水で1000〜2000倍（植物により異なる）に希釈し、噴霧器やスプレーに入れて植物に散布します。できるだけ害虫の発生初期を逃さずに速やかに散布します。

使用できる主な植物　食用／ハクサイ、野菜類、ウリ科野菜類、パセリ、イモ類、マメ類（種実）、エンドウマメ、サヤエンドウ、実エンドウ、フジマメ、食用ホオズキ、果樹類、トウモロコシ、カラシナ（種子）、ソバ、シイタケ、チャ　非食用／キク、カーネーション、ストック、芝

同様の作用があるもの
トアロー水和剤CT、エスマルクDF、バシレックス水和剤など

4章＊薬品の種類とじょうずな使い方 | 殺虫剤

殺虫剤　バロック®フロアブル

取扱い／住友化学園芸、協友アグリ

化学系　剤型 水和剤　作用 接触　殺ダニ剤　成分 エトキサゾール

効果のある害虫　ハダニ類、モモサビダニ、ミカンハダニ、ミカンサビダニ、リンゴハダニ、ナミハダニ、カンザワハダニなど

特徴　新しいタイプの殺ダニ剤で、防除が困難なハダニ類にもすぐれた効果をあらわします。卵および若齢幼虫に効果を示します。ハダニ類は繁殖が早く、密度が高くなると防除が困難になるので、発生初期に散布します。残効性にすぐれるため、ハダニの繁殖を長期間抑制します。植物に対する薬害は少なく、使用できる野菜では、散布翌日に収穫できます。**注意** 使用前に必ず容器をよく振ってから使用します。ボルドー液との混用は避けます。

使い方　水で1000～3000倍（植物によって異なる）に希釈し、噴霧器やスプレーに入れて植物に散布します。発生初期に散布し、かけむらのないように、ていねいに散布しましょう。

使用できる主な植物　食用／キュウリ、ナス、イチゴ、スイカ、メロン、トウガン、アズキ、ブドウ、マンゴー、モモ、スモモ、ネクタリン、ビワ、柑橘、リンゴ、ナシ、サクランボ、ホップ、チャ、イチジク　非食用／樹木類、花き類・観葉植物

同様の作用があるもの　──

殺虫剤　ダニ太郎®

取扱い／住友化学園芸

化学系　剤型 水和剤　作用 接触　殺ダニ剤　成分 ビフェナゼート

効果のある害虫　ナミハダニ、ハダニ類、トマトサビダニ、ミカンハダニ、ミカンサビダニ、リンゴハダニ、モモサビダニ、ブドウサビダニ、カンザワハダニ、チャノナガサビダニ

特徴　植物に寄生する各種のハダニ、サビダニを退治します。ハダニの各生育ステージ（卵、幼虫、成虫）に作用して効きめが続きます。ミツバチ、マメコバチなどの有用昆虫や、カブリダニ、ハネカクシなどの天敵に対する影響は少ないです。**注意** かけむらのないように葉の裏表に十分に散布します。容器をよく振ってから使います。ボルドー液との混用は避けます。連続散布はハダニの抵抗性をつけることがあるので、できるだけ年1回の散布とし、ほかの殺ダニ剤と交互に使用してください。

使い方　水で1000～1500倍（植物により異なる）に希釈し、噴霧器やスプレーに入れて植物に散布します。発生初期に散布し、かけむらのないように、ていねいに散布します。

使用できる主な植物　食用／イチゴ、スイカ、メロン、キュウリ、ナス、ピーマン、トマト、ミニトマト、サツマイモ、サトイモ、ヤマノイモ、シソ、柑橘、リンゴ、ナシ、モモ、小粒核果類、ネクタリン、カキ、アケビ（果実）、マンゴー、アテモヤ、イチジク、サクランボ、ブドウ、チャ　非食用／キク、バラ、カーネーション、ゲッキツ、リンドウ

同様の作用があるもの　──

127

殺虫剤　サンケイ デナポン5％ベイト

取扱い／住友化学園芸、サンケイ化学

- **化学系**
- **剤型** ペレット剤
- **作用** 誘引殺虫
- **成分** NAC

効果のある害虫　コオロギ、ダンゴムシ、ハスモンヨトウ、ネキリムシ類など

特徴　まくだけで、ネキリムシ類、ハスモンヨトウやダンゴムシなど、昼間は隠れて夜植物を食害する害虫を餌でおびき出し、食べさせて退治する薬剤です。散粒できるボトル型の容器入りなので、そのまま手を汚さず手軽に使用できます。
注意　イヌ、ネコなどのペット類、家畜などが食べないように気をつけてください。散布後、雨や水がかかると効果が減少するので、雨が降りそうなときや水やり前の使用を避けます。

使い方　1㎡あたり3〜4gが目安です。容器のふたをあけて、害虫の出没する場所の周辺に粒剤をそのまま散布します。約30粒でおよそ1gです。

使用できる主な植物
食用／キャベツ、ハクサイ、ダイコン
非食用／タバコ

同様の作用があるもの
——

殺虫剤　ナメトックス®

取扱い／住友化学園芸、サンケイ化学

- **化学系**
- **剤型** ペレット剤
- **作用** 誘引殺虫
- **成分** メタルアルデヒド

効果のある害虫　ナメクジ類、カタツムリ類、アフリカマイマイなど

特徴　植物の新芽、花、葉などを食害するナメクジ、カタツムリ類を誘引し、食べさせて退治する薬剤です。散粒容器入りですので、そのまま手を汚さず手軽に使用できます。ペット類が食べにくいように改良されています。**注意**　日中、乾燥時の使用は避け、ナメクジ、カタツムリ類が活動を始める夕刻や、雨上がりに使用してください。雨や水がかかると効果が減少するので、菜園や庭では降雨の予想されるときの使用は避け、温室では2〜3日間は水がかからないようにします。

使い方　1㎡あたり1.5〜3gが目安です。容器のふたをあけて、害虫の出没する場所に粒剤をまばらに配置します。約20粒でおよそ1gです。

使用できる主な植物
食用／ナメクジ類、カタツムリ類、アフリカマイマイが加害する農作物
非食用／ナメクジ類、カタツムリ類、アフリカマイマイが加害する農作物

同様の作用があるもの
グリーンベイトなど

4章＊薬品の種類とじょうずな使い方 | 殺虫剤

殺虫剤　家庭園芸用オルトラン®粒剤

取扱い／住友化学園芸、北興産業など

- 化学系
- 剤型　粒剤
- 作用　浸透移行性
- 成分　アセフェート

効果のある害虫　アブラムシ類、アザミウマ類、ヨトウムシ類、ネキリムシ類、ハモグリバエ類、コガネムシ類幼虫、コナガ、ネギコガ、スジキリヨトウ、シバツトガ、タマナヤガ、オンシツコナジラミ、アオムシ、コナガ、ハスモンヨトウなど

特徴　アブラムシ、コナジラミなどの吸汁性害虫、およびアオムシ、ヨトウムシ、ネキリムシなどの食害性害虫まで幅広い害虫防除に効果的です。浸透移行性の殺虫成分は根から吸われて植物全体に移行し、害虫を防除する効果が長く続きます。散粒容器入りで、手を汚すことなく使用できます。**注意**　土壌が極度に乾燥しているときは使用を避けます。

使い方　容器のふたをあけ、使用する植物の株元や苗の植え穴に粒剤をそのまま散布します。1㎡に3〜6gを目安にし、散布は1カ所に集中せず、均一に散布します（使用方法、使用量は植物により異なる）。

使用できる主な植物　食用／ナス、キュウリ、トマト、ミニトマト、ピーマン、キャベツ、ナバナ、ハクサイ、ブロッコリー、ダイコン、ハツカダイコン、カブ、サツマイモ、エダマメ
非食用／花き類・観葉植物、キク、宿根スターチス、カーネーション、アリウム、芝

同様の作用があるもの
ベストガード粒剤など

殺虫剤　オルトラン®DX粒剤

取扱い／住友化学園芸

- 化学系
- 剤型　粒剤
- 作用　浸透移行性
- 成分　アセフェート、クロチアニジン

鉢の用土にもぐったコガネムシの幼虫も退治。

効果のある害虫　アブラムシ類、アオムシ、コガネムシ類幼虫、ハモグリバエ類、ミカンコナカイガラムシ、コナジラミ類など

特徴　2つの浸透移行性の殺虫成分が植物の根から吸収され、植物全体を害虫から守る効果が持続します。葉の裏、土の中など、直接殺虫剤がかかりにくいところにいる害虫も効果的に退治します。散粒容器入りで、手を汚すことなく使用できます。ベゴニアなどの草花の根を食害するコガネムシ幼虫にも効果があります。**注意**　栽培本数が多い場合は、1㎡あたり40gを超えないように、1株あたりの使用量を調整してください。

使い方　使用する植物の株元に散布したり、苗の植え穴の土に混ぜて植えつけます。1株あたりで1gまたは2gを目安にし、散布は1カ所に集中せず、均一に散布します（使用方法、使用量は植物により異なる）。

使用できる主な植物　食用／トマト、ナス、キュウリ
非食用／花き類・観葉植物、ハボタン、ベゴニア、ガーベラ、クロトン

同様の作用があるもの
――

殺虫剤 ベニカ®Dスプレー

取扱い／住友化学園芸

- 化学系
- 剤型 スプレー
- 作用 接触、浸透移行性
- 成分 エフェトンプロックス、クロチアニジン

効果のある害虫 アブラムシ類、アザミウマ、チュウレンジハバチ、マメモグリバエ、オンシツコナジラミ、ケムシ類、ロウムシ類、カイガラムシ類、アオバハゴロモ、ミカンコナカイガラムシなど

特徴 エフェトンプロックスとクロチアニジンの2つの成分による速効性、浸透移行性、持続性で、害虫を退治します。対象害虫が幅広く、アブラムシ、カイガラムシ、コナジラミ、アオバハゴロモ、ケムシ、さらにハモグリバエも退治します。ジェットタイプの商品は直噴散布で約4m散布液が飛ぶので、高所や近寄りたくない庭木のケムシ退治に便利です。**注意** 花き類では、花弁に薬液がかかるとシミなどができることがあるので、花にはかからないように注意します。

使い方 噴射口の「出」を上部に合わせ、トリガーをまっすぐ引いて薬液を直接、植物に散布します。散布量は葉先から滴り落ち始める程度が効果的です。

使用できる主な植物
非食用／花き類・観葉植物、樹木類、バラ、キク、ガーベラ、ツバキ類、カトレヤ、マサキ、クロトン

同様の作用があるもの
ベニカXファインスプレー

殺虫剤 パイベニカ®スプレー

取扱い／住友化学園芸

- 天然系
- 剤型 スプレー
- 作用 接触
- 成分 ピレトリン

効果のある害虫 アブラムシ類、テントウムシダマシ類、ハダニ類、オンシツコナジラミ、アオムシなど

特徴 有効成分は、植物（除虫菊）から抽出した天然の殺虫成分（ピレトリン）で、かけてすぐ効きます。野菜や草花に寄生するアブラムシ、アオムシ、テントウムシダマシやコナジラミに効果的です。ナス、キュウリでは収穫前日まで、キャベツ、コマツナでは収穫7日前まで使用できます。有機農産物栽培（有機JAS）に使用できます。**注意** キャベツには軽度の薬害（油浸状斑、葉の縮れなど）を生じることがありますが、収穫には影響ありません。

使い方 噴射口の「出」を上部に合わせ、トリガーをまっすぐ引いて薬液を直接、植物に散布します。散布量は葉先から滴り落ち始める程度が効果的です。

使用できる主な植物
食用／ナス、キュウリ、キャベツ、コマツナ
非食用／バラ、キク

同様の作用があるもの
パイベニカ、パイベニカ乳剤など

4章＊薬品の種類とじょうずな使い方 ｜ 殺虫剤

殺虫剤　園芸用キンチョールE

取扱い／住友化学園芸、大日本除虫菊

化学系　剤型 エアゾール　作用 接触　成分 ペルメトリン

効果のある害虫　ゴマダラカミキリ、クワカミキリ、ツツジグンバイ、チャドクガ、ケムシ類、アブラムシ類、ハダニ類、チュウレンジハバチなど

特徴　3方向噴射式の専用ノズルで、果樹（柑橘、イチジク）やカエデの樹幹に食入したカミキリムシ（ゴマダラカミキリ、クワカミキリ）を効果的に退治します。アブラムシ、ケムシ、ハダニなどの害虫にも幅広く効きます。樹幹にノズルを使って薬液を注入する薬品はほかになく、退治しにくいカミキリムシの幼虫を的確に防除できます。**注意** 柑橘のゴマダラカミキリに使用する場合、幼虫の食入が進むと効果が劣る場合があるので、食入初期に使用してください。

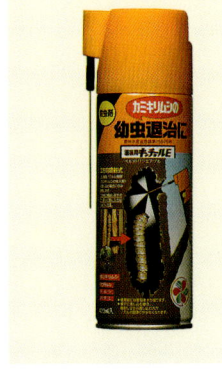

使い方　使用前は容器を十分振ります。30秒以上連続して使用するときは、一度中断して容器を振って再び使用します。樹幹の中以外では植物から30cm以上離して噴射します。

使用できる主な植物
食用／柑橘、イチジク
非食用／カエデ、ツツジ類、ツバキ類などの花木、サクラ、バラ、キク

同様の作用があるもの
―

殺虫剤　ボルン®

取扱い／住友化学園芸

天然系　剤型 エアゾール　作用 物理的防除　成分 マシン油

効果のある害虫　カイガラムシ類若齢幼虫など

特徴　カイガラムシ防除に広く使用されているマシン油を成分としたエアゾール剤です。高品質のマシン油を使用していますので薬害が出にくく、新芽の展葉期を除いて、いつでも使用できます。カイガラムシは成虫には薬剤が効きにくいので、幼虫の発生時期に散布することが重要です。ボルンはカイガラムシの幼虫を油で覆って窒息させて退治します。**注意** 新芽、新葉、花弁などには、冷害が出ることがありますので、十分注意してください。日中や高温時および強風時の使用は避けてください。

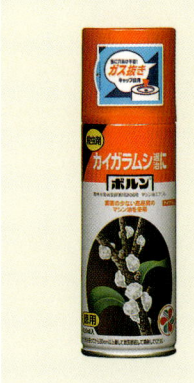

使い方　使用前に十分缶を振ってから、植物から30cm以上離して、薬液が均一に付着するように、断続的に数回に分けて噴射してください。

使用できる主な植物
非食用／ツバキ類、ゲッケイジュ、バラ

同様の作用があるもの
キング95マシンなど

殺虫剤　キング95マシン

取扱い／キング園芸

天然系　**剤型** 乳剤　**作用** 物理的防除　**成分** マシン油

効果のある害虫　ヤノネカイガラムシ、そのほかのカイガラムシ、サビダニ、ハダニ類の越冬卵、ハダニ類、カイガラムシ、アブラムシ類など

特徴　マシン油は機械用の潤滑油を有効成分とする薬剤です。カイガラムシやハダニの気門（呼吸器官）をふさいで、窒息させて退治します。ハダニの越冬卵にも効果があり、厳寒期に散布することで、春からの発生を軽減することができます。落葉して休眠している冬季の落葉果樹では、高濃度の薬液を散布しても植物への影響がなく、効果的に害虫を防除できます。

使い方　冬季の柑橘には30～45倍、落葉果樹（ナシ、リンゴ、カキ、モモ）には16～24倍に希釈して、噴霧器やスプレーで散布します。

使用できる主な植物
食用／柑橘、落葉果樹、ナシ、リンゴ、カキ、モモ
非食用／クワ

同様の作用があるもの
特製スケルシン95など

殺菌剤
病原菌の繁殖を抑えるのが殺菌剤です。主として予防効果のあるものと、予防と治療効果を兼ね備えたものがあります。

殺菌剤　ベンレート®水和剤

取扱い／住友化学園芸、住友化学、クミアイ化学

化学系　**剤型** 水和剤　**作用** 予防・治療　**成分** ベノミル

効果のある病気　うどんこ病、黒星病、白さび病、褐斑病、球根腐敗病、萎凋病、フザリウム菌による病害、ごま色斑点病、炭そ病、花腐菌核病、灰色かび病、つる枯病、つる割病、菌核病、黒色根腐病、葉かび病、半身萎凋病、立枯病、萎黄病、胴枯病、灰星病、果実腐敗病、すす斑病、白紋羽病

特徴　カビ（糸状菌）が原因で起こる広範囲の病気に効果があります。病原菌の侵入を防ぐ予防効果と、侵入した病原菌を退治する治療効果を兼ね備えた、浸透移行性殺菌剤です。植物に対する薬害も少なく、また低濃度で使用する薬剤のため、葉の汚れも少ないです。

使い方　水で1000～3000倍（植物により異なる）に希釈し、噴霧器やスプレーに入れて病気の発生直前または発生初期に、植物全体にていねいに散布します。

使用できる植物　食用／トマト、ナス、キュウリ、レタス、キャベツ、ハクサイ、イチゴ、ジャガイモ、サツマイモ、トウモロコシ、ネギ、エンドウマメ、インゲンマメ、ツルムラサキ、ミツバ、スイカ、ウメ、カキ、モモ、柑橘、リンゴ、キウイフルーツ　非食用／バラ、キク、チューリップ、シクラメン、シャクヤク、ボタン、リンドウ、樹木類

同様の作用があるもの
――

4章＊薬品の種類とじょうずな使い方 | 殺菌剤

殺菌剤　STダコニール®1000

取扱い／住友化学園芸、住友化学ほか

- 化学系
- 剤型　水和剤
- 作用　予防
- 成分　TPN（テトラクロロイソフタロニトリル）

効果のある病気　黒星病、うどんこ病、黒斑病、褐斑病、斑点病、褐色斑点病、葉枯病、葉腐病（ブラウンパッチ）、灰色かび病、すすかび病、べと病、炭そ病、疫病、白さび病、輪紋病、葉かび病、つる枯病、もち病、ごま色斑点病、黒点病、苗立枯病など

特徴　草花、野菜、果樹など多くの植物に発生する、カビ（糸状菌）によって起こる病気に効果があります。特にもち病や炭そ病、斑点病など、葉が変色する病気に適した総合殺菌剤です。耐光性、耐雨性にすぐれ、残効性があります。各種病原菌に抵抗性がつきにくい保護殺菌剤です。**注意**　花き類には、薬液が花弁につくと退色・漂白などによる斑点を生じることがあるので、着色期以降の散布は避けます。

使い方　水で500～2000倍（植物により異なる）に希釈し、噴霧器やスプレーに入れて病害の発生初期に植物全体に散布します。

使用できる主な植物　食用／シソ、ナス、キュウリ、トマト、ミニトマト、ピーマン、キャベツ、ハクサイ、ブロッコリー、ダイコン、ネギ、タマネギ、ニンジン、ジャガイモ、ニガウリ、セルリー、リンゴ、モモ、イチジク、キウイフルーツ　非食用／バラ、キク、カーネーション、チューリップ、ユリ、リンドウ

同様の作用があるもの
——

殺菌剤　STサプロール®乳剤

取扱い／住友化学園芸ほか

- 化学系
- 剤型　乳剤
- 作用　予防・治療
- 成分　トリホリン

効果のある病気　うどんこ病、黒星病、白さび病、さび病、フェアリーリング病、葉かび病、灰星病など

特徴　病気の予防効果と、葉の中に侵入した病原菌まで退治する治療効果を兼ね備えた殺菌剤です。特に防除の難しい、バラの黒星病にすぐれた効果を発揮し、各種植物のうどんこ病やさび病にも効果があります。乳剤のため計量しやすく、また散布後の葉の汚れも少なく草花、花木の観賞価値をそこないません。**注意**　ボルドーなどアルカリ性薬剤および微量要素肥料との混用は避けてください。バラに使用する場合、夏季などの高温時は朝夕の涼しいときに散布してください。

使い方　水で800～2000倍（植物により異なる）に希釈し、噴霧器やスプレーに入れて病気の発生初期に植物全体にていねいに散布します。

使用できる主な植物
食用／メロン、キュウリ、ナス、サヤエンドウ、イチゴ、ネギ、ピーマン、トマト、モモ、食用ギク、カキ　非食用／バラ、キク、芝

同様の作用があるもの
オルトランCなど

殺菌剤　サンケイ エムダイファー®水和剤

取扱い／住友化学園芸、サンケイ化学など

- 化学系
- 剤型：水和剤
- 作用：予防
- 成分：マンネブ

効果のある病気　灰色かび病、炭そ病、べと病、さび病、小黒点病、黒点病、赤星病、落葉病、疫病など

特徴　有効成分はマンネブで、予防効果の高い保護殺菌剤です。柑橘の黒点病、ナシの赤星病、カキの炭そ病といった果樹の病気や、花き類（バラ、キク、カーネーション）の灰色かび病、べと病、さび病などに幅広い効果があります。

注意　石灰硫黄合剤、ボルドー液と銅剤およびアルカリ性の強い薬剤との混用は避けます。夏季高温時にはウリ科の野菜には種類により薬害が出ることがあるので、かからないように注意して散布します。

使い方　水で400～800倍（植物の種類により異なる）に希釈し、噴霧器やスプレーに入れて病気の発生初期に、植物全体に散布します。

使用できる主な植物
食用／柑橘、リンゴ、ナシ、カキ、ジャガイモ、トウキ
非食用／花き類（バラ、キク、カーネーション）

同様の作用があるもの
マンネブダイセンM水和剤など

殺菌剤　ビスダイセン®水和剤

取扱い／北興産業、住友化学園芸、ダウ・ケミカル日本など

- 化学系
- 剤型：水和剤
- 作用：予防
- 成分：ポリカーバメート

効果のある病気　黒星病、葉かび病、疫病、べと病、炭そ病、褐斑病、斑点細菌病、軟腐病、腐敗病、斑点病、灰色かび病、つる枯病、灰星病、縮葉病、すす斑病、赤星病、落葉病、黒点病、かいよう病、さび病、黒とう病、つる割病、もち病など

特徴　日本で開発された殺菌剤で耐性菌があらわれにくく、30年以上にわたるロングセラー殺菌剤です。薬害や作物への影響も少なく、カビ（糸状菌）や細菌による病害まですぐれた保護殺菌効果があるので、特に野菜に発生しやすい、べと病、疫病、軟腐病など広範囲の病気に効果があります。果樹、野菜などの園芸用殺菌剤として利用され、害虫のニセナシサビダニにも防除効果があります。**注意**　使用の際は展着剤を加用してください。ボルドー液、チオジカルブ剤との混用は避けてください。

使い方　水で150～1000倍（植物の種類により異なる）に希釈し、展着剤を加用して噴霧器やハンドスプレーに入れ、植物全体に散布します。

使用できる主な植物　食用／トマト、キュウリ、ホウレンソウ、ハクサイ、レタス、セルリー、ジャガイモ、タマネギ、カボチャ、メロン、マクワウリ、スイカ、ラッキョウ（エシャロット栽培を除く）、未成熟ソラマメ、サクランボ、モモ、ウメ、リンゴ、ナシ、カキ、クリ、柑橘、小粒種ブドウ（露地栽培）、大粒種ブドウ、チャ　非食用／バラ、タバコ

同様の作用があるもの
——

4章＊薬品の種類とじょうずな使い方 ｜ 殺菌剤

殺菌剤　カリグリーン®

取扱い／住友化学園芸、大塚化学

- 天然系
- 剤型：水溶剤
- 作用：治療
- 成分：炭酸水素カリウム

効果のある病気　うどんこ病、さび病、灰色かび病、葉かび病など

特徴　人と環境にやさしく、肥料としても有効な炭酸水素カリウムが有効成分です。うどんこ病の予防効果は期待できませんが、発病後の治療効果にすぐれた効果を発揮します。殺菌剤として使用すると同時に、不良環境（暑さ、寒さ）に対する抵抗性を増すなどの作用のあるカリ肥料としての働きもあります。ミツバチ、クモなどの有益な昆虫や天敵には害がありません。**注意**　展着剤を加用することが望ましく、病気の発生初期に散布してください。

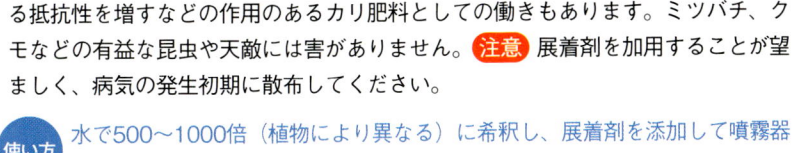

使い方　水で500～1000倍（植物により異なる）に希釈し、展着剤を添加して噴霧器やスプレーに入れ、病気の発生初期に作物全体に散布します。

使用できる主な植物
食用／野菜類、トマト、ミニトマト、ブルーベリー、ホップ、麦類、タバコ
非食用／花き類・観葉植物

同様の作用があるもの
──

殺菌剤　サンケイ　オーソサイド®水和剤80

取扱い／住友化学園芸、サンケイ化学

- 化学系
- 剤型：水和剤
- 作用：予防
- 成分：キャプタン

効果のある病気　葉腐病（ブラウンパッチ）、赤焼病、茎腐病、立枯病、苗立枯病、黒星病、そうか病、べと病、黒斑病、褐斑病、根腐病、斑点病、疫病、葉かび病、灰色かび病、炭そ病、つる枯病、芽枯病、葉枯病、黒点病、すす斑病、縮葉病、枝膨病、黒とう病、灰星病、斑点落葉病、輪紋病、赤星病、落葉病、すす点病、青かび病など

特徴　カビ（糸状菌）によって起こる広範囲の病気に有効な保護殺菌剤です。芝に発生する各種の病気、球根や種子の消毒、苗立枯病などの土壌病害にも効果があります。花や庭木、野菜などの広範囲の病気にも効果をあらわします。**注意**　ボルドー液などのアルカリ性薬剤およびマシン油剤、カゼイン石灰との混用は避けてください。

使い方　水で300～1200倍に薄め、噴霧器やスプレーに入れて病害発生初期に作物全体または用土全体にしみ渡るように散布します（希釈倍数、使用方法は植物により異なる）。

使用できる主な植物　①散布剤として使用する場合　食用／トマト、キュウリ、スイカ、メロン、カボチャ、イチゴ、インゲンマメ、タマネギ、ハクサイ、小粒核果類、モモ、ブドウ、サクランボ、リンゴ、ナシ、カキ　非食用／芝、花き類・観葉植物、バラ、リンドウ、コスモス、ヒマワリ、シネラリア、スイートピー、ユキヤナギ　②土壌病害に使用する場合　食用／ピーマン、トマト、キュウリ、ナス、メロン、スイカ、カボチャ、野菜類（サヤインゲンを除く）、未成熟トウモロコシ　非食用／チューリップ（球根）、花き類・観葉植物

同様の作用があるもの
──

殺菌剤　サンボルドー

取扱い／住友化学園芸、サンケイ化学など

天然系　剤型：水和剤　作用：予防　成分：塩基性塩化銅

効果のある病気　もち病、赤焼病、炭そ病、斑点細菌病、べと病、褐色腐敗病、疫病、そうか病、かいよう病、褐斑病など

特徴　天然の塩基性塩化銅を主成分とし、各種病原菌に対して予防効果を発揮する代表的な保護殺菌剤です。斑点細菌病など細菌性の病気のほか、カビ（糸状菌）によるもち病、べと病などを予防します。持続期間が長く、粒子もこかまいので、噴霧器が詰まりにくいです。**注意**　薬害を生じやすいので、キュウリは生育中期以降に散布し、高温時の使用は避けます。キャベツは結球開始前に散布します。マシン油乳剤、有機硫黄剤などとの混用は避けます。

使い方　水で300～800倍（植物により異なる）に希釈し、噴霧器やスプレーに入れて、よく撹拌してから、病気の発生初期に作物全体に散布します。

使用できる主な植物
食用／キュウリ、キャベツ、ダイコン、ナス、トマト、ジャガイモ、柑橘、ブドウ、チャ、テンサイ

同様の作用があるもの
Zボルドーなど

殺菌剤　ゲッター®水和剤

取扱い／住友化学、日本曹達、協友アグリなど

化学系　剤型：水和剤　作用：予防・治療　成分：ジエトフェンカルプ、チオファネートメチル

効果のある病気　灰色かび病、そうか病、黒星病、落葉病、炭そ病、紫斑病、菌核病、莢汚損症、灰色腐敗病、葉かび病、黒枯病、褐斑病、斑点病、輪斑病など

特徴　果樹、野菜、花き類・観葉植物、樹木類など幅広く使用できる殺菌剤です。有効成分は植物の中に浸透移行し、病気の予防と治療効果があります。また、病斑の伸展を阻止する効果も期待できます。花き類、樹木類の花を侵す灰色かび病に効果的です。**注意**　石灰硫黄合剤、ボルドー液との混用は避けます。薬剤耐性菌の出現を防ぐため、過度の連用は避け、作用性の異なる薬剤と組み合わせて交互に使用してください。

使い方　水で1000～2000倍に希釈し、噴霧器やスプレーに入れて、病害の発生初期に植物全体に散布します。

使用できる主な植物　食用／柑橘、ブドウ、ウメ、カキ、イチゴ、ダイズ、インゲンマメ、エダマメ、サヤエンドウ、実エンドウ、アズキ、タマネギ、トマト、ミニトマト、ナス、キュウリ、スイカ、レタス、ズッキーニ　非食用／花き類・観葉植物、樹木類、ヒマワリ、ゼラニウム、ハイドランジア、ヤナギ

同様の作用があるもの
―

4章＊薬品の種類とじょうずな使い方 ｜ 殺菌剤

殺菌剤　マネージ®乳剤

取扱い／北興産業

化学系　｜　剤型 乳剤　｜　作用 予防・治療　｜　成分 イミベンコナゾール

効果のある病気　さび病、ヘルミントスポリウム葉枯病、カーブラリア葉枯病、ダラースポット病、黒星病、うどんこ病、白さび病、黒さび病、白斑病、黒点病、マルゾニナ落葉病、褐斑病、赤星病、葉さび病など

特徴　バラ、キク、花木などの樹木類や芝などの病害防除に使用できます。黒星病、うどんこ病、さび病、赤星病、黒点病などの各種病害に効果があります。成分は予防・治療効果を兼ね備えており、長期間にわたり効果が持続します。人畜に対し安全性が高く、蚕、蜜蜂、天敵などへの影響が少ないです。 **注意** 自動車に散布液がかかると変色する恐れがあるので、かからないように注意してください。

使い方　水で500〜1500倍（植物により異なる）に希釈し、噴霧器やハンドスプレーに入れて、病気の発生初期に、植物全体に散布します。

使用できる主な植物
非食用／芝（日本芝）、芝（ベントグラス）、バラ、キク、コスモス、樹木類、マサキ、サルスベリ、ジンチョウゲ、ポプラ、ボケ、ヤナギ、セイヨウキンシバイ

同様の作用があるもの
マネージ水和剤など

殺菌剤　リドミル®粒剤2

取扱い／シンジェンタ ジャパン

化学系　｜　剤型 粒剤　｜　作用 予防・治療　｜　成分 メタラキシル

効果のある病気　黄化萎縮病、根茎腐敗病、べと病、立枯疫病、疫病、根腐病、白さび病、葉腐病、茎腐病、べっこう病、立枯病など

特徴　防除が難しい土壌病害である根茎腐敗病、根腐病、疫病、べと病に対してすぐれた効果を発揮します。有効成分のメタラキシルは浸透移行性があり、作物の根から速やかに吸収されて、茎、葉に移行し作物全体を保護します。病気の予防と治療効果があります。 **注意** つまみ菜、間引き菜には使用しないでください。連用を避け、作用性の異なるほかの薬剤と組み合わせて交互に使用してください。

使い方　作物の株元の用土に、粒剤を直接ばらまいたり、土に混ぜ込みます（作物により使用方法は異なる）。まきむらのないように、均一に散布します。

使用できる主な植物　食用／稲、ミョウガ（花穂）、ミョウガ（茎葉）、ショウガ、ホップ、タラノキ、イチゴ、ピーマン、パセリ、シシトウ、コマツナ、チンゲンサイ、ミズナ、ホウレンソウ、カブ、タアサイ、ダイコン、オクラ　非食用／花き類・観葉植物、セントポーリア

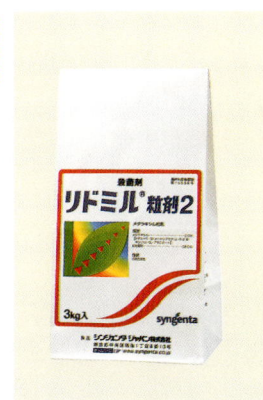

同様の作用があるもの
—

137

| 肥料 | 植物にとっては、窒素、リン酸、カリは欠かせない栄養素です。栄養が不足していたり、バランスよく吸収できない場合は、生育障害を起こすことがあります。 |

肥料　花工場®原液

取扱い／住友化学園芸

- 化学系
- 剤型　液体
- 作用　栄養補給
- 成分　窒素(5)、リン酸(10)、カリ(5)、マグネシウム、マンガン、ホウ素、その他微量要素、ビタミン類

効果のある症状　栄養不足による生育障害

特徴　植物の生育に必要な大量要素（窒素、リン酸、カリ）に、各種微量要素とビタミン類を配合した、さまざまな植物に使える液体肥料です。効きめは速効性なので、植物に栄養を速やかに与えて生育を促したい場合などに便利です。

注意　農薬と混合して使用しないでください。

使い方　水で250〜2000倍（植物や栽培場面により異なる）に希釈し、ジョウロで植物の株元の用土にまきます。

使用できる主な植物
〈鉢植え・プランター〉果樹、野菜、ハーブ、草花、観葉植物、花木、球根、洋ラン、サボテン、東洋ラン、山野草、盆栽、幼苗
〈露地植え〉果樹、野菜、ハーブ、草花、花木、庭木、芝、竹

同様の作用があるもの
花工場有機液肥100など

column

有益なバクテリアや天敵

カエルもヨトウムシなどを食べる天敵。

イセリアカイガラムシの成虫を食べる、ベダリアテントウの幼虫。（ギンヨウアカシア）

ナナホシテントウの成虫。（ヘリクリサム）

ナナホシテントウの幼虫。（マーガレット）

ゼンターリ®顆粒水和剤

　鳥、カエル、アシナガバチ、クモ、カナヘビなどは、害虫を餌として食べるので、天敵にあたります。アブラムシを食べるナナホシテントウは有名です。春にアブラムシがふえるとナナホシテントウやその幼虫があらわれ、休みなく食べる姿を見かけます。ギンヨウアカシアや柑橘に寄生するイセリアカイガラムシを食べるベダリアテントウは、20世紀初頭にオーストラリアから導入された天敵です。いまではすっかり日本に定着し、庭で普通に見られます。近年では、ハダニを食べるチリカブリダニを人工的にふやし、温室に放して害虫防除に利用するなど、天敵の農薬的な利用も進んでいます。

　自然界のバクテリアが作る成分でアオムシやヨトウムシなどを退治する薬品がＢＴ剤（ゼンターリ顆粒水和剤など）です。この成分はチョウやガのアルカリ性の消化液で分解されてはじめて、殺虫作用があらわれます。人間やペットなど、動物は酸性の胃液で分解されるので悪影響がなく、天然成分の殺虫剤として有機栽培でも利用されています。

その他の主な農薬一覧

4章＊薬品の種類とじょうずな使い方

薬剤名	効果のある主な害虫、病気	使用できる主な植物	特徴	同様の作用があるもの 取扱い
殺虫殺菌剤 ベニカDX 化学系 エアゾール 成分 ブプロフェジン、ペルメトリン、ミクロブタニル	アブラムシ類、チュウレンジハバチ、カイガラムシ類、ケムシ類、ロウムシ類、うどんこ病、黒星病、白さび病など	非食用／バラ、キク、サザンカ、マサキ、ボケ、樹木類	2種の殺虫成分と1種の殺菌成分を配合。カイガラムシには脱皮阻害と産卵抑制がある。アブラムシ、チャドクガなどを、すばやく退治する。植物の中に浸透する殺菌成分が、うどんこ病、黒星病に予防効果と治療効果をあらわす。	―― 住友化学園芸、日本農薬
殺虫殺菌剤 モスピラン・トップジンMスプレー 化学系 スプレー 成分 アセタミプリド、チオファネートメチル	アブラムシ類、コナジラミ類、ミナミキイロアザミウマ、葉かび病、うどんこ病、炭そ病、黒星病、褐斑病、黒斑病、灰色かび病など	食用／トマト、キュウリ、ナス 非食用／バラ、キク、シンビジウム、プリムラ、花き類・観葉植物	野菜や花の害虫と病気を同時に防除。害虫には接触および持続効果、病気には予防と治療効果がある。浸透移行性の殺虫成分で、コナジラミなどの葉裏にいる害虫にも有効。注意／使用前に容器をよく振る。	―― 住友化学園芸、ニッソーグリーンなど
殺虫剤 アプロード水和剤 化学系 水和剤 成分 ブプロフェジン	カイガラムシ類幼虫、オンシツコナジラミ幼虫、タバココナジラミ類幼虫（シルバーリーフコナジラミ幼虫を含む）、チャノホコリダニ幼虫、ハゴロモ類幼虫、ツマグロヨコバイ幼虫など	食用／柑橘、ナシ、モモ、カキ、ウメ、スモモ、ビワ、クリ、キウイフルーツ、キュウリ、トマト、ナス、フキ 非食用／ポインセチア、ガーベラ、クワ	昆虫成長制御剤で、カイガラムシ類、コナジラミ類、ヨコバイ類などの幼虫の脱皮を阻害し退治する。成虫に対しては、産卵抑制や、孵化しない卵を産ませて次世代の増殖を少なくし、防除効果も長く続く。	アプロードフロアブル、ベニカDXなど 日本農薬など
殺ダニ剤 オサダン水和剤25 化学系 水和剤 成分 酸化フェンブタスズズ	ハダニ類、ナミハダニ、カンザワハダニ、チャノホコリダニ、ミカンサビダニ	食用／柑橘、カキ、リンゴ、サクランボ、ブドウ、ウメ、ナシ、モモ、ネクタリン、スイカ、メロン、キュウリ、ナス、イチゴ、チャ、セルリー、アズキ 非食用／バラ、キク、カーネーション、宿根カスミソウ	幼虫および脱皮直後の成虫によく効く。30～40日間効果が続く。テントウムシ、寄生蜂や捕食性のダニなど、天敵や有用昆虫類に対する影響が少ない。注意／ボルドー液との混用は避ける。	オサダンフロアブルなど 住友化学、BASFアグロなど
殺虫剤 カダンK 化学系 エアゾール 成分 アレスリン、マシン油	カイガラムシ類、ロウムシ類など	非食用／マサキ、ゲッケイジュ、マツ、ツバキ類、スギ、モッコク、ツゲ、ツツジ類、モクセイ、サンゴジュ、モチノキ、アオキ、落葉性低木類	害虫の体を覆って退治するマシン油と、合成ピレスロイドのアレスリンを配合したエアゾール剤で、カイガラムシ、ロウムシを防除する。カイガラムシが殻を形成する前に使用すると予防効果も高い。薬害や冷害の少ない水性タイプで、植物を傷めない。	ボルンなど フマキラー
殺虫剤 ガットキラー乳剤 化学系 乳剤 成分 MEP	コスカシバ、ブドウトラカミキリ、キクイムシ類、カミキリムシ類、ヒメゾウムシ成虫など	食用／モモ、サクランボ、ネクタリン、ブドウ、小粒核果類（ウメ、アンズ、スモモ、プルーン）、柑橘、リンゴ 非食用／――	カミキリムシ、コスカシバ、その他の穿孔性害虫に効果的。浸透性を高めた特殊製剤で、樹皮下の食入した幼虫にも安定した効果がある。ウメ、モモなどのコスカシバには、休眠期（落葉後～萌芽前）に樹幹部の加害部に十分散布する。	ガットサイドSなど 住友化学
殺虫剤 グリーンベイト 化学系 ペレット 成分 メタルアルデヒド、NAC	ダンゴムシ、コオロギ、ナメクジ類、カタツムリ類、ネキリムシ類など	食用／キャベツ、ハクサイ、タバコ	ナメクジ、カタツムリ類のほか、同じ生活環境にいるダンゴムシ、コオロギも誘引し、食べさせて退治。そのまま手を汚さず手軽に使用できる。注意／作物体にかからないように土壌面か床面に配置。降雨前の使用は避ける。	住友化学園芸、サンケイ化学
殺虫剤 住友サイアノックス水和剤 化学系 水和剤 成分 CYAP	アブラムシ類、シンクイムシ類、ハマキムシ類、モモハモグリガ、カイガラムシ類、カキノヘタムシガ、カメムシ類、ブドウスカシバ、ケムシ類、コナカイガラムシ、ドクガなど	食用／リンゴ、モモ、ネクタリン、ナシ、カキ、スモモ、ブドウ、サクランボ、ミカン、マルメロ、ブルーベリー 非食用／――	アブラムシ、カイガラムシ、ケムシ、ハマキムシなど吸汁性害虫や食害性害虫に対し速効的に作用し、殺卵効果もある。リンゴ、カキ、ブドウ、ブルーベリーなどの果樹に寄生する害虫の防除に使用できる。	サイアノックス乳剤など 住友化学、協友アグリ、三井化学アグロなど
殺虫剤 スタークル粒剤 化学系 粒剤 成分 ジノテフラン	ウンカ類、カメムシ類、アブラムシ類、コナジラミ類、アザミウマ類、ハモグリバエ類、ハイマダラノメイガ、キスジノミハムシ、ミカンハモグリガ、クワシロカイガラムシ、ツツジグンバイなど	食用／キュウリ、メロン、スイカ、カボチャ、ナス、トマト、ミニトマト、ピーマン、トウガラシ類、キャベツ、ハクサイ、ブロッコリー、ネギ、ニンジン、カブ、ダイコン、コマツナ、チンゲンサイ、イチゴ 非食用／花き類・観葉植物、キク、ガーベラ、ツツジ類	アブラムシ類、コナジラミ類、カメムシ類などの吸汁加害する害虫、キスジノミハムシ、ハモグリバエなどの食害性害虫にも効果がある。株元散布や苗の定植時に植え穴の土に混ぜて植える（植物により使用方法は異なる）。	スタークル顆粒水溶剤など 北興化学、三井化学アグロ、北海三共など

薬剤名	効果のある主な病気、害虫	使用できる主な植物	特徴	同様の作用があるもの / 取扱い
殺虫剤 **スピノエース顆粒水和剤** 天然系 水和剤 成分 スピノサド	シロイチモジヨトウ、ウリノメイガ、ヨトウムシ類、ハモグリバエ類、アザミウマ類、オオタバコガ、コナガ、アオムシ、バンジロウツノエグリヒメハマキなど	食用／トマト、キュウリ、ナス、ダイコン、ネギ、キャベツ、ピーマン、レタス、ブロッコリー、カブ、ハクサイ、セルリー、シソ科葉菜類 非食用／キク	バージン諸島で発見された土壌放線菌から生まれた殺虫剤。既存薬剤では防除が困難なコナガやアオムシなどにも効果をあらわす。食毒・接触毒ともに有効で、散布後は太陽光線や微生物の働きで、水、炭酸ガスなどに代謝される。	スピノエースフロアブルなど 日産化学、クミアイ化学など
殺虫剤 **住化スミチオン乳剤** 化学系 乳剤 成分 MEP	アザミウマ類、アブラムシ類、ケムシ類、ハモグリバエ類、バッタ類、カイガラムシ類、ブドウトラカミキリ、カメムシ類、グンバイムシ類、アオムシ、コガネムシ類、コガネムシ類幼虫、テントウムシダマシ類、フラーバラゾウムシ、イラガ類、ハマキムシ類、ミノガ類若齢幼虫、ワタノメイガ、シンクイムシ類、ウリハムシ、ヨトウムシ類など	食用／トマト、ナス、キュウリ、カボチャ、エンドウマメ、未成熟ソラマメ、スイカ、イチゴ（露地栽培）、ホウレンソウ、トウモロコシ、マメ類（未成熟、ただし、サヤインゲンを除く）、ラッカセイ、タマネギ、ネギ、ジャガイモ、サツマイモ、柑橘、ブドウ、ウメ、モモ、サクランボ、カキ、ナシ、リンゴ、オリーブ　非食用／ツツジ類、樹木類、花き類・観葉植物、バラ、キク、芝	野菜、花、樹木、果樹に使用できる殺虫剤で、アブラムシ、ケムシ、コガネムシ、カイガラムシ、ゾウムシ、バッタなど幅広い害虫に安定した効果がある。注意／アブラナ科植物（ダイコン、キャベツ、ハクサイなど）にかからないように注意する。	スミチオンスプレーなど 住友化学
殺虫剤 **ディプテレックス乳剤10** 化学系 乳剤 成分 DEP	アオムシ、オビカレハ、ヤマダカレハ、ユウマダラエダシャク、モンクロシャチホコ、チャドクガ、ミノガ、アメリカシロヒトリなど	食用／キャベツ 非食用／樹木（庭木・林木）	樹木用の殺虫剤で、速効性があり、庭木のケムシ、キャベツのアオムシを防除する。	—— 北興産業など
殺虫剤 **トアロー水和剤CT** 天然系 水和剤 成分 BT	アワノメイガ、ヨトウムシ、アオムシ、コナガ、ハマキムシ類、ヒメシロモンドクガ、ヨモギエダシャク、アメリカシロヒトリ、イラガ類、チャドクガなど	野菜類、パセリ、果樹類、リンゴ、チャ 非食用／樹木類、ツバキ類、ストック	チョウ、ガの幼虫を選択的に防除し、抵抗性のついたコナガにも効果がある。土壌の有用微生物が作る天然の殺虫成分で、散布後すぐに食害が止まる。紫外線の影響を受けにくく、防除効果が安定している。	ゼンターリ顆粒水和剤など 大塚化学など
殺虫剤 **特製スケルシン95** 天然系 乳剤 成分 マシン油	カイガラムシ、ハダニ類の越冬卵、ハダニ類、アブラムシ類	食用／柑橘、落葉果樹、ナシ、リンゴ、カキ、モモ 非食用／クワ	機械用の潤滑油を有効成分とする薬剤。カイガラムシやハダニの気門（呼吸器官）をふさいで、窒息させて退治する。ハダニの越冬卵にも効果があり、厳寒期に散布することで、春からの発生を軽減できる。	キング95マシン、ボルンなど 日本農薬など
殺虫剤 **トレボン乳剤** 化学系 乳剤 成分 エトフェンプロックス	イナゴ類、カメムシ類、イネミズゾウムシ、アオムシ、コナガ、アブラムシ類、コナジラミ類、ヨトウムシ類、フタスジヒメハムシ、アザミウマ類、コアオハナムグリ、ミカンハモグリガ、アワノメイガ、チャノホソガ、タバコガ、ツツジグンバイ、アメリカシロヒトリ、チャドクガ、マイマイガ、マツカレハ、エダシャク類、オビカレハなど	食用／キャベツ、ハクサイ、ダイコン、ネギ、レタス、スイカ、メロン、ナス、ピーマン、オクラ、キュウリ、ニガウリ、トマト、サヤエンドウ、サヤインゲン、柑橘、トウモロコシ、サツマイモ、ジャガイモ、ショウガ 非食用／ツツジ類、樹木類、ポインセチア、キク、カーネーション、ユリ、トルコギキョウ	速効性にすぐれ、野菜、果樹、花き、樹木の幅広い植物の害虫に使用できる殺虫剤。樹木類の登録があり、公園・緑地での害虫防除に活用できる。	ベニカエース液剤など エムシー緑化、三井化学アグロ、クミアイ化学、日産化学など
殺虫剤 **ナメトックス液** 化学系 水和剤 成分 メタルアルデヒド	ナメクジ類、カタツムリ類など	食用／ナメクジ類、カタツムリ類が加害する農作物 非食用／ナメクジ類、カタツムリ類が加害する農作物	そのまま散布するだけでナメクジを誘い出し退治できるナメクジ退治薬。注意／散布後に雨、水などがかかると効果が減少するため、改めて散布する。	ナメトックスなど 住友化学園芸、富士グリーン
殺虫剤 **ベストガード粒剤** 化学系 粒剤 成分 ニテンピラム	アザミウマ類、アブラムシ類、マメハモグリバエ、コナジラミ類、ナモグリバエ、カメムシ類、ツマグロヨコバイ、ウンカ類など	食用／ナス、トマト、ミニトマト、キュウリ、ピーマン、トウガラシ類、メロン、スイカ、イチゴ、ネギ、ワケギ、アサツキ、シュンギク、レタス、ズッキーニ 非食用／花き類・観葉植物、パンジー、ペチュニア、クリサンセマム、キク、キンセンカ	においが少なく使いやすい浸透移行性の殺虫剤。効果が持続し、発生期間の長いアブラムシ、コナジラミなどの防除にも適する。トマト、ナス、キュウリなどの野菜や、草花・観葉植物など幅広い植物に適する。	—— 住友化学園芸、住友化学

薬剤名	効果のある主な病気、害虫	使用できる主な植物	特徴	同様の作用があるもの 取扱い
殺菌剤 **アンビルフロアブル** 化学系　水和剤 成分 ヘキサコナゾール	斑点落葉病、モニリア病、赤星病、黒星病、うどんこ病、輪紋病、灰星病、さび病、白さび病、葉さび病、炭そ病など	食用／リンゴ、ナシ、モモ、ネクタリン、カキ、サクランボ、スモモ、アンズ、イチジク 非食用／キク、バラ、ヤナギ、ボケ、セイヨウキンシバイ、樹木類	リンゴの赤星病、黒星病とモニリア病を同時に防除し、ナシの黒星病の果実感染防止に効果がある。低薬量で予防と治療の両方に効果があり、浸透移行性にすぐれる。使いやすいフロアブル製剤で、水にとかしやすい。	── 住友化学、協友アグリなど
殺菌剤 **オキシラン水和剤** 化学系　水和剤 成分 キャプタン、有機銅	黒点病、そうか病、褐色腐敗病、灰色かび病、斑点落葉病、黒星病、輪紋病、褐斑病、すすと病、すす斑病、炭そ病、せん孔病、斑点病、黒斑病、縮葉病、つる枯病、斑点細菌病、べと病、葉かび病、疫病、腐敗病、軟腐病、葉腐病（ブラウンパッチ）、赤焼病など	食用／ミカン、リンゴ、ベリー類、サクランボ、モモ、ナシ、メロン、スイカ、キュウリ、トマト、レタス、ハクサイ、ネギ 非食用／芝	有機銅とキャプタンを主成分とする総合殺菌剤で、果樹や野菜の幅広い保護殺菌効果がある。カビから細菌まで予防効果が高く、耐性菌も見られず安定した効果がある。	グリンオキシラン水和剤など 日本農薬
殺菌剤 **コサイドボルドー** 天然系　水和剤 成分 水酸化第二銅	かいよう病、黒点病、斑点落葉病、べと病、さび病、がんしゅ病、花腐細菌病、軟腐病、疫病、そうか病、腐敗病、もち病、褐色円星病、炭そ病、網もち病、新梢枯死症（輪斑菌による）、斑点細菌病、褐斑細菌病、黒腐病など	食用／野菜類、柑橘、リンゴ、ブドウ、サクランボ、ビワ、キウイフルーツ、パパイヤ、イチジク、ジャガイモ、インゲンマメ、キュウリ、トマト、ニンジン、ホウレンソウ、レタス、ニンニク、チャ、非食用／ホオズキ	化学的に安定で、広範囲の病害に有効な予防殺菌剤。ボルドー液と混用できない殺虫剤との混用も可能。	コサイドDFなど 三井化学アグロ、クミアイ化学、北興化学など
殺菌剤 **スターナ水和剤** 化学系　水和剤 成分 オキソリニック酸	かいよう病、軟腐病、黒斑細菌病、腐敗病、せん孔細菌病、苗立枯細菌病、枝枯細菌病など	食用／ウメ、モモ、ナシ、ネギ、タマネギ、ハクサイ、レタス、キャベツ、ニンジン、ブロッコリー、カリフラワー、ジャガイモ、ダイコン、セルリー、パセリ、チンゲンサイ、ニンジン、アスパラガス 非食用／カラー	細菌病の専門殺菌剤で、従来の薬剤とは異なる作用で細菌病を防除する。ジャガイモや野菜の軟腐病にすぐれた効果がある。病原菌の増殖を抑える効果が主体の殺菌剤なので、予防的に使用することで的確な効果が得られる。	── 住友化学、協友アグリなど
殺菌剤 **ストロビードライフロアブル** 化学系　水和剤 成分 クレソキシムメチル	そうか病、黒点病、灰色かび病、褐色腐敗病、炭そ病、黒星病、うどんこ病、モニリア病、斑点落葉病、赤星病、すす点病、すす斑病、黒斑病、灰星病、縮葉病（休眠期）、黒とう病、べと病、枝膨病、晩腐病、褐斑病、さび病、落葉病など	食用／柑橘、リンゴ、ナシ、モモ、ネクタリン、ウメ、スモモ、小粒核果類、ブドウ、カキ、キウイフルーツ、アケビ（果実）、ブルーベリー、サンショウ（果実）、マンゴー、バナナ 非食用／ヤナギ、ボケ、ジンチョウゲ、セイヨウキンシバイ	主成分はキノコの一種から発見された抗菌活性物質。従来の薬剤とは異なる作用で幅広い抗菌活性を示し、果樹類のうどんこ病、黒星病、べと病、ジンチョウゲの黒点病などの発生初期に高い防除効果を発揮する。	ストロビーフロアブルなど クミアイ化学、日産化学、日本曹達など
殺菌剤 **トップジンM水和剤** 化学系　水和剤 成分 チオファネートメチル	灰色かび病、そうか病、黒星病、うどんこ病、黒点病、白紋羽病、胴枯病、炭そ病、落葉病、灰星病、ごま色斑点病、果実軟腐病、菌核病、苗立枯病、褐斑病、斑点病、葉枯病、つる枯病、葉かび病、萎黄病、萎凋病、褐色円星病、半身萎凋病、球根腐敗病など	食用／柑橘、リンゴ、ナシ、カキ、モモ、小粒核果類、イチジク、ナシ、サツマイモ、キャベツ、ハクサイ、レタス、トマト、ミニトマト、ナス、イチゴ、ネギ、ピーマン 非食用／花き類・観葉植物、樹木類、バラ、シクラメン、サクラソウ、ツツジ類、ジンチョウゲ、チューリップ	カビ（糸状菌）が原因で発生する広範囲の病気に効果がある。有効成分は植物の中に浸透移行し、侵入した病原菌を退治する治療効果と、病原菌の侵入を防ぐ予防効果を兼ね備えている。	トップジンMゾル、トップジンMスプレーなど 日本農薬、クミアイ化学、日本曹達など
殺菌剤 **トップジンMペースト** 化学系　ペースト 成分 チオファネートメチル	切り口および傷口の癒合促進、腐乱病、輪紋病、胴枯病、黒斑病、紅粒がんしゅ病、切り口の枯込防止、幹腐病、てんぐ巣病、クワイカビ類による木材腐朽、つる枯病など	食用／果樹類、オリーブ、小粒核果類、モモ、リンゴ、ナシ、カキ、マルメロ、カリン、イチジク、柑橘、キウイフルーツ、サクランボ、ビワ、クリ、キュウリ、スイカ、マクワウリ、メロン 非食用／樹木類、サクラ、キリ、ブナ（伐倒木）	ペースト状の殺菌剤。剪定・整枝時の切り口、胴枯病などの病患部を削りとったあとの傷口に塗ることにより、病原菌の侵入を防ぎ、枯れ込みを防止し、切り口の治りを早める。チューブ容器入りで手軽に使える。	── 住友化学園芸、日本曹達など

薬剤名	効果のある主な病気、害虫	使用できる主な植物	特徴	同様の作用があるもの 取扱い
殺菌剤 **トリフミン水和剤** 化学系　水和剤 成分　トリフルミゾール	黒星病、うどんこ病、赤星病、斑点落葉病、黒点病、灰星病、さび病、そうか病、じゃのめ病、立枯病、つる枯病、炭そ病、葉かび病、すすかび病、萎凋病、黒斑病、もち病、球根腐敗病、白さび病など	食用／メロン、ピーマン、キュウリ、カボチャ、ニガウリ、トマト、ミニトマト、ナス、シソ、ネギ、タマネギ、トウモロコシ、サヤエンドウ、ニラ、トウガラシ類、ニンジン、パセリ 非食用／花き類・観葉植物、樹木類、チューリップ、バラ、キク	予防効果と治療効果にすぐれ、病斑の拡大、胞子の形成を阻止。浸透性にもすぐれ、植物の中に侵入した病原菌に作用し、治療。ほかの薬剤に耐性をもった病原菌にも使える。低濃度で効果が持続し、作物の汚れも少ない。	—— 日本曹達、石原バイオサイエンスなど
殺菌剤 **ネビジン粉剤** 化学系　粉剤 成分　フルスルファミド	根こぶ病、そうか病、粉状そうか病など	食用／キャベツ、ハクサイ、ブロッコリー、カリフラワー、ナバナ、非結球アブラナ科の葉菜類、カブ、ダイコン、ミズカケナ、ハナッコリー、ナバナ類、ジャガイモ	アブラナ科野菜の根こぶ病やジャガイモのそうか病を防除し、土壌消毒する殺菌剤。土の上にまき、土とよく混和するだけで効く。残効性にすぐれ、効果が長く持続する。	—— 北興産業、クミアイ化学、三井化学アグロなど
殺菌剤 **バクテローズ** 天然系　繊維状 成分　アグロバクテリウム ラジオバクター剤	根頭がんしゅ病など	食用／果樹類 非食用／バラ、キク	バラの根頭がんしゅ病の予防に、天然の拮抗微生物を培養した農薬。予防薬なので、植えつけ前にバラ苗の根部を希釈液に浸漬して植えつける。注意／水道水は1日以上くみ置いて、塩素を飛ばした後に使用する。	—— 日本農薬（微生物製剤のため、生産・出荷日程は問い合わせが必要）
殺菌剤 **バシタック水和剤75** 化学系　水和剤 成分　メプロニル	さび病、根腐病、白絹病、苗立枯病、赤星病、白さび病、もち病など	食用／ジャガイモ、ダイコン、トマト、ミニトマト、キュウリ、レタス、ホウレンソウ、ナシ、ブドウ、野菜類、ネギ 非食用／キク、ビャクシン類、ツツジ類、樹木類、セイヨウキンシバイ、芝（日本芝）、芝（ベントグラス）、花き類	各種植物のさび病、白絹病、苗立枯病の予防と治療効果がある。水に対する溶解性が低いため、雨露による流亡が少ない。	—— クミアイ化学など
殺菌剤 **ホーマイ水和剤** 化学系　水和剤 成分　チウラム、チオファネートメチル	ごま葉枯病、萎凋病、斑葉病、葉枯病、球根腐敗病、葉腐病、つる割病、苗立枯病など	食用／キュウリ、トマト、野菜類、マメ類（未成熟） 非食用／チューリップ、スイセン、グラジオラス、ユリ、フリージア、アスター、ストック、ケイトウ、シクラメン、マツ、芝、花き類	広範囲の種子や球根による伝染性病害を防除する殺菌剤。水に希釈した薬液に種子や球根を浸漬したり、薬剤を粉衣して消毒する（植物により使用方法は異なる）。	—— 日本曹達
殺菌剤 **モンカットフロアブル40** 化学系　水和剤 成分　フルトラニル	葉腐病、根腐病、株腐病、紋枯病、すそ枯病、黒あざ病、白絹病、苗立枯病など	食用／キュウリ、ナス、トマト、キャベツ、ショウガ、レタス、リーフレタス、サラダ菜、ジャガイモ、ネギ、ピーマン 非食用／花き類・観葉植物、樹木類	樹木や野菜の白絹病や、キュウリ、ナス、トマトの苗立枯病などに効果がある。植物の葉鞘部や根から成分が吸収され、予防・治療効果をあらわす。	—— 日本農薬
殺菌剤 **ランマンフロアブル** 化学系　水和剤 成分　シアゾファミド	べと病、褐色腐敗病、疫病、褐色雪腐病、茎疫病、根こぶ病、ワッカ症、白さび病、根茎腐敗病、ピシウム病、赤焼病など	食用／ブドウ、柑橘、イチジク、トマト、ミニトマト、ナス、キュウリ、非結球アブラナ科葉菜類、ジャガイモ、エダマメ、タマネギ、ネギ、メロン、スイカ、ピーマン、トウガラシ類、イチゴ、ハクサイ、キャベツ、ブロッコリー、カブ、ダイコン、レタス、ホウレンソウ、ミツバ、ショウガ 非食用／芝（ベントグラス）	コマツナ、カブなどの白さび病や、アブラナ科野菜の根こぶ病に、低い濃度で予防効果がある。残効性と耐雨性があり、病原菌のすべての生育段階を阻害して次世代菌の密度を低減させる。注意／直前に容器をよく振る。	—— 石原バイオサイエンスなど

5章 よく効く薬と病害虫のデータ

この章の活用法

1. 本書に掲載している植物別の病気や害虫に有効な薬品が調べやすいように紹介されています。
2. 植物からさがすリスト、病気や害虫からさがすリスト、また、植物・病害虫・薬品の三要素から絞り込むリストなど、実際に困ったときにすぐ使えます。
3. 薬品は本書に紹介されているものを中心に、購入しやすく使いやすいものを選びました。
4. 個別の植物名でなく、「花き類」「野菜類」といったグループ全体の分類名で記載されている場合もあります。また、害虫にも「ハムシ類」といったグループ名で記載されているものがありますので、本文や索引を参照してください。
5. 本書の1～4章に記載がなくても、データとしてリストに掲載のある場合もあります。
6. 本書のデータおよび薬品情報は、2010年3月1日現在のものです。最新の登録情報は、参考サイトとして153ページで紹介した「農薬登録情報検索システム」で確認することができます。

＊商品についての詳細はP.153のメーカーリストをご覧ください。

園芸薬品を使用する際は、散布する植物に登録があるものを使ってください。

＊植物別 薬剤対照表
＊病害虫別 薬剤対照表
＊主な殺菌剤、殺虫剤の種類と特徴
＊主な薬品の種類名と商品名、主な対象病害虫
＊農薬のお役立ちWebサイト
＊園芸用薬品メーカーリスト
＊病害虫の年間カレンダー
＊綴じこみ 薬品↔病気・害虫↔植物一覧便利表

植物別 薬剤対照表

＊本表は2010年3月現在のデータに基づいて作成しています。

野菜

植物名	病気・害虫・障害名	主な薬品名・備考
エダマメ	アオクサカメムシ	マラソン乳剤
		スミチオン乳剤
エンドウ	ナモグリバエ	マラソン乳剤
カブ	アオムシ	ゼンターリ顆粒水和剤 <天然成分>
キャベツ	アオムシ	パイベニカスプレー
		モスピラン液剤
	ヨトウガ	オルトラン水和剤
		オルトラン粒剤
キュウリ	うどんこ病	ベニカグリーンVスプレー
		カリグリーン
	炭そ病	ダコニール1000
		ベンレート水和剤
	べと病	ダコニール1000
		ビスダイセン水和剤
コマツナ	白さび病	ランマンフロアブル
	キスジノミハムシ	スタークル粒剤
シソ	ベニフキノメイガ	野菜類に登録のある薬剤を利用する<参考／P.126 ゼンターリ顆粒水和剤>
ジャガイモ	ニジュウヤホシテントウ	スミチオン乳剤
		ダントツ水溶剤
セルリー	軟腐病	スターナ水和剤
		ビスダイセン水和剤
トマト	オオタバコガ	スピノエース顆粒水和剤
	オンシツコナジラミ	ベニカマイルドスプレー <食品・水あめ>
		モスピラン・トップジンMスプレー
		ベストガード粒剤
ナス	うどんこ病	ベニカグリーンVスプレー
		ベニカマイルドスプレー
	チャノホコリダニ	オサダン水和剤25
	ニジュウヤホシテントウ	スミチオン乳剤
		パイベニカスプレー
		アディオン乳剤
	ナミハダニ	ダニ太郎
		粘着くん液剤<食品・デンプン>
ネギ	さび病	サプロール乳剤
		カリグリーン
	ネギコガ	スミチオン乳剤
		アディオン乳剤

野菜

植物名	病気・害虫・障害名	主な薬品名・備考
ハクサイ	モザイク病	適用のある薬剤はない アブラムシ対策としてオルトラン粒剤、オルトラン水和剤を散布する。
	カブラヤガ（ネキリムシ類）	デナポン5%ベイト
	ヨトウムシ類	オルトラン粒剤、オルトラン水和剤
ブロッコリー	ニセダイコンアブラムシ	マラソン乳剤
		ベニカマイルドスプレー <食品・水あめ>
		ダントツ水溶剤

花木・庭木

植物名	病気・害虫・障害名	主な薬品名・備考
アジサイ	アワフキムシ	樹木類に登録のある殺虫剤を利用する
エンジェルストランペット	コガネムシ	樹木類に登録のある殺虫剤を利用する<参考／P.122 スミチオン乳剤>
カエデ	ゴマダラカミキリ	園芸用キンチョールE
カナメモチ	ごま色斑点病	ベンレート水和剤
	オオミノガ	ディプテレックス乳剤10
クレマチス	うどんこ病	モレスタン水和剤
		ベニカXファインスプレー
	アブラムシ	ベニカXファインスプレー
		オルトランDX粒剤
	チャコウラナメクジ	ナメトックス
		ナメトックス液
ゲッケイジュ	カメノコロウムシ	ボルン
サクラ	イラガ	トアロー水和剤CT
サルスベリ	うどんこ病	ベニカX乳剤
	すす病	適用のある薬剤はない 原因の害虫対策としてオルトラン水和剤を散布する。
	サルスベリフクロカイガラムシ	ベニカX乳剤
ジンチョウゲ	黒点病	マネージ乳剤
		ストロビードライフロアブル
ツゲ	ツゲノメイガ	ベニカDスプレー
ツツジ・サツキ	ツツジグンバイ	ベニカグリーンVスプレー
		オルトラン液剤
		スミチオン乳剤

5章＊よく効く薬と病害虫のデータ

花木・庭木

植物名	病気・害虫・障害名	主な薬品名・備考
ツバキ・サザンカ	ツバキクロホシカイガラムシ	ボルン
		アクテリック乳剤
	アオバハゴロモ	樹木類に登録のある殺虫剤を利用する
	チャドクガ	ベニカX乳剤
		ベニカXスプレー
		オルトラン液剤
		ベニカDスプレー
		園芸用キンチョールE
ハナミズキ	うどんこ病	ベニカX乳剤
		モレスタン水和剤
バラ	うどんこ病	サプロール乳剤
		モスピラン・トップジンMスプレー
		ベニカXスプレー
		ベニカXファインスプレー
		ベニカマイルドスプレー＜食品・水あめ＞
	黒星病	ダコニール1000
		ベニカXファインスプレー
		サプロール乳剤
		ベニカXスプレー
	灰色かび病	サンヨール
		ゲッター水和剤
		エムダイファー水和剤
	バラミドリアブラムシ	ベニカXファインスプレー
		オルトランDX粒剤
		ベニカXスプレー
		ベニカマイルドスプレー＜食品・水あめ＞
	アカスジチュウレンジ	ベニカXスプレー
		園芸用キンチョールE
		オルトラン液剤
		ベニカXファインスプレー
	バラシロカイガラムシ	アクテリック乳剤
		ボルン
	クロケシツブチョッキリ（ゾウムシ類）	バラに登録のある殺虫剤を利用する
	フラーバラゾウムシ（ゾウムシ類）	住化スミチオン乳剤
	マメコガネ（コガネムシ類）	バラに登録のある殺虫剤を利用する＜参考／P.122 スミチオン乳剤＞
	ゴマダラカミキリ	適用のある薬剤はない
	ヨトウガ（ヨトウムシ類）	オルトラン水和剤
	カンザワハダニ	ダニ太郎
		バロックフロアブル

草花

植物名	病気・害虫・障害名	主な薬品名・備考
ヒイラギモクセイ	ヘリグロテントウノミハムシ	ベニカXファインスプレー
マサキ	アオバハゴロモ	ベニカDスプレー
マツ	マツモグリカイガラムシ	カダンK
ビャクシン類	赤星病	バシタック水和剤75
樹木類	イラガ	ベニカDスプレー
		ベニカDX
	マイマイガ	ベニカDスプレー
		トレボン乳剤
アイビー（ヘデラ）	すす病	適用のある薬剤はない 原因の害虫対策としてオルトラン水和剤を散布する。
	アブラムシ	ベニカXファインスプレー
		ベニカマイルドスプレー
キク	キクスイカミキリ（カミキリムシ類）	キクに登録のある殺虫剤を利用する＜参考／P.122 スミチオン乳剤＞
	オンブバッタ	スミチオン乳剤
	アワダチソウグンバイ（グンバイムシ類）	キクに登録のある殺虫剤を利用する＜参考／P.122 スミチオン乳剤＞
シャコバサボテン	サボテンシロカイガラムシ（カイガラムシ類）	花き類・観葉植物に登録のある殺虫剤を利用する＜参考／P.125 オルトラン水和剤＞
シクラメン	灰色かび病	サンヨール
		ゲッター水和剤
シャクヤク	うどんこ病	ベニカマイルドスプレー＜食品・水あめ＞
		ベニカXファインスプレー
スイートアリッサム	ニホンカブラハバチ	花き類・観葉植物に登録のある殺虫剤を利用する＜参考／P.125 オルトラン水和剤＞
スミレ	オンブバッタ	スミチオン乳剤
ゼラニウム	ヨトウガ（ヨトウムシ類）	オルトラン水和剤
チューリップ	モザイク病	適用のある薬剤はない アブラムシ対策としてオルトランDX粒剤、ベニカXファインスプレーを散布する。
	チューリップヒゲナガアブラムシ	オルトランDX粒剤
		ベニカXファインスプレー
		ベニカマイルドスプレー
ニチニチソウ	疫病	リドミル粒剤2
ハボタン	アオムシ	ベニカグリーンVスプレー

145

草花

植物名	病気・害虫・障害名	主な薬品名・備考
パンジー	うどんこ病	ベニカマイルドスプレー
		ベニカXファインスプレー
	灰色かび病	サンヨール
		ゲッター水和剤
	モザイク病	適用のある薬剤はない アブラムシ対策としてオルトランDX粒剤、ベニカXファインスプレーを散布する。
	モモアカアブラムシ	ベニカXファインスプレー
		ベニカマイルドスプレー
		オルトランDX粒剤
		ベニカDスプレー
	ダンゴムシ	適用のある薬剤はない <参考/ハクサイ、キャベツのダンゴムシ：デナポン5％ベイト>
	ヨトウガ（ヨトウムシ類）	オルトラン水和剤
		オルトラン粒剤
	ハダニ類	バロックフロアブル
		アーリーセーフ
	チャコウラナメクジ	ナメトックス
		ナメトックス液
	肥料不足（栄養障害）	花工場原液<液体肥料>
プリムラ（サクラソウ）	斑点病	花き類・観葉植物に登録のある殺菌剤を利用する <参考/P.141 トップジンM水和剤>
ペチュニア	灰色かび病	サンヨール
		ゲッター水和剤
マリーゴールド	カンザワハダニ	粘着くん液剤<食品・デンプン>
		バロックフロアブル
ミヤコワスレ	モザイク病	適用のある薬剤はない アブラムシ対策としてオルトランDX粒剤、ベニカXファインスプレーを散布する。
モナルダ（ベルガモット）	うどんこ病	ベニカマイルドスプレー <食品・水あめ>
ユリオプスデージー	アブラムシ	ベニカXファインスプレー
		ベニカマイルドスプレー <食品・水あめ>
		オルトランDX粒剤
ルピナス	カタツムリ	ナメトックス
		ナメトックス液
シンビジウム	ワタアブラムシ	ベニカXファインスプレー
		ベニカマイルドスプレー <食品・水あめ>
		ベニカDスプレー
		モスピラン・トップジンMスプレー
デンドロビウム	ハダニ	バロックフロアブル
		アーリーセーフ<天然ヤシ油>
カトレヤ	ナメクジ	ナメトックス
		ナメトックス液
コチョウラン	コナカイガラムシ類	花き類・観葉植物に登録のある殺虫剤を利用する <参考/P.130 ベニカDスプレー>

観葉植物

植物名	病気・害虫・障害名	主な薬品名・備考
アナナス類	日やけ<生理障害>	治療する薬品はない
シェフレラ	すす病	適用のある薬剤はない 原因の害虫対策としてオルトラン水和剤を散布する。
クロトン	炭そ病	ベンレート水和剤
	ミカンコナカイガラムシ	ベニカDスプレー
		オルトランDX粒剤
	カンザワハダニ	バロックフロアブル
ゴムノキ	炭そ病	ベンレート水和剤
マンデビラ（ディプラデニア）	コガネムシ類	樹木類に登録のある殺虫剤を利用<参考/P.122 スミチオン乳剤>
ドラセナ	炭そ病	ベンレート水和剤
	ハダニ類	バロックフロアブル

果樹

植物名	病気・害虫・障害名	主な薬品名・備考
ウメ	コスカシバ	ガットキラー乳剤
	ムギワラギクオマルアブラムシ	モスピラン液剤
		ダントツ水溶剤
	タマカタカイガラムシ	マラソン乳剤
	ウメシロカイガラムシ	キング95マシン、特製スケルシン95
		マラソン乳剤
		アプロード水和剤
カキ	カキクダアザミウマ	オルトラン水和剤
		ダントツ水溶剤
柑橘	かいよう病	サンボルドー<天然の銅>
	イセリアカイガラムシ	キング95マシン、特製スケルシン95
	ミカンハモグリガ	アディオン乳剤
		ダントツ水溶剤
ブルーベリー	チャミノガ	ブルーベリーに登録のある殺虫剤を利用 <参考/P.139 サイアノックス水和剤>
	マイマイガ、ドクガ	サイアノックス水和剤
モモ	縮葉病	ビスダイセン水和剤
	コスカシバ	ガットキラー乳剤

病害虫別 薬剤対照表

＊本表は2010年3月現在のデータに基づいて作成しています。

病気			
一般名	植物名	病名	主な商品名・備考 ※< >は他の主な作物登録など
うどんこ病	キュウリ	うどんこ病	カリグリーン
			ベニカグリーンVスプレー
	ナス	うどんこ病	ベニカグリーンVスプレー
			ベニカマイルドスプレー<食品・水あめ>
	クレマチス	うどんこ病	ベニカXファインスプレー
			モレスタン水和剤
	サルスベリ	うどんこ病	ベニカX乳剤
			モレスタン水和剤
	ハナミズキ	うどんこ病	ベニカX乳剤
			モレスタン水和剤
	バラ	うどんこ病	サプロール乳剤
			ベニカXスプレー
			ベニカXファインスプレー
			ベニカマイルドスプレー<食品・水あめ>
			モスピラン・トップジンMスプレー
	シャクヤク	うどんこ病	ベニカXファインスプレー
			ベニカマイルドスプレー<食品・水あめ>
	パンジー	うどんこ病	ベニカXファインスプレー
			ベニカマイルドスプレー<食品・水あめ>
	モナルダ(ベルガモット)	うどんこ病	ベニカマイルドスプレー<食品・水あめ>
疫病(えきびょう)	ニチニチソウ	疫病	リドミル粒剤2
かいよう病	ミカン	かいよう病	サンボルドー<天然の銅>
黒点病(こくてんびょう)	ジンチョウゲ	黒点病	ストロビードライフロアブル
			マネージ乳剤
黒星病(くろほしびょう)	バラ	黒星病	サプロール乳剤
			ダコニール1000
			ベニカXスプレー
			ベニカXファインスプレー
さび病	ネギ	さび病	カリグリーン
			サプロール乳剤
	バラ	さび病	エムダイファー水和剤
	キク、カーネーション	さび病	エムダイファー水和剤

病気			
一般名	植物名	病名	主な商品名・備考 ※< >は他の主な作物登録など
縮葉病(しゅくようびょう)	モモ	縮葉病	ビスダイセン水和剤
白さび病	コマツナ	白さび病	ランマンフロアブル
すす病	サルスベリ、アイビー(ヘデラ)、シェフレラ	すす病	適用のある薬剤はない 原因の害虫対策としてオルトラン水和剤を散布する。
炭そ病(たんそびょう)	クロトン、ゴムノキ、ドラセナ	炭そ病	ベンレート水和剤
	キュウリ	炭そ病	ダコニール1000
			ベンレート水和剤
軟腐病(なんぷびょう)	セルリー	軟腐病	スターナ水和剤
			ビスダイセン水和剤
灰色かび病(はいいろかびびょう)	バラ	灰色かび病	ゲッター水和剤
			エムダイファー水和剤
			サンヨール
	シクラメン、パンジー、ペチュニア	灰色かび病	ゲッター水和剤
			サンヨール
斑点性の病気	カナメモチ	ごま色斑点病	ベンレート水和剤
	樹木類	ごま色斑点病	トップジンM水和剤<花き類・観葉植物>
	プリムラ(サクラソウ)	斑点病	花き類・観葉植物に登録のある殺菌剤を利用する<参考/P.141トップジンM水和剤>
べと病	キュウリ	べと病	ダコニール1000
			ビスダイセン水和剤
ウイルス病・モザイク病	ハクサイ	モザイク病	適用のある薬剤はない<アブラムシ対策としてオルトラン水和剤、オルトラン粒剤を散布する>
	チューリップ、ミヤコワスレ、パンジー	モザイク病	適用のある薬剤はない<アブラムシ対策としてオルトランDX粒剤、ベニカXファインスプレーを散布する>
切り口及び傷口の癒合促進	樹木類	切り口及び傷口の癒合促進	トップジンMペースト

害虫

一般名	植物名	害虫名	主な商品名・備考 ※＜ ＞は他の主な作物登録など
アオバハゴロモ	ツバキ・サザンカ	アオバハゴロモ	適用のある薬剤はない。樹木類に登録のある殺虫剤を利用する
	マサキ	アオバハゴロモ	ベニカDスプレー＜花き類・観葉植物、樹木類＞
アオムシ	カブ	アオムシ（モンシロチョウ）	ゼンターリ顆粒水和剤＜野菜類＞
	ハボタン	アオムシ（モンシロチョウ）	ベニカグリーンVスプレー
	キャベツ	アオムシ（モンシロチョウ）	パイベニカスプレー
			モスピラン液剤
アザミウマ類	カキ	カキクダアザミウマ	オルトラン水和剤
			ダントツ水溶剤
ネギコガ類	ネギ	ネギコガ	アディオン乳剤
			スミチオン乳剤
アブラムシ類	ブロッコリー	ニセダイコンアブラムシ	ダントツ水溶剤
			ベニカマイルドスプレー＜食品・水あめ＞
			マラソン乳剤
	ウメ	ムギワラギクオマルアブラムシ	ダントツ水溶剤
			モスピラン液剤
	クレマチス	アブラムシ	オルトランDX粒剤
			ベニカXファインスプレー
	バラ	バラミドリアブラムシ	オルトランDX粒剤
			ベニカXスプレー
			ベニカXファインスプレー
			ベニカマイルドスプレー＜食品・水あめ＞
	チューリップ	チューリップヒゲナガアブラムシ	オルトランDX粒剤
			ベニカXファインスプレー
			ベニカマイルドスプレー＜食品・水あめ＞
	パンジー	モモアカアブラムシ	オルトランDX粒剤
			ベニカDスプレー
			ベニカXファインスプレー
			ベニカマイルドスプレー＜食品・水あめ＞
	ユリオプスデージー	アブラムシ	オルトランDX粒剤
			ベニカXファインスプレー
			ベニカマイルドスプレー＜食品・水あめ＞
	シンビジウム	ワタアブラムシ	ベニカDスプレー
			ベニカXファインスプレー
			ベニカマイルドスプレー＜食品・水あめ＞
			モスピラン・トップジンMスプレー
	アイビー（ヘデラ）	アブラムシ	ベニカXファインスプレー
			ベニカマイルドスプレー＜食品・水あめ＞
アワフキムシ	アジサイ	アワフキムシ	樹木類に登録のある薬剤を利用する
イラガ	サクラ	イラガ	トアロー水和剤CT
	樹木類	イラガ	ベニカDX
			ベニカDスプレー
カイガラムシ類	ウメ	ウメシロカイガラムシ	アプロード水和剤
			キング95マシン、特製スケルシン95
			マラソン乳剤
		タマカタカイガラムシ	マラソン乳剤
	サルスベリ	サルスベリフクロカイガラムシ	ベニカX乳剤
	ゲッケイジュ	カメノコロウムシ	ボルン
	マツ	マツモグリカイガラムシ	カダンK
	柑橘	イセリアカイガラムシ	キング95マシン、特製スケルシン95
	コチョウラン	コナカイガラムシ類	花き類・観葉植物に登録のある殺虫剤を利用する＜参考/P.130ベニカDスプレー＞
	オンシジウム	カイガラムシ類	オルトラン水和剤＜花き類、観葉植物、樹木類＞
	シャコバサボテン	サボテンシロカイガラムシ	花き類・観葉植物に登録のある殺虫剤を利用する＜参考/P.125オルトラン水和剤＞
	クロトン	ミカンコナカイガラムシ	オルトランDX粒剤
			ベニカDスプレー
	ツバキ	ツバキクロホシカイガラムシ	アクテリック乳剤
			ボルン
	バラ	バラシロカイガラムシ	アクテリック乳剤
			ボルン
カタツムリ類	ルピナス	カタツムリ	ナメトックス
			ナメトックス液
カミキリムシ類	バラ	ゴマダラカミキリ	適用のある薬剤はない
	カエデ	ゴマダラカミキリ	園芸用キンチョールE
	ブドウ	トラカミキリ	スミチオン乳剤＜キク、花き類・観葉植物、樹木類＞
	キク	キクスイカミキリ	キクに登録のある殺虫剤を利用する＜参考/P.122スミチオン乳剤＞
カメムシ類	エダマメ	アオクサカメムシ	スミチオン乳剤
			マラソン乳剤
グンバイムシ類	ツツジ・サツキ	ツツジグンバイ	オルトラン液剤
			ベニカグリーンVスプレー
			スミチオン乳剤＜キク、花き類・観葉植物、樹木類＞
	キク	アワダチソウグンバイ	キクに登録のある殺虫剤を利用する＜参考/P.122スミチオン乳剤＞

5章＊よく効く薬と病害虫のデータ

害虫

一般名	植物名	害虫名	主な商品名・備考 ※< >は他の主な作物登録など
コガネムシ類	バラ	マメコガネ(コガネムシ類)	バラに登録のある殺虫剤を利用する<参考/P.122スミチオン乳剤>
	スターチス	コガネムシ類	スミチオン乳剤<花き類・観葉植物、樹木類>
	エンジェルストランペット、マンデビラ(ディプラデニア)	コガネムシ類	樹木類に登録のある殺虫剤を利用する<参考/P.122 スミチオン乳剤>
スカシバガ類	ウメ、モモ	コスカシバ	ガットキラー乳剤
コナジラミ類	トマト	オンシツコナジラミ	ベストガード粒剤
			ベニカマイルドスプレー<食品・水あめ>
			モスピラン・トップジンMスプレー
ゾウムシ類	バラ	クロケシツブチョッキリ	バラに登録のある殺虫剤を利用する<参考/P.122スミチオン乳剤>
	バラ	フラーバラゾウムシ	住化スミチオン乳剤
オオタバコガ	トマト	オオタバコガ	スピノエース顆粒水和剤
ダンゴムシ類	ハクサイ、キャベツ	ダンゴムシ	デナポン5％ベイト
	パンジー	ダンゴムシ	適用のある薬剤はない
ドクガ類	ツバキ・サザンカ	チャドクガ	ベニカX乳剤
			園芸用キンチョールE
			オルトラン液剤
			ベニカDスプレー
			ベニカXスプレー
	樹木類	マイマイガ	トレボン乳剤
			ベニカDスプレー
	ブルーベリー	マイマイガ、ドクガ	サイアノックス水和剤
ナメクジ類	クレマチス、パンジー	チャコウラナメクジ	ナメトックス
			ナメトックス液
	カトレヤ	ナメクジ	ナメトックス
			ナメトックス液
ニジュウヤホシテントウ	ジャガイモ	ニジュウヤホシテントウ	スミチオン乳剤
			ダントツ水溶剤
	ナス	ニジュウヤホシテントウ	アディオン乳剤
			スミチオン乳剤
			パイベニカスプレー
ネキリムシ類	ハクサイ	カブラヤガ	デナポン5％ベイト
ハダニ類	ナス	ナミハダニ	ダニ太郎
			粘着くん液剤
	バラ	カンザワハダニ	ダニ太郎
			バロックフロアブル
	パンジー	ハダニ類	アーリーセーフ<天然成分>
			バロックフロアブル
	マリーゴールド	カンザワハダニ	粘着くん液剤
			バロックフロアブル

害虫

一般名	植物名	害虫名	主な商品名・備考 ※< >は他の主な作物登録など
ハダニ類	デンドロビウム	ハダニ類	アーリーセーフ<天然成分>
			バロックフロアブル
	クロトン	カンザワハダニ	バロックフロアブル
		ハダニ類	アーリーセーフ<天然成分>
	ドラセナ	ハダニ類	アーリーセーフ<天然成分>
			粘着くん液剤<食品・デンプン>
			バロックフロアブル
オンブバッタ	キク、スミレ	オンブバッタ	スミチオン乳剤
ハバチ類	バラ	アカスジチュウレンジ	園芸用キンチョールE
			オルトラン液剤
			ベニカXスプレー
			ベニカXファインスプレー
	ダイコン	カブラハバチ	オルトラン水和剤<花き類・観葉植物、樹木類>
	スイートアリッサム	ニホンカブラハバチ	花き類・観葉植物に登録のある殺虫剤を利用する<参考/P.125オルトラン水和剤>
ハムシ類	コマツナ	キスジノミハムシ	スタークル粒剤
	ヒイラギモクセイ	ヘリグロテントウノミハムシ	ベニカXファインスプレー
ハモグリガ類	柑橘	ミカンハモグリガ	アディオン乳剤
			ダントツ水溶剤
ハモグリバエ類	エンドウマメ	ナモグリバエ	マラソン乳剤
ホコリダニ類	ナス	チャノホコリダニ	オサダン水和剤25
ミノガ類	カナメモチ	オオミノガ	ディプテレックス乳剤10
	ブルーベリー	チャミノガ	ブルーベリーに登録のある殺虫剤を利用する<参考/P.139 サイアノックス水和剤>
メイガ類	シソ	ベニフキノメイガ	野菜類に登録のある殺虫剤を利用する<参考/P.126ゼンターリ顆粒水和剤>
	ウリ科野菜類	ウリノメイガ	ゼンターリ顆粒水和剤<野菜類><天然成分>
	ツゲ	ツゲノメイガ	ベニカDスプレー
ヨトウムシ類	キャベツ、ハクサイ	ヨトウガ	オルトラン水和剤
			オルトラン粒剤
	バラ	ヨトウガ	オルトラン水和剤
	ゼラニウム	ヨトウガ	オルトラン水和剤
	パンジー	ヨトウガ	オルトラン水和剤
			オルトラン粒剤

その他

一般名	植物名	障害名	主な商品名
生理障害	アナナス類	日やけ	治療する薬品はない
栄養障害	パンジー	肥料不足	花工場原液<液体肥料>

主な殺菌剤の種類と特徴

銅殺菌剤
銅イオンは強い殺菌効果をもち、カビだけでなく、細菌にも予防効果のある薬剤もあるが、治療はできない。灰色かび病には効果が低い。
無機銅剤、有機銅剤、ノニルフェノールスルホン酸銅剤、DBEDC剤

ジチオカーバメート剤

マンネブ剤
果樹や野菜の広範囲の病気に有効で、作物への薬害や汚れも少ない。

ポリカーバメート剤
予防効果のある保護殺菌剤で、植物に対する影響も少なく、残効性もある。

その他の合成殺菌剤

キャプタン剤
多くのカビに効果のある予防剤。種子の消毒や土壌灌注にも使用される。

キノキサリン系剤
うどんこ病の専門薬で、予防効果と治療効果がある。ハダニ類の天敵や、訪花昆虫にも悪影響がない。

TPN剤
基本的に保護作用を中心とした予防剤で、安定性にすぐれ、残効性もあるが、花弁につくと漂白・退色する。

有機リン系殺菌剤

トルクロホスメチル剤
土壌中での移動が少なく、残効性がある。リゾクトニア菌による苗立枯病、白絹病に有効。

ホセチル剤
浸透移行性があり、ブドウや野菜のべと病に対して高い効果を示す。ボルドー液などのアルカリ性農薬との混合は不可。

ベンゾイミダゾール系殺菌剤
広範囲の病害に有効で、灰色かび病、うどんこ病、つる枯病、黒星病、灰星病などに効果があるが、いくつかの病害では耐性菌も出現している。
チオファネートメチル剤、ベノミル剤

ジカルボキシイミド系殺菌剤
ベンゾイミダゾール系殺菌剤の耐性菌対策として開発された薬剤。灰色かび病と菌核病に効果的だが、耐性を示す病原菌も見つかっている。
イプロジオン剤、プロシミドン剤

酸アミド系殺菌剤

フルトラニル剤
白絹病やリゾクトニア菌による苗立枯病に効果がある。

メプロニル剤
リンゴやナシの赤星病や、リゾクトニア菌による病害に効果が高い。効果は安定し、持続性もある。

メタラキシル剤
予防、治療効果があり、浸透移行性もある。疫病に有効で、粒剤は土に混和するか、土表面に散布して使う。

エルゴステロール生合成阻害剤（EBI剤）
安定した予防・治療効果を兼ね備え、浸透性と残効がある。ジベレリンの生合成を阻害する傾向があり、多量に散布すると株の矮化や、花芽形成に影響が出ることがある。
イミベンコナゾール剤、トリフルミゾール剤、ヘキサコナゾール剤、トリホリン剤、ミクロブタニル剤

抗生物質殺菌剤

カスガマイシン剤
キウイフルーツのかいよう病、花腐菌核病、イネのいもち病などに効果のある抗生物質。

ストレプトマイシン剤
細菌病に効果があり、浸透移行性がある。もともとは医学用の抗生物質で、植物体内での持続性もある。有機銅剤やオキソリック酸剤との混合で各種細菌病に使用される。

オキシテトラサイクリン剤
浸透移行性があり、シュウドモナス菌、キサントモナス菌などの細菌が感受性を示す。軟腐病や斑点細菌病、かいよう病などに有効。

ポリオキシン剤
胞子の侵入や発芽を阻止する予防効果や、菌糸の生育を阻害する治療効果がある。うどんこ病、灰色かび病、菌核病などに効果がある。

バリダマイシン剤
リゾクトニア菌などの菌核病に特異的に作用して、菌糸の伸張を阻害したり、異常成長を起こさせて防除する。苗立枯病にも有効。

抗ウイルス剤

シイタケ菌糸体抽出物剤
株分けや管理作業時に手指や器具類を浸漬する。シンビジウムのモザイク病（オドントグロッサムリングスポットウイルス：ORSV）やタバコモザイクウイルス（TMV）による病害に対して効果がある。薬害や人体への影響はないが、すでに感染している株には効果がなく、植物体内へのウイルスの侵入阻止を目的に使用する。

その他の殺菌剤

ヒドロキシイソキサゾール剤
苗立枯病に効果が高く、発根促進の効果があり、根の活着を促す。フザリウム菌、ピシウム菌、アファノマイセス菌による土譲病害に有効だが、リゾクトニア菌には効果が劣る。

エクロメゾール剤
疫病の防除に利用される土壌殺菌剤。植物体への散布用ではなく、土壌に灌注、または混和する。アルカリ性肥料との同時施用はしない。

オキソリニック酸剤
野菜の軟腐病など、細菌性の病害にすぐれた予防効果がある。種子消毒剤や散布剤として使用する。

プロパモカルブ塩酸塩液剤
セントポーリアの疫病の特効薬で、苗立枯病への効果もある。浸透移行性があり、病原菌の侵入を阻止するなど、予防効果がある。

イミノクタジンアルベシル酸塩
炭そ病、斑点病、灰色かび病、菌核病に有効。予防効果にすぐれ、胞子の発芽や、発芽管の伸長を阻害する。

主な殺虫剤の種類と特徴

有機リン系殺虫剤
多くの害虫に対して、主として接触毒としての効果があるが、抵抗性害虫が出現している。
MEP剤、ピリミホスメチル剤、クロルピリホスメチル剤、ピリダフェンチオン剤、マラソン剤、プロチオホス剤、CYAP剤、アセフェート剤

カーバメート系殺虫剤
カーバメート剤、NAC剤、アラニカルブ剤など

ピレスロイド系殺虫剤
天然除虫菊の成分ピレトリンの殺虫作用をヒントに生まれた類縁化合物の総称。速効性で残効にすぐれ、殺虫範囲が広い。ハダニの生息密度の上昇を起こすことがあるので、適切な殺ダニ剤と併用する。
ペルメトリン剤、ビフェントリン剤、フェンプロパトリン剤、エトフェンプロックス剤、アレスリン剤、レスメトリン剤など

ネオニコチノイド系殺虫剤
従来の殺虫剤とは異なる作用で害虫を退治する系統の薬剤。アブラムシ類、コナジラミ類、アザミウマ類などの害虫に有効で、浸透移行性、残効性がある。
ニテンピラム剤、テアメトキサム剤、クロチアニジン剤

ネライストキシン剤
釣り餌のイソメに含まれる成分で、ガの幼虫類に有効。抵抗性を生じにくい。
ベンスルタップ剤

昆虫成長制御剤（脱皮阻害剤）
害虫の表皮の主成分であるキチンの合成を阻害し、幼虫が脱皮できなくなり、死亡させる制虫作用の殺虫剤。キチンは温血動物にはないため、人畜への毒性の懸念はなく、天敵に対する影響も少ない。成虫に効果がなく、幼虫に散布しても脱皮時期までは加害を続けるので、適切な使用時期が重要。有機リン剤やカーバメート剤、合成ピレスロイド剤と比較すると遅効的だが、確実に害虫を減少できる。
シロマジン剤、ブプロフェジン剤、クロルフルアズロン剤、ジフルベンズロン剤

殺ダニ剤

フェニソブロモレート剤
卵、成虫に対して有効で、有機リン剤抵抗性のハダニにも効果があり、残効性もある。

テトラジホン剤
雌成虫にかけると、その後に産まれる卵は孵化しなくなる。遅効性で、残効は1カ月以上と長い。他剤との混用が可能。

酸化フェンブタスズ剤
幼虫と脱皮直後の成虫に有効。やや遅効性で効果が出るまで3〜10日かかるが、残効性がある。

ヘキシチアゾクス剤
成虫に効果はないが、殺卵作用と卵の孵化阻止作用がある。抵抗性の発達回避のため連用しない。

アミトラズ剤
卵、幼虫、成虫に対して有効。速効的で、長期間発生を抑える。

エトキサゾール剤
卵及び若齢幼虫に対して効果があり、残効性にすぐれる。

ポリナクチン複合体剤
ほかの殺ダニ剤とは異なる抗生物質系の薬剤。他剤との交差抵抗性がないので、ローテーションの一環として使用可能。殺成虫、殺幼虫の効果が強い。

ビフェナゼート剤
ハダニ類の卵、幼虫、成虫に有効。

ミルベメクチン剤
広範囲のハダニ類の卵、幼虫、成虫に有効である。

殺センチュウ剤

ホスチアゼート剤
有機リン酸アミド化合物で、接触剤として効果を示す。低濃度でもセンチュウの根の中への侵入や摂食を低下させる。野菜のネコブセンチュウ、ネグサレセンチュウなどに利用される。

酒石酸モランテル剤
マツノザイセンチュウの防除剤。マツの樹幹に直接薬剤を注入させ、センチュウの侵入と増殖を防止する。水溶性が高く植物体内へ浸透移行する。

生物由来の殺虫剤

BT剤
有効成分は自然界にいる天然微生物（B.t菌）が作るタンパク質結晶で、ヨトウムシ、ケムシ、アオムシなどチョウ目害虫だけに特異的に作用する。人間やペット、環境に対する悪影響はない。

スピノサド剤
有効成分は土の中の放線菌が作るマクロライド系化合物で、主に食毒剤として働く。浸透移行性はない。アオムシ、ヨトウムシ、コナガ、ハマキムシなどに有効。

チリカブリダニ剤
代表的な天敵農薬で、ハダニを捕食するチリカブリダニを増殖させた商品。もともとオランダで開発され、農業場面の施設栽培で利用される。

天然殺虫剤

除虫菊剤（ピレトリン剤）
天然の除虫菊が有効成分。アブラムシ、アオムシ、ハバチなどに有効。分解されやすく残効性は劣る。

還元澱粉糖化物剤
食品の水あめが有効成分。アブラムシ、ハダニ、コナジラミなどの気門を封鎖して退治する。うどんこ病の胞子発芽抑制、菌糸伸長抑制などの殺菌作用もある。

デンプン剤
食品のデンプンが有効成分。アブラムシ、ハダニの気門を封鎖して退治する。

マシン油剤
天然の油を利用し、主にカイガラムシ、ハダニ類の防除に利用される。虫体を覆って窒息死させる。

脂肪酸グリセリド剤
天然のヤシ油が有効成分。ハダニ、アブラムシ、コナジラミ、うどんこ病を覆って防除する。

その他物理的防除剤
害虫を覆って退治する。薬剤抵抗性が発達する恐れは少ない。食品添加物など、身の回りの成分も利用される。効果の持続性はない。

ソルビタン脂肪酸エステル剤
食品添加物が有効成分。アブラムシ、ハダニなどの気門を封鎖して退治する。灰色かび病にも効果がある。

オレイン酸ナトリウム剤
洗顔石けんの成分で、アブラムシ、コナジラミ、うどんこ病を覆って退治する。

主な薬品の種類名と商品名、主な対象病害虫

*本表は2010年3月1日現在のデータに基づいて作成しています。

種類名	商品名		対象病害虫
殺虫剤			
BT水和剤（天然成分）	ゼンターリ顆粒水和剤	虫	アオムシ、ヨトウムシ類、ハマキムシ類
BT水和剤（天然成分）	トアロー水和剤CT	虫	イラガ、ケムシ類、アオムシ、ヨトウムシ類
DEP乳剤	ディプテレックス乳剤10	虫	ミノムシ、ケムシ類、アオムシ
MEP15%乳剤	ガットキラー乳剤	虫	スカシバ
MEP乳剤	スミチオン乳剤	虫	カメムシ類、テントウムシダマシ類、ネギコガ、グンバイムシ類、バッタ類
NAC粒剤	デナポン5%ベイト	虫	ネキリムシ類、ダンゴムシ、ヨトウムシ類
アセタミプリド液剤	モスピラン液剤	虫	イモムシ類、アブラムシ類
アセフェート液剤	オルトラン液剤	虫	グンバイムシ類、ケムシ類、ハバチ類、アブラムシ類
アセフェート水和剤	オルトラン水和剤	虫	ヨトウムシ類、アザミウマ類、モザイク病（アブラムシ対策として）、すす病（原因の害虫対策として）
アセフェート粒剤	オルトラン粒剤	虫	アブラムシ類、ヨトウムシ類、アオムシ
エトキサゾール水和剤	バロックフロアブル	虫	ハダニ類
エトフェンプロックス乳剤	トレボン乳剤	虫	ドクガ類、アブラムシ類
還元澱粉糖化物（食品・水あめ）	ベニカマイルドスプレー	虫	アブラムシ類、コナジラミ類、ハダニ類、うどんこ病
クロチアニジン水溶剤	ダントツ水溶剤	虫	アブラムシ類、アザミウマ類、ハモグリガ類、テントウムシダマシ類
ジノテフラン粒剤	スタークル粒剤	虫	ハムシ類、ハモグリバエ類、アブラムシ類
スピノサド水和剤	スピノエース顆粒水和剤	虫	タバコガ類、アオムシ、ヨトウムシ類
チオファネートメチルペースト剤	トップジンMペースト	病	切り口及び削った後の傷口癒合の促進
デンプン液剤	粘着くん液剤	虫	ハダニ類、アブラムシ類
ニテンピラム粒剤	ベストガード粒剤	虫	コナジラミ類、アブラムシ類、ハモグリバエ類
ビフェナゼート水和剤	ダニ太郎	虫	ハダニ類
ピリミホスメチル乳剤	アクテリック乳剤	虫	マルカイガラムシ類、カイガラムシ類
ピレトリン乳剤	パイベニカスプレー	虫	アオムシ、アブラムシ類、テントウムシダマシ類
ブプロフェジン水和剤	アプロード水和剤	虫	カイガラムシ類、オンシツコナジラミ幼虫
ペルメトリンエアゾル	園芸用キンチョールE	虫	カミキリムシ、ケムシ類、ハバチ類
ペルメトリン乳剤	アディオン乳剤	虫	テントウムシダマシ類、ネギコガ、ハモグリガ類
マシン油エアゾル	ボルン	虫	カイガラムシ類、マルカイガラムシ類
マシン油乳剤	キング95マシン、特製スケルシン95	虫	カイガラムシ類
マラソン乳剤	マラソン乳剤	虫	アブラムシ類、カイガラムシ類、カメムシ類、ハモグリバエ類
メタアルデヒド水和剤	ナメトックス液	虫	ナメクジ類、カタツムリ類
メタアルデヒド粒剤	ナメトックス	虫	ナメクジ類、カタツムリ類
酸化フェンブタスズ水和剤	オサダン水和剤25	虫	ホコリダニ類、ハダニ類
殺菌剤			
DBEDC乳剤	サンヨール	両	灰色かび病、うどんこ病、アブラムシ類
TPN水和剤	ダコニール1000	病	べと病、炭そ病、黒星病
イミベンコナゾール乳剤	マネージ乳剤	病	黒点病、さび病、うどんこ病
オキソリニック酸水和剤	スターナ水和剤	病	軟腐病、かいよう病
キノキサリン系水和剤	モレスタン水和剤	病	うどんこ病
クレソキシムメチル水和剤	ストロビードライフロアブル	病	黒点病、灰色かび病、炭そ病
シアゾファミド水和剤	ランマンフロアブル	病	白さび病、べと病、疫病
炭酸水素カリウム水溶剤（重曹と同類の成分）	カリグリーン	病	うどんこ病、さび病、灰色かび病
銅水和剤（天然の銅）	サンボルドー	病	かいよう病、もち病、べと病
トリホリン乳剤	サプロール乳剤	病	うどんこ病、黒星病、さび病
ヘキサコナゾール水和剤	アンビルフロアブル	病	赤星病、うどんこ病、さび病
ベノミル水和剤	ベンレート水和剤	病	炭そ病、ごま色斑点病、うどんこ病
ポリカーバメート水和剤	ビスダイセン水和剤	病	べと病、軟腐病、縮葉病
マンネブ水和剤	エムダイファー水和剤	病	灰色かび病、疫病、赤星病
メタラキシル粒剤	リドミル粒剤2	病	疫病、立枯病、白さび病
メプロニル水和剤	バシタック水和剤75	病	赤星病、さび病、白絹病
複数成分の混合剤			
アセタミプリド・チオファネートメチル水和剤	モスピラン・トップジンMスプレー	両	コナジラミ類、うどんこ病、アブラムシ類
アセフェート・クロチアニジン粒剤	オルトランDX粒剤	虫	アブラムシ類、コナカイガラムシ類、モザイク病（アブラムシ対策として）
アレスリン・マシン油エアゾル	カダンK	虫	カイガラムシ類、ロウムシ類
エトフェンプロックス・クロチアニジン液剤	ベニカDスプレー	虫	メイガ類、ケムシ類、アオバハゴロモ、イラガ類、ドクガ類、アブラムシ類、カイガラムシ類
クロチアニジン・フェンプロパトリン・メパニピリム水和剤	ベニカXファインスプレー	両	アブラムシ類、ハバチ類、ハムシ類、うどんこ病、黒星病
ジエトフェンカルブ・チオファネートメチル水和剤	ゲッター水和剤	病	灰色かび病、菌核病、斑点病
脂肪酸グリセリド乳剤（天然ヤシ油）	アーリーセーフ	両	ハダニ類、黄化葉巻病（タバココナジラミ対策として）
フェンプロパトリン・ミクロブタニル液剤	ベニカグリーンVスプレー	両	アオムシ、グンバイムシ類、うどんこ病
ブプロフェジン・ペルメトリン・ミクロブタニルエアゾル	ベニカDX	両	イラガ類、カイガラムシ類、アブラムシ類
ペルメトリン・ミクロブタニル液剤	ベニカXスプレー	両	アブラムシ類、ハバチ類、ケムシ類、うどんこ病、黒星病
ペルメトリン・ミクロブタニル乳剤	ベニカX乳剤	両	サルスベリフクロカイガラムシ、ケムシ類、うどんこ病

column

除草剤
～土には悪影響はないの？～

「芝生や駐車場に生える雑草を枯らしたい」、春から秋までだれもが思うことです。生えた雑草を枯らしたり発生を抑えるのが除草剤で、大きく分けて2種類。駐車場などの有用な植物が生えていない場所に使う「空き地用除草剤」と、芝生の中で使える「芝生用除草剤」です。有効成分が雑草の葉、茎、根から吸収されて生育を乱し、枯らします。

商品タイプは「粒剤」、「シャワー剤」、水で希釈する「液剤」などがあり、土に散布するので「土壌に成分が残って環境に悪いのでは？」といった印象を受けますが、心配はありません。

効果が3～6カ月続く粒剤は、生えた雑草を枯らして雑草種子の発芽も抑制しますが、土にしみ込んだ成分は徐々に分解されます。作用する濃度を下回れば再び雑草は生えてきます。また、多くのシャワー剤は薬液がかかった雑草だけを枯らし、土に落ちた成分は速やかに分解されるため、その後生えてくる雑草には作用しません。

除草剤は国が試験・評価を行い、環境への悪影響がないと確認し、登録を受けて製造、販売されます。使用方法を守り、必要な場面でじょうずに利用してください。

草退治粒剤（空き地用除草剤）
植物を植えない場所で使用する。効き始めには1～2週間かかるが、3～6カ月雑草を抑える。／住友化学園芸

草退治シャワー（空き地用除草剤）
水で薄めず手軽にまける。液がかかった雑草の根まで枯らすが、効果の持続性はない。ツツジ類の下草除草にも使える。／住友化学園芸

クサキールAL
土から生まれた天然成分で、そのまま使えるハンドスプレータイプ。液がかかった雑草だけを枯らし、また土に落ちた成分はすぐに分解されるので、樹木の周りにも使える。／北興産業

シバニードアップ粒剤（芝生＜日本芝＞用除草剤）
芝生の中の一年生のイネ科雑草や広葉雑草を抑える。約3カ月間発芽も抑える。／住友化学園芸

農薬のお役立ちWebサイト
インターネットで植物の病気や害虫、農薬のことがわかる、便利なサイトをご紹介します。

独立行政法人 農林水産消費安全技術センター
農薬検査関係
http://www.acis.famic.go.jp/

グリーンジャパン
全国10社の農業生産資材販売会社の情報の提供サイト
http://www.greenjapan.co.jp/

農薬インデックス…やさしい検索サイト
家庭菜園やガーデニングに役立つ家庭園芸用薬剤のご紹介
http://www.agro.jp/engei/index.html

『i-農力』
農業に関する情報やサービスを会員に提供するサービス
http://www.i-nouryoku.com/

病害虫ナビ
植物に発生する病気や害虫を症状から検索
http://www.sc-engei.co.jp/navi/index.html

園芸用薬品メーカーリスト

住友化学株式会社 アグロ事業部
〒104-8260東京都中央区新川2-27-1
東京住友ツインビル東館
ナビダイヤル：0570-058-669（お客様相談室）
http://www.sumitomo-chem.co.jp/

株式会社ニチノー緑化
〒103-0001東京都中央区日本橋
小伝馬町14-4岡谷ビルディング6階
TEL:03-3808-2281
http://www.nichino-ryokka.co.jp/

北興産業株式会社
〒103-0004　東京都中央区東日本橋
2-8-3 東日本橋グリーンビル
TEL:03-3864-1601（代）
http://www.hokkosan.co.jp/

キング園芸株式会社
〒101-0041東京都千代田区神田須田町
1-12山萬ビル501
TEL:03-5207-7162

シンジェンタ ジャパン株式会社
〒104-6021東京都中央区晴海1-8-10
オフィスタワーX 21階TEL:03-6221-1001（代）
http://www.syngenta.co.jp/

住友化学園芸株式会社
〒103-0023　東京都中央区日本橋本町2-1-7
TEL:03-3270-9695
http://www.sc-engei.co.jp/index.html

株式会社エムシー緑化
〒103-0012東京都中央区日本橋堀留町1-7-7
MID日本橋堀留町ビル4F
TEL：03-6842-8590
http://www.mc-ryokka.com

日本農薬株式会社化学品部
〒103-8236東京都中央区日本橋1-2-5
栄太楼ビル
TEL：03-3274-3417（代）
http://www.nichino.co.jp/

病害虫の年間カレンダー

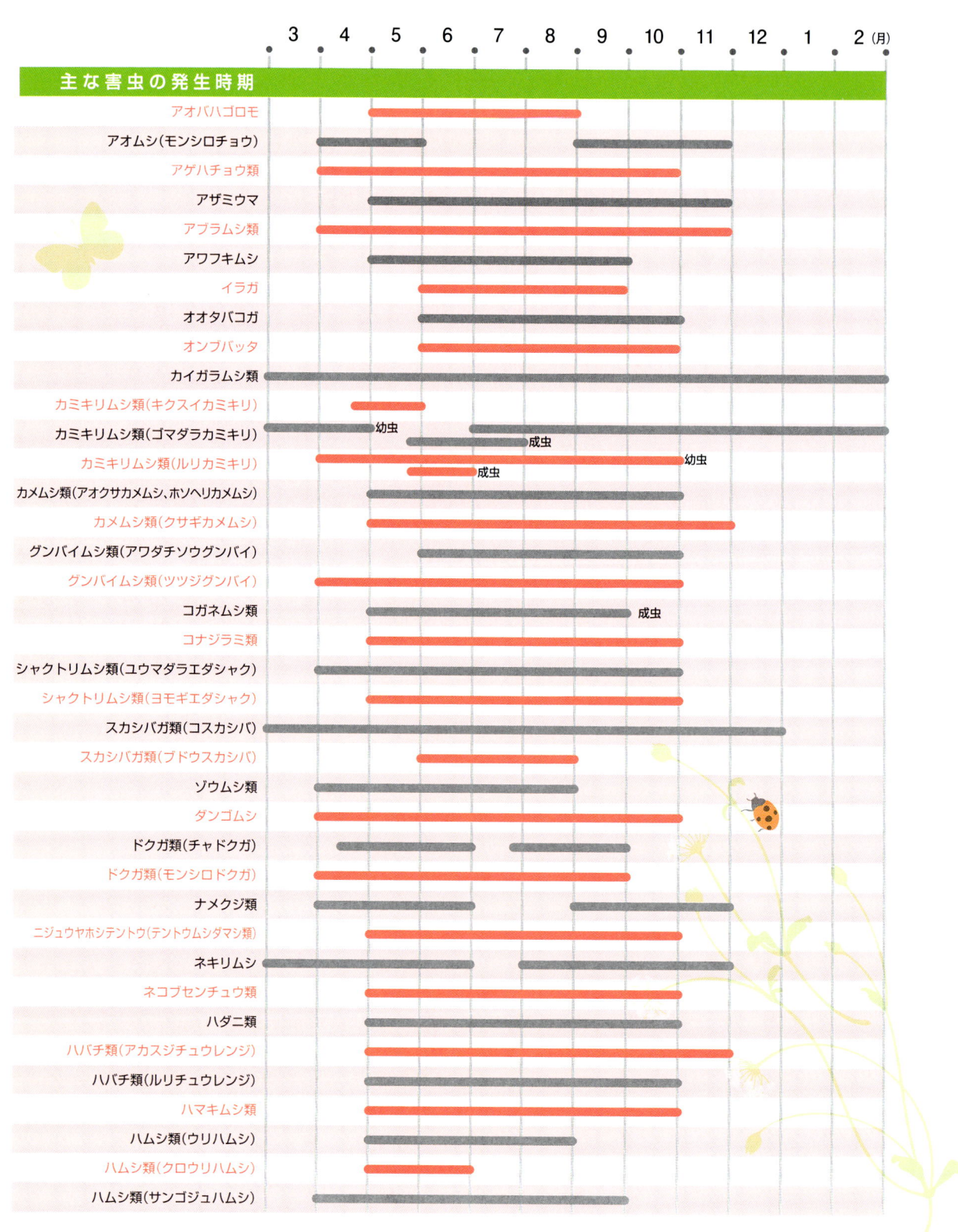

主な害虫の発生時期

害虫名	3	4	5	6	7	8	9	10	11	12	1	2 (月)
アオバハゴロモ			■	■	■	■						
アオムシ(モンシロチョウ)		■	■	■	■		■	■				
アゲハチョウ類		■	■	■	■	■	■	■				
アザミウマ			■	■	■	■	■					
アブラムシ類		■	■	■	■	■	■	■	■			
アワフキムシ			■	■	■	■	■					
イラガ				■	■	■	■					
オオタバコガ				■	■	■	■					
オンブバッタ				■	■	■	■	■				
カイガラムシ類	■	■	■	■	■	■	■	■	■	■	■	■
カミキリムシ類(キクスイカミキリ)		■	■									
カミキリムシ類(ゴマダラカミキリ)			幼虫		■ 成虫					■	■	■
カミキリムシ類(ルリカミキリ)		■	■	■ 成虫				幼虫				
カメムシ類(アオクサカメムシ、ホソヘリカメムシ)			■	■	■	■	■					
カメムシ類(クサギカメムシ)			■	■	■	■	■	■				
グンバイムシ類(アワダチソウグンバイ)			■	■	■	■	■					
グンバイムシ類(ツツジグンバイ)		■	■	■	■	■	■					
コガネムシ類			■	■	■	■	■	■ 成虫				
コナジラミ類		■	■	■	■	■	■	■				
シャクトリムシ類(ユウマダラエダシャク)		■	■	■	■	■	■					
シャクトリムシ類(ヨモギエダシャク)			■	■	■	■	■					
スカシバガ類(コスカシバ)	■	■	■	■	■	■	■	■	■	■		
スカシバガ類(ブドウスカシバ)				■	■	■						
ゾウムシ類		■	■	■	■							
ダンゴムシ		■	■	■	■	■	■	■				
ドクガ類(チャドクガ)		■	■	■		■	■	■				
ドクガ類(モンシロドクガ)		■	■	■	■	■	■					
ナメクジ類		■	■	■	■		■	■				
ニジュウヤホシテントウ(テントウムシダマシ類)		■	■	■	■	■	■					
ネキリムシ		■	■	■			■	■				
ネコブセンチュウ類			■	■	■	■	■	■				
ハダニ類			■	■	■	■	■					
ハバチ類(アカスジチュウレンジ)		■	■	■	■	■	■	■				
ハバチ類(ルリチュウレンジ)		■	■	■	■	■	■	■				
ハマキムシ類		■	■	■	■	■	■	■				
ハムシ類(ウリハムシ)		■	■	■	■	■	■	■				
ハムシ類(クロウリハムシ)		■	■	■								
ハムシ類(サンゴジュハムシ)		■	■	■	■	■	■					

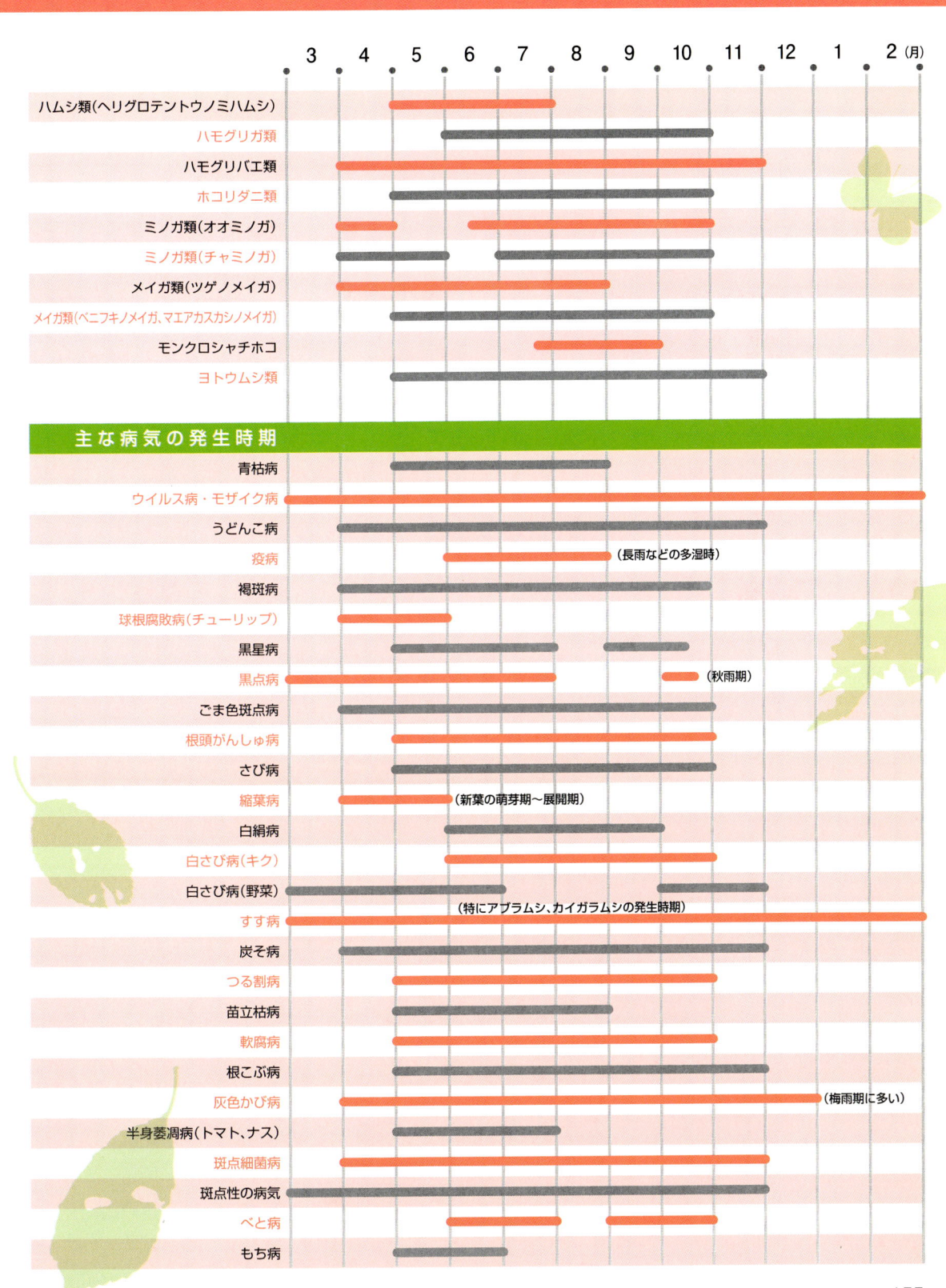

気温や湿度などの条件によって変動はありますが、病害虫は例年、ほぼ同じ時期に発生します。
発生する時期がわかっていれば、予防や防除の対策をたてるのに役立ちます。

主な害虫の発生時期

害虫名	発生時期
ハムシ類(ヘリグロテントウノミハムシ)	5月〜7月
ハモグリガ類	6月〜10月
ハモグリバエ類	4月〜11月
ホコリダニ類	5月〜10月
ミノガ類(オオミノガ)	4月〜5月、8月〜9月
ミノガ類(チャミノガ)	4月〜7月、8月〜10月
メイガ類(ツゲノメイガ)	4月〜8月
メイガ類(ベニフキノメイガ、マエアカスカシノメイガ)	5月〜10月
モンクロシャチホコ	7月〜10月
ヨトウムシ類	5月〜10月

主な病気の発生時期

病名	発生時期
青枯病	6月〜10月
ウイルス病・モザイク病	3月〜2月
うどんこ病	5月〜10月
疫病	6月〜9月 (長雨などの多湿時)
褐斑病	5月〜10月
球根腐敗病(チューリップ)	4月〜5月
黒星病	5月〜7月、9月〜10月
黒点病	9月〜10月 (秋雨期)
ごま色斑点病	5月〜10月
根頭がんしゅ病	5月〜11月
さび病	5月〜10月
縮葉病	4月〜5月 (新葉の萌芽期〜展開期)
白絹病	6月〜10月
白さび病(キク)	5月〜10月
白さび病(野菜)	4月〜11月
すす病	3月〜2月 (特にアブラムシ、カイガラムシの発生時期)
炭そ病	5月〜10月
つる割病	5月〜10月
苗立枯病	5月〜10月
軟腐病	5月〜10月
根こぶ病	5月〜10月
灰色かび病	3月〜2月 (梅雨期に多い)
半身萎凋病(トマト、ナス)	5月〜10月
斑点細菌病	4月〜2月
斑点性の病気	5月〜11月
べと病	6月〜8月、9月〜11月
もち病	5月〜6月

155

索引

植物の病気名索引
*内容の検索には5章のP.147病害虫別 薬剤対照表もあわせてご覧ください。

あ
青枯病（あおがれびょう）▶34、**72**
赤渋病（あかしぶびょう）▶53→さび病
赤星病（あかほしびょう）▶55→さび病
ウイルス病（ういるすびょう）▶**72**
うどんこ病（うどんこびょう）▶28、43、51、52、60、64、**73**
疫病（えきびょう）▶57、**74**

か
かいよう病（かいようびょう）▶**87**
褐斑病（かっぱんびょう）▶**74**
球根腐敗病（きゅうこんふはいびょう）▶**75**
菌核病（きんかくびょう）▶**87**
茎枯病（くきがれびょう）▶**87**
黒星病（くろほしびょう）▶51、**75**
黒点病（こくてんびょう）▶45、**76**
ごま色斑点病（ごまいろはんてんびょう）▶45、**76**
根頭がんしゅ病（こんとうがんしゅびょう）▶**77**

さ
さび病（さびびょう）▶32、53、55、**77**
縮葉病（しゅくようびょう）▶55、**78**
白絹病（しらきぬびょう）▶**78**
白さび病（しろさびびょう）▶31、**79**
白紋羽病（しろもんぱびょう）▶**87**
すす病（すすびょう）▶67、68、**80**
そうか病（そうかびょう）▶**87**

た
炭そ病（たんそびょう）▶31、68、**81**
つる割病（つるわれびょう）▶**79**
てんぐ巣病（てんぐすびょう）▶**87**
胴枯病（どうがれびょう）▶**87**
トマト黄化葉巻病（とまとおうかはまきびょう）▶33

な
苗立枯病（なえたちがれびょう）▶**82**

軟腐病
軟腐病（なんぷびょう）▶35、**82**
根腐病（ねぐされびょう）▶**87**
根こぶ病（ねこぶびょう）▶**83**

は
灰色かび病（はいいろかびびょう）▶49、53、57、62、65、**84**
灰星病（はいほしびょう）▶**87**
半身萎凋病（はんしんいちょうびょう）▶**83**
斑点病▶63
斑点細菌病（はんてんさいきんびょう）▶**85**
斑点性の病気（はんてんせいのびょうき）▶53、63、**85**
べと病（べとびょう）▶32、**86**

ま
もち病（もちびょう）▶**87**
モザイク病（もざいくびょう）▶32、62、**72**

植物の害虫名索引
*内容の検索には5章のP.147病害虫別 薬剤対照表もあわせてご覧ください。

ア
アオバハゴロモ▶38、**88**
アオムシ（モンシロチョウ）▶24、26、59、**88**、
アカスジチュウレンジ▶49→ハバチ類
アゲハチョウ類▶**89**
アザミウマ▶55、**89**
アブラムシ類▶36、49、52、54、61、63、64、**90**、
アリ類▶110
アワダチソウグンバイ▶60→グンバイムシ類
アワフキムシ▶38、**91**
イセリアカイガラムシ▶56→カイガラムシ類

イラガ
イラガ▶39、**91**
ウメシロカイガラムシ▶56→カイガラムシ類
オオタバコガ▶37、**92**
オオミノガ▶40→ミノガ類
オンシツコナジラミ▶37→コナジラミ類
オンブバッタ▶59、**92**

カ
カイガラムシ類▶39、46、50、56、63、68、69、70、**93**
カキクダアザミウマ▶55→アザミウマ
カタツムリ類▶59→ナメクジ類
カブラヤガ▶35→ネキリムシ

カミキリムシ類
カミキリムシ類▶41、50、58、**94**
カメノコロウムシ▶46→カイガラムシ類
カメムシ類▶36、**96**
カンザワハダニ▶48、61、66→ハダニ類
キイロテントウ▶47
キクスイカミキリ▶58→カミキリムシ類
キスジノミノハムシ▶24→ハムシ類
クロケシツブチョッキリ▶49→ゾウムシ類
グンバイムシ類▶44、60、**95**
ケラ▶108
コウモリガ▶108
コガネムシ類▶42、48、**96**
コスカシバ▶41→スカシバガ類

156

コナガ▶**108**
コナカイガラムシ類▶68、69、70→カイガラムシ類
コナジラミ類▶37、**97**
コバエ▶**47**
ゴマダラカミキリ▶41、50→カミキリムシ類

サ
サボテンシロカイガラムシ▶63→カイガラムシ類
サルスベリフクロカイガラムシ▶39→カイガラムシ類
シャクトリムシ類▶**97**
シンクイムシ類▶**108**
スカシバガ類▶41、**98**
ゾウムシ類▶49、**99**

タ
ダイズサヤムシガ▶**108**
タテハチョウ類▶**108**
タネバエ▶**108**
ダンゴムシ▶65、**99**、110
チャコウラナメクジ▶64→ナメクジ類
チャドクガ▶40→ドクガ類
チャノホコリダニ▶33→ホコリダニ
チャミノガ▶56→ミノガ類
チューリップヒゲナガアブラムシ▶63→アブラムシ類
ツゲノメイガ▶44→メイガ類
ツツジグンバイ▶44→グンバイムシ類

ツバキクロホシカイガラムシ▶46→カイガラムシ類
ドクガ類▶39、40、**100**

ナ
ナメクジ類▶53、59、64、70、**101**
ニジュウヤホシテントウ（テントウムシダマシ類）▶29、**101**
ニセダイコンアブラムシ▶36→アブラムシ類
ニホンカブラハバチ▶58→ハバチ類
ネギコガ▶27、**108**
ネキリムシ▶35、**102**
ネコブセンチュウ類▶**98**

ハ
ハダニ類▶30、48、61、65、66、67、70、**102**
ハバチ類▶49、58、**103**
ハマキムシ類▶**105**
ハムシ類▶24、42、**104**
ハモグリガ類▶54、**105**
ハモグリバエ類▶30、61、**106**
バラシロカイガラムシ（マルカイガラムシ類）▶50→カイガラムシ類
ベニフキノメイガ▶34→メイガ類
ヘリグロテントウノミハムシ▶42→ハムシ類
ホコリダニ類▶33、**106**
ホソオビアシブトクチバ▶**51**

マ
マイマイガ▶39→ドクガ類
マツカレハ▶**108**
マツモグリカイガラムシ▶46→カイガラムシ類
マメコガネ▶48→コガネムシ類
ミカンハモグリガ▶54→ハモグリガ類
ミノガ類▶40、56、**107**
ムカデ▶**110**
ムギワラギクオマルアブラムシ▶54→アブラムシ類
メイガ類▶34、44、**107**
モグラ▶**110**
モモアカアブラムシ▶64→アブラムシ類
モンクロシャチホコ▶**108**

ヤ
ヤスデ▶**110**
ヨトウガ▶25、27、51、58→ヨトウムシ類
ヨトウムシ類▶25、27、51、58、**109**

薬品名索引

＊内容の検索には5章のP.152「主な薬品の種類名と商品名、主な対象病害虫」もあわせてご覧ください。

ア
アーリーセーフ▶**119**
アクテリック乳剤▶**123**
アセタミプリド・チオファネートメチル水和剤▶**152**
アセタミプリド液剤▶**152**
アセフェート液剤…**152**
アセフェート・クロチアニジン粒剤▶**152**
アセフェート水和剤▶**152**

アセフェート粒剤▶**152**
アディオン乳剤▶**123**
アプロード水和剤▶**139**
アレスリン・マシン油エアゾル▶**152**
アンビルフロアブル▶**141**
イミベンコナゾール乳剤▶**152**
エトキサゾール水和剤▶**152**
エトフェンプロックス・クロチアニジン液剤▶**152**

エトフェンプロックス乳剤▶**152**
エムダイファー水和剤▶**134**
NAC粒剤▶**152**
ＭＥＰ１５％乳剤▶**152**
ＭＥＰ乳剤▶**152**
園芸用キンチョールE▶**131**
オーソサイド水和剤80▶**135**
オキシラン水和剤▶**141**
オキソリニック酸水和剤▶**152**

索引

オサダン水和剤25▶139
オルトランDX粒剤▶129
オルトラン液剤▶125
オルトラン水和剤▶125
オルトラン粒剤▶129

カ

カダンK▶139
ガットキラー乳剤▶139
カリグリーン▶135
還元澱粉糖化物▶152
キノキサリン系水和剤▶152
キング95マシン▶132
グリーンベイト▶139
クレソキシムメチル水和剤▶152
クロチアニジン・フェンプロパトリン・メパニピリム水和剤▶152
クロチアニジン水溶剤▶152
ゲッター水和剤▶136
コサイドボルドー▶141

サ

サイアノックス水和剤▶139
サプロール乳剤▶133
酸化フェンブタスズ水和剤▶152
サンボルドー▶136
サンヨール▶118
シアゾファミド水和剤▶152
ジエトフェンカルブ・チオファネートメチル水和剤▶152
ジノテフラン粒剤▶152
脂肪酸グリセリド乳剤▶152
スタークル粒剤▶139
スターナ水和剤▶141
ストロビードライフロアブル▶141
スピノエース顆粒水和剤▶140
スピノサド水和剤▶152
住化スミチオン乳剤▶140
スミチオン乳剤▶122
ゼンターリ顆粒水和剤▶126

タ

ダコニール1000▶133
ダニ太郎▶127
炭酸水素カリウム水溶剤▶152
ダントツ水溶剤▶124

チオファネートメチルペースト剤▶152
ＴＰＮ水和剤▶152
ＤＥＰ乳剤▶152
ＤＢＥＤＣ乳剤▶152
ディプテレックス乳剤10▶140
デナポン5％ベイト▶128
デンプン液剤▶152
トアロー水和剤CT▶140
銅水和剤▶152
特製スケルシン95▶140
トップジンMペースト▶141
トップジンM水和剤▶141
トリフミン水和剤▶142
トリホリン乳剤▶152
トレボン乳剤▶140

ナ

ナメトックス▶128
ナメトックス液▶140
ニテンピラム粒剤▶152
ネビジン粉剤▶142
粘着くん液剤▶126

ハ

パイベニカスプレー▶130
バクテローズ▶142
バシタック水和剤75▶142
花工場原液▶138
バロックフロアブル▶127
ＢＴ水和剤▶152
ビスダイセン水和剤▶134
ビフェナゼート水和剤▶152
ピリミホスメチル乳剤▶152
ピレトリン乳剤▶152
フェンプロパトリン・ミクロブタニル液剤▶152
ブプロフェジン・ペルメトリン・ミクロブタニルエアゾル▶152
ブプロフェジン水和剤▶152
ヘキサコナゾール水和剤▶152
ベストガード粒剤▶140
ベニカDX▶139
ベニカDスプレー▶130
ベニカXスプレー▶120
ベニカXファインスプレー▶120
ベニカX乳剤▶118

ベニカグリーンVスプレー▶121
ベニカマイルドスプレー▶121
ベノミル水和剤▶152
ペルメトリン・ミクロブタニル液剤▶152
ペルメトリン・ミクロブタニル乳剤▶152
ペルメトリンエアゾル▶152
ペルメトリン乳剤▶152
ベンレート水和剤▶132
ホーマイ水和剤▶142
ポリカーバメート水和剤▶152
ボルン▶131

マ

マシン油エアゾル▶152
マシン油乳剤▶152
マネージ乳剤▶137
マラソン乳剤▶122、152
マンネブ水和剤▶152
メタアルデヒド水和剤▶152
メタアルデヒド粒剤▶152
メタラキシル粒剤▶152
メプロニル水和剤▶152
モスピラン・トップジンMスプレー▶139
モスピラン液剤▶124
モレスタン水和剤▶119
モンカットフロアブル40▶142

ラ

ランマンフロアブル▶142
リドミル粒剤2▶137

草間祐輔 (くさま ゆうすけ)

1960年長野県軽井沢生まれ。千葉大学園芸学部卒業。ロイヤルホリカルチュラルソサエティガーデナーズギルドに勤務した後、武田園芸資材(株・住友化学園芸)に入社。講習会講師などを務める。現在は研究開発部技術普及チームリーダー。趣味は花や野菜づくりの写真撮影で、休日は必ず外出している。主な著書は『病気と害虫のハンドブック』(主婦と生活社)、『別冊NHK趣味の園芸 ビジュアル园芸用語620』(同)、『A-Z園芸植物大事典』(共訳 誠文堂新光社)など多数。初心者にもわかりやすい解説に定評がある。

装幀・本文デザイン 渡辺智子(有限会社エフク)
写真撮影・プリスタイル 田山浩之、増田将、三橋俊明、草間祐輔
ソリエンスタジオ(スタジオエムジー撮影)、北原俊資業(キャグ)園芸資材、住友化学アグロ事業部
イラスト 丸山真直美
校正 大塚美登杏(蒼坊舎)
編集協力 塚田十七代美、渡邊美羊子(蒼坊舎プレスマスタジオ)
編集 アデ木天沼潤二(主婦の友社)

植物の病気と害虫 防ぎ方・なおし方

著者 草間祐輔
発行者 荻野善之
発行所 株式会社主婦の友社
〒101-8911 東京都千代田区神田駿河台2-9
電話 03-5280-7537(編集)
   03-5280-7551(販売)

印刷所 大日本印刷株式会社

■乱丁本、落丁本はおとりかえします。お買い求めの書店か、主婦の友社販売部 (電話03-5280-7590) にご連絡ください。
■内容に関するお問い合わせは、主婦の友社(電話03-5280-7537)まで。
■主婦の友社が発行する書籍・ムックのご注文は、お近くの書店か主婦の友社コールセンター(電話0120-916-892)まで。
＊お問い合わせ受付時間 月～金(祝日を除く) 9:30～17:30

主婦の友社ホームページ http://www.shufunotomo.co.jp/

© Yusuke Kusama 2010 Printed in Japan
ISBN978-4-07-271839-1

R〈日本複製権センター委託出版物〉
本書を無断で複写複製(電子化を含む)することは、著作権法上の例外を除き、禁じられています。本書をコピーされる場合は、事前に日本複製権センター(JRRC)の許諾を受けてください。
また本書を代行業者等の第三者に依頼してスキャンやデジタル化することは、たとえ個人や家庭内での利用であっても一切認められておりません。
JRRC(http://www.jrrc.or.jp eメール:jrrc_info@jrrc.or.jp 電話:03-3401-2382)

カ-091012

植物名索引

＊内容の解説には右のP.144種物別 薬効対照表もあわせてご覧ください。

あ
アイビー▶63
アジサイ▶38
アズキ▶69
アマメシバ▶56
エゴマ▶36
エンジェルストランペット▶42
エンドウマメ▶30

か
カイドウ▶55
カキ▶55
カトレア▶41
カトレア鉢▶70
カナメモチ▶40, 45
カブ▶24
枇杷▶54, 56
キク▶58, 59, 60
キャベツ▶25, 26
キュウリ▶28, 31, 32
クリスマスローズ▶53
クレマチス▶52, 53
クロトン▶67, 68
ケイトウ▶46
コチョウラン▶70
コマツナ▶24, 31

さ
サクラ▶39, 41
ササユリ▶40
サザンカ▶39, 43
シェフレラ▶67
シクラメン▶57
シダ▶34
ジャガイモ▶29
シャクヤク▶60
ジャボチカバ▶63
ジンチョウゲ▶45
スイートピー▶58
スミレ▶59
ゼラニウム▶58
ソラリー▶35

た
ダイズ▶38
チューリップ▶62, 63
ツゲ▶44
ツツジ▶44
ツバキ▶40, 46
テーブルヤシ▶66
デンドロビウム▶70
トマト▶33, 34, 37
ドクダミ▶66

な
ナス▶28, 29, 30, 33
ナタマメ▶61
ニチニチソウ▶57
ネギ▶27, 32

は
バショウ▶69
ハクサイ▶27, 32, 35
バジル▶39, 43
パセリ▶59
バナナ▶64, 65
バラ▶48, 49, 50, 51
ヒラシキモチモチ▶42
ヒユラン▶63
ブルーベリー▶56
ブロッコリー▶36
ベチュニア▶62
ペチュニア▶63→アヤビー
ベルモット▶60→モチモチ
ホトス▶68, 69

ま
マキ▶38
マツ▶46
マリーゴールド▶61
ミツバラン▶62
モチルバ▶60
モモ▶55

や
ユリ▶アスパラガス▶61

ら
リンゴ▶55
ルピナス▶59
ローレル▶46→ゲッケイジュ

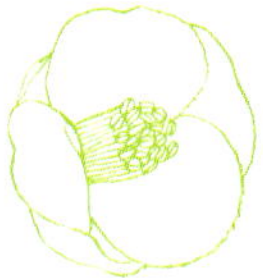